全国统一大市场：怎么看 怎么建

刘志彪 著

Quanguo Tongyi Dashichang
Zenme Kan
Zenme Jian

中国财经出版传媒集团
中国财政经济出版社

图书在版编目（CIP）数据

全国统一大市场：怎么看　怎么建 / 刘志彪著. --北京：中国财政经济出版社，2022.6

ISBN 978 -7 -5223 -1441 -9

Ⅰ.①全…　Ⅱ.①刘…　Ⅲ.①统一市场-研究-中国　Ⅳ.①F273

中国版本图书馆 CIP 数据核字（2022）第 080959 号

策划编辑：吕小军　　责任校对：徐艳丽

责任编辑：谷兴华　　责任印制：党　辉

中国财政经济出版社 出版

URL：http：//www.cfeph.cn

E -mail：cfeph@cfeph.cn

社址：北京市海淀区阜成路甲 28 号　邮政编码：100142

营销中心电话：010 -88191522

天猫网店：中国财政经济出版社旗舰店

网址：https：//zgczjjcbs.tmall.com

北京中兴印刷有限公司印刷　各地新华书店经销

成品尺寸：170mm×240mm　16 开　18.25 印张　230 000 字

2022 年 6 月第 1 版　2022 年 6 月北京第 1 次印刷

定价：76.00 元

ISBN 978 -7 -5223 -1441 -9

（图书出现印装问题，本社负责调换，电话：010 -88190548）

本社质量投诉电话：010 -88190744

加快建设全国统一大市场，怎么看，如何建？

（自序）

加快建设全国统一大市场，是党中央、国务院在新发展阶段进一步推进市场化改革、利用全国统一大市场尽快形成新发展格局、促进高质量发展的全面战略部署，也是在当今复杂的国内外形势下办好自己的事情、充分发挥我国超大规模市场优势的具体行动。

新发展阶段迫切需要加快建设全国统一大市场

发展社会主义市场经济的迫切需要。习近平总书记强调，发展社会主义市场经济是我们党的一个伟大创造，关键是处理好政府和市场的关系，使市场在资源配置中起决定性作用，更好发挥政府作用。随着中国特色社会主义现代化建设开启，进一步深化改革的方向是在社会主义市场经济体制模式的基本框架中，从基础要素、核心部件和主体内容等方面都需要加快全国统一大市场建设。全国统一大市场如果建设不起来，或者门类和功能残缺，那么不仅资源配置的决定性作用发挥不了，以统一大市场集聚资源、推动增长、激励创新、优化分工、促进竞争的目标难以实现，而且政府也会因为缺少在市场经济条件下管理经济的基本手段、杠杆、工具和资源，难以有效发挥有为政府的作用。

构建新发展格局的迫切需要。构建以国内大循环为主体、国内国际双循环相互促进的新发展格局，是党中央根据我国面临的复杂国内外形势所做出的重大选择。这一战略选择的基本出发点是扭转我国对出口导向型经济的过度依赖，扭转长期对国外技术、市场等严重依赖，发挥我国超大规模市场优势，以国内经济的内循环推动、链接国际循环。全国统一大市场在新发展格局的形成中具有基础性、前提性、决定性的地位，起着畅通商品要素资源流通的作用，链接国内和国际经济的枢纽的作用，发挥本土市场效应的作用，向内向外集聚资源要素、增强面向全球的资源配置和整合能力的作用。

将超大规模市场优势转化为国际竞争优势的迫切需要。过去的经济全球化，我国参与国际竞争的比较优势在廉价的商品要素资源方面，把我国作为加工制造的世界工厂、进行出口导向，是一种优化的战略定位和战略选择，也取得了巨大的发展红利。但是，以利用别国市场为特征的“客场经济全球化”，随着国际政治经济形势和格局的变化，以及商品要素资源价格的不断上升，迫切需要转换为以利用本国市场为特征的“主场经济全球化”战略，以充分发挥我国超大规模市场的相对甚至是绝对优势，推动形成新一轮国际竞争的新优势。新一轮高水平的经济全球化，利用本国市场虹吸全球商品要素资源为我所用，利用中国市场推动全球经济增长，全国统一大市场建设和形成将起着关键的作用。

建设全国统一大市场的主要目标

习近平总书记强调，要加快建设高效规范、公平竞争、充分开放的全国统一大市场，促进商品要素资源在更大范围内畅通流动。这是我国下一步推进市场化改革、建设全国统一大市场的目标。

高效规范的全国统一大市场。全国的政策具有统一性、规则具有一致性、执行具有协同性的统一大市场，这种市场能够以社会福利最大化有效配置资源。例如，如果有关战略性产业发展的产业政策，不是以中央主导性的、具有统一性为基本特征，而是各地各行其是、各自为政，那么有关这些战略性产业的市场就不可能是统一大市场，而是被行政分割的区域性“碎片化”市场。

公平竞争的全国统一大市场。参与市场交易和竞争的主体，在把竞争政策作为市场竞争基础规则的条件下，共同接受价值规律和优胜劣汰的作用与评判，并各自独立承担竞争的结果。显然，具有非垄断性、公平交易特性和作用的竞争场所和竞争机制，就是公平竞争的全国统一大市场。

充分开放的全国统一大市场。市场体系具有非封闭性、可与外界充分交换经济能量的特征，具体是指市场不存在各种人为的、制度化的封锁和封闭现象，不仅国内各区域之间、产业之间不存在制度性的进入和退出壁垒，而且也向外国实行对等的相互开放的政策，资源要素商品可以实现顺畅的低成本流动。

建设全国统一大市场的重点任务

党的十八大以来，党中央坚持社会主义市场经济改革方向，我国现代市场体系建设取得长足进步，市场决定价格机制基本建立，已有近98%的商品和服务价格放开由市场决定，但与商品和服务市场相比，要素市场建设相对滞后，成为制约劳动力、土地、资金、技术、信息等要素自由流动的主要障碍之一。针对我国市场体系仍然存在的某些突出问题，加快建设全国统一大市场需要聚焦以下重点任务。

针对制度规则不够统一这个突出问题。应从制度建设着眼，坚持立破并举，在完善市场基础制度规则、推进市场设施高标准联通、加快要素和资源市场建设、推进商品和服务市场高水平统一、提升监管治理水平等方面出台有效的政策举措。其中，在竞争政策的基础上实施中央主导性统一的产业政策，是统一制度规则、保证全国统一大市场有效运营、提升监管治理水平最重要的内容。另外，也要高度重视市场设施高标准联通对全国统一大市场制度建设的基础作用，随着大数据、物联网、云计算、人工智能等技术集中爆发和融合发展，市场设施高标准联通的作用正在突出地显现。

针对要素市场资源流动不畅这个突出问题。应着力推进价格改革和土地、资本、劳动力、技术、知识、数据等重要生产要素市场化改革，同时加强反垄断、反不正当竞争，着力清除市场壁垒，提高资源配置效率和公平性。发挥广义价格体系对要素资源流动的调节作用，是建设全国统一大市场的基本工作要求。让竞争和效率成为决定价格信号的主要力量。为使广义价格体系正常运行，关键举措有二：其一是推进要素资源市场的放开、放活，以便促进市场化价格机制的形成；其二是反对各种行政垄断和市场垄断，破除行政权力和市场势力对要素资源价格信号的阻碍作用。

针对地方保护和市场分割这个突出问题。应从广度和深度上推进市场化改革，改革和完善地方政府经济职能。地方保护和市场分割，都是在经济转轨中地方政府直接参与市场竞争、追求市场盈利行为的手段、表现和后果，也是形成“行政区经济”的重要手段、表现和后果。解决这些严重影响资源配置效率的问题，其深层次改革不是不要发挥地方政府的积极性和经济职能，而是要从界定和改革地方政府的职能结构入手，适当减少其直接干预微观市场行为，增加其对市场的监管调节行为，增加其区域内的公共职能。

建设全国统一大市场的具体举措

为进一步推进市场化改革、加快形成全国统一大市场，要继续改进和优化政府与企业关系，给全国统一大市场的形成和发挥市场对资源配置的决定性作用腾出空间。

一是构筑全国统一大市场的微观基础。产权制度是社会主义市场经济的基石。实践中出现的侵犯各类企业产权的事件，是形成全国统一大市场的重要障碍。为此要以 2016 年 11 月中共中央、国务院颁布的《关于完善产权保护制度依法保护产权的意见》为指导，加强对各种所有制经济产权保护，形成归属清晰、权责明确、保护严格、流转顺畅的现代产权制度和产权保护法律框架。

二是建立适应现代市场经济运行的市场结构。现代市场竞争不是寡头垄断的市场竞争，更不是原子式过度分散的竞争。在一个产业市场中，存在着若干大企业之间激烈的竞争，同时每个大企业后面链接着一大批中小企业，这才是市场结构的常态。建设全国统一大市场，既要求以这种市场结构为微观基础，又要求促进形成这种能获得规模经济和充分竞争溢出效应的企业。为此，必须健全市场的进入机制，加强反垄断、反不正当竞争，着力清除市场制度壁垒，提高资源配置效率和公平性。

三是从推进商品和服务市场的改革转向推动土地、资本、劳动力、技术、知识、数据等重要生产要素的市场化改革。要素市场发育与商品服务市场发育之间不配套和不同步，是当前全国统一大市场建设中的主要问题。如我国的技术、知识市场发育比较充分，而土地市场、资本市场和高级劳动力主要被行政力量控制，数据市场建设才刚刚开始起步。显然，建设要素市场是全国统一大市场建设的难点和重点，需要有关部门不断地进行放权、减权、限权、监权等取向的改革。

四是把区域国家重大战略、区域协调发展战略实施，作为开展全国统一大市场建设工作的推进器。如粤港澳大湾区、长三角一体化、京津冀协同发展等，上升为国家战略的一个重要任务和使命，不仅要通过区域一体化发展和协调发展，打破“行政区经济”格局，扫除区域行政壁垒，在市场一体化基础上推进区域统一市场建设，而且要发挥区域统一市场的示范和引领作用，通过区域统一市场相互间的进一步开放，为全国统一大市场形成做好充分准备。

本书在很短的时间内得以出版，主要应该感谢中国财政经济出版社的吕小军女士，她主动建议我把我过去几十年中写的一些关于统一大市场建设的文章汇编成册。20 个世纪 90 年代初，我从研究市场取向改革开始，开始涉及中国经济体制改革的核心和主题问题。21 世纪初后，我把主要的研究精力放在中国经济全球化、国内市场建设与产业发展上，较早关注了嵌入全球价值链与国内市场开放、扩大内需等问题，提出了建设国内价值链、基于内需的经济全球化等理论范畴。本书尊重文章发表的历史，完整地保留了过去的提法和表述，欢迎朋友们指出书中的一切不足和错误。

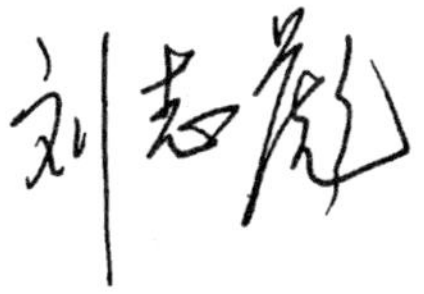

2022 年 6 月于南京大学丙丁楼

目　　录

经济转型中市场取向的改革

我国市场取向改革的进程、特点及难点分析 …………………………（ 3 ）

工业化中的市场与政府：理论与借鉴 ………………………………（ 20 ）

中国新一轮经济改革方向与中心环节 ………………………………（ 36 ）

建设统一市场是中国经济“开放的第二季” …………………………（ 49 ）

反行政垄断和行政分割：统一市场建设的突破口和主体内容 ………（ 64 ）

中国改革开放的核心逻辑、精神和取向

——为纪念改革开放40周年而作 ………………………………（ 75 ）

全国统一大市场建设与形成双循环新发展格局

为高质量发展而竞争：地方政府竞争问题的新解析 ……………………（ 91 ）

利用和培育国内市场问题的研究 ……………………………………（106）

建设国内统一大市场的重要意义与实现路径 …………………………（126）

从分割走向整合：推进国内统一大市场建设的阻力与对策 …………（135）

建设国内统一大市场：影响因素与政策选择 …………………………（167）

国内统一大市场助力构建新发展格局 ………………………………（186）

全国统一大市场为高水平社会主义市场经济体制提供坚强支撑 ……（194）

区域统一大市场建设：长三角的案例

协调竞争规则：长三角地区经济一体化的重要基石 ……………………（201）
长三角统一市场的内外开放与有序竞争 ………………………………（212）
长三角区域一体化发展的示范价值与动力机制 ………………………（224）
长三角区域高质量一体化发展的制度基石 ……………………………（238）
长三角区域市场一体化与治理机制创新 ………………………………（253）
统一市场建设：长三角一体化的使命、任务与措施 …………………（270）

经济转型中市场取向的改革

我国市场取向改革的进程、特点及难点分析①

我国计划经济体制改革的市场取向取得了重大的进展，但并不十分顺利。改革中所遇到的困难和问题，一方面，与市场取向的改革推进不足有关；另一方面，则与市场取向的改革在某些方面推进过度有关。市场取向的改革不足与改革推进过度是我国经济体制模式转换中的共生现象，纠正改革推进过度比较容易，而解决改革不足的问题则比较困难。市场取向改革的成功与否，最终取决于我们能否首先打破传统的行政性计划控制体系，并与此同时建立起可代替其行政职能的宏观经济管理制度。其改革进程即实现“行政造市场→市场造市场→计划调市场”的渐进式配套性的机制转换。

始于20世纪70年代末的我国计划经济体制改革，一开始就在理论上和政策实践上对产品经济型的实物化行政计划体制发起了冲击。针对传统体制中市场关系缺位的基本特征，各种改革措施都是引入市场机制，培养市场，逐步强化市场机制的功能，即市场取向的。尽管人们对计划经济体系改革的目标模式设想不一，如“有计划商品经济”“商品型计划经济”“国家调节市场，市场引导企业”等，但是计划改革的基

① 本文原载于《财贸研究》1992年第2期。

本倾向性目标仍然是在计划经济制度框架内引进市场调节，在保证宏观经济控制的前提下实现经济活动的商品化、市场化和货币化，以形成柔性灵活的经济运行机制，提高经济运行的效率。自 1978 年以来，我国计划经济体系改革的市场取向取得了以下几项重大的进展：

第一，实物计划分配体制的僵局早已打破，市场在国民经济运行中的地位逐步提高，市场调节功能不断增强。比较特殊的情况如在经济特区深圳，1982 年和 1984 年分别取消了农业和工业的指令性计划，目前除了粮食播种面积和粮食征购任务、固定资产投资、人口、财政收支、信贷规模等很少几项指令性计划指标外，其余均为指导性计划和市场调节。在商品经济较发达的沿海省份，如广东省的农业生产计划基本上实行了指导性计划，农副产品的统派购由 1978 年的 111 种减为 1990 年的 3 种；农业商品率由同期的 44% 提高到 67%；工业生产的指令性计划由 128 种减为 32 种，指导性计划 96 种；省统配物资由 256 种减为 23 种；纳入省计划管理的生活资料由 205 种减为 13 种。商品经济发展进展较为一般的省份，如湖南省，目前农业生产也已全部取消了指令性计划，实行指导性计划和市场调节，省管计划指标由 1984 年的 48 种减少到现在的 14 种；工业生产中省计委管理的品种，由 335 种减少到 112 种，其中指令性计划 46 种，指导性计划 66 种，按产值匡算，包括中央各部委和省厅局下达的计划品种，指令性计划产品的产值只占全省工业产值的 13%，指导性计划占 39%，市场调节部分占 48%；省统配物资由过去的 147 种减少到 19 种。其他省份的情况也大都类似。

第二，逐步放开、调整和矫正了市场的价格，使价格信号能更灵敏地反映价值和供求关系，价值和供求关系也可以在某种程度上反过来调整价格水平。其表现在价格管理形式上，实行国家订价、浮动价格和自由价格并存的形式，逐步根据供求关系的松动缩小了国家统一订价的范围，扩大了浮动价格和自由价格的范围。有关数据表明，目前我国国民经济总价值中由市场价格或浮动价格决定的大约占2/3。表现在比价关系上，依据价值规律和供求规律的要求，为缓解基础产业瓶颈状况，逐步提高和矫正了某些农产品价格和能源、原材料等基础工业品价格，促进了比价关系合理化对产业结构合理化的决定作用。

第三，在进一步泛化市场的同时，进一步增强了各方面的商品意识和市场意识，深化了经济运行中的商品化、货币和市场化的程度，初步形成了各种专业门类较齐全的市场体系格局。从市场主体看，形成了以公有制企业为主体与多种经济成分并存、利益主体多元化的格局，企业的利益意识和市场意识不断增强；同时，显示出消费需求制约经济运行和经济发展的良好特征，消费者选择、消费心理及消费结构变化对经济的影响明显增大。从市场客体看，我国不仅发展了原有的批发和零售市场，还涌现出许多特殊商品的拍卖市场、租赁市场等；不仅原有的消费品市场得到了长足的发展，而且要素市场如证券市场、生产资料市场、劳务市场、技术市场、房地产市场、外汇调剂市场等也已开始运作并产生调节作用。从市场时间看，不仅有现货交易市场，也有了某些商品的期货市场。从市场空间看，地区市场、全国统一市场正在初步形成，各地区和各企业正在努力开拓和进入国际市场，特别是基本形成了以商品经济较发达的大中城市为枢纽、以自然流向和经济流向为网络的新的开放型竞争的市场系统。

第四，在宏观调节中，行政手段的效能在逐步弱化，经济杠杆的效应明显增强。指令性计划逐步削减的同时伴随着指导性计划和市场调节功能的强化。一方面，广义的价格杠杆（包括商品价格、工资、利率、汇率等）变动对商品、劳动力、资金的供求关系及流向的调节作用日益明显；另一方面，政府对经济的计划管理的观念、手段、方法、形式也在发生急剧的变化，计划管理由直接的产品经济型的数量管理和指令性管理逐步转向间接的商品经济型的价值管理和指导性管理，政府开始讨论并有意识地通过经济杠杆的综合运用来引导企业实现国家计划的目标。

统计分析业已表明，我国近十几年的改革，使经济发展速度、综合国力等指标大大超过前30年，经济发展的轨迹也要比前30年平稳得多。这充分说明近十几年我国对计划经济体系的市场取向的改革是成功的，成绩是巨大的；虽然改革过程存在种种失误和不尽如人意之处，但基本的方向却是不容否定的。

我国计划经济体系改革的市场取向过程并不十分顺利。20世纪80年代中后期，我国经济中出现了人所共知的困难和混乱，表现为投资过猛、消费失控、流通紊乱、通货膨胀、效益下降、结构失调、分配不公等不良现象。针对这些严重失控的情况，国内外的看法很多，也很不一致，有的甚至截然相反，比较有代表性的有两种。一是认为从80年代中期开始，理论上出现了贬低、排斥甚至否定计划经济的倾向，并在实践中放权过快过猛，宏观调节不力，致使再生产过程出现一系列“无政府状态”。另一种则认为，导致中国80年代的不稳定和经济过热的真正原因不是过于大胆的改革，而是政府走得不够远，中国的商品和要素市场太弱，不足以对企业形成必要的约束，企业的自主权还没有大到足以摆脱政府直接控制的程度。也就是说，这种观点认为80年代的膨胀和紊乱，不在于市场因素过多，而恰恰在于市场化程度不足，政府的直接干预不规范、干预太多。

我们认为，对此问题的评价和分析直接关系到我国计划经济体系改革的前程和命运。因为，如果我们接受上述第一种观点，那无疑是要在经济运行和经济发展中加强政府控制，放慢或减缓市场取向的改革步骤；如果我们断定上述第二种观点正确的话，那么唯一的选择必然是增大市场取向的改革的分量，进一步削弱政府的控制。所以，对此我们有必要作出明确的回答。

为了回答这一问题，我们必须首先描述我国市场取向改革的特点，并在这种描述中阐明我们的看法。我认为，我国市场取向改革的特点是：

第一，政府构造市场发育框架。在自然经济、产品经济、商品经济三重混合经济肌体共存、商品经济因素极度缺乏的大国经济中，由政府出面构建市场体系的发育框架，加强国家对市场发育的组织和管理，是我国市场取向改革之初的必然选择。如果没有政府职能的转换、不削弱和抑制政府自身对市场发育的种种限制和干扰、不依靠政府的行政力量打破原有行政系统对市场发育的阻碍，那么市场因素的生成就没有基本的载体，必然要受到原行政系统的内在排斥。为了把市场因素强行地植入经济肌体中，并使之正常发育和壮大，政府构建市场发育框架的基本内容就必然是：（1）积极调整和逐步放开政府对商品价格和要素价格的行政管制，使价格水平与供求关系之间形成交互调节机制，使市场客体要素的价格生成和决定大部分市场化。（2）形成各种所有制形式的市场主体，发挥公有制企业在市场运行中的主导作用，强化公有制企业的市场动力机制，弱化其行政动力机制，实现企业行为的市场化转换。（3）有意识地形成各种专业市场的门类和类型，在深化消费品市场的同时，进一步泛化生产要素市场，加强政府对生产要素市场发育的组织和管理。（4）制定统一的、健全的市场规则，强化政府对市场的经济、法律及社会等方面的调控，以减少市场运作之初与原有经济肌体之间的摩擦和内耗。

第二，市场撞击行政性计划体制。由于在上述政府构造市场的过程中，各方面改革并不配套；同时，由于一方面引入市场机制，发挥价格的调节功能，另一方面行政手段仍然大量不规则使用，因而市场调节与行政调节之间发生了严重的冲突。主要表现在：（1）农村经济的市场化进程与原有行政性计划体制的摩擦。始于中国农村的以农村土地经营承包制为核心的改革，使商品货币关系迅速成为调节农村经济的运行机制。首先是农户剩余产品的商品货币化，继而是包括劳动力在内的农业生产要素的商品货币化；再次是20世纪80年代中后期出现的农业集约化经营和商品货币关系进一步被植入农村经济肌体。如果再顺其自然地推进农副产品价格的市场化改革，同时逐步放弃政府对农用生产资料的行政性计划控制，就有望在农村经济的投入产出的循环流程中，成功地实施市场取向的改革。但是，由于农副产品商品量的主要部分是由城市居民消费，生产农用生产资料的城市企业仍然由行政控制，城市居民的收入、分配、消费等仍然总体上处于行政体系的保护和控制之中，因而农村经济市场决定的循环过程碰到了坚固的行政体系的阻碍而不得不中断。（2）城市的市场取向改革程度不仅落后于农村，而且在市场撞击城市的产品经济计划体制的过程中遇到了旧体制的顽强抵抗，使市场因素渗透到城市经济运行中的难度大大增加。尽管如此，1984年以后以价格改革和企业改革为出发点，逐步推进经济运行商品货币化的城市经济改革，仍然取得了较大的进展，如大部分消费品价格的放开和一些基础性产品价格的矫正、生产资料价格双轨制的试行、企业改革中的承包、租赁制的大面积推广等。这些城市经济运行中所增加的市场因素，至少在以下几方面对城市产品经济体制发生了冲击：（1）受市场灵活调节的商品生产和交换对受行政计划控制的生产要素的再生产过程产生冲击，要求在建立和完善消费品市场的同时，发育和初步建立起生产要素市场。因为倘若没有生产要素的市场性移动和市场调节，商品的供给及需求结构就不能调整，企业也不可能有真正的自主经营权和选择权。（2）企业对市场依赖的加强对政府的行政控制体系产生冲击。那些生产市场调节比重大的商品的企业更具有这种行为。如果企业从市场中所获取的利益要大于从政府的行政控制中所获取的利益，情况就更是如此。（3）商品货币的市场运动的独立性对实物经济体系下的实物运动产生冲击。实物计划下的物资运动以行政控制和抹杀企业的经济利益为前提，行政计划体系用较低的计划价格支配物流的规模和方向，由于企业市场利益意识的强化，必然想方设法抵制这种具有部分无偿平调属性的指令性的实物计划。（4）逐步强壮起来的银行信用体系对大一统的财政体系产生冲击。商品货币市场等因素的发达必然造就发达的金融体系，同时后者对前者的深化和泛化也起到不可估量的促进作用。由于政府、企业、居民等各主体对银行的依赖加强，因而银行的企业地位逐步树立，它要作为一种特殊的商品经济主体行使职能，比较收益和成本、投入和产出。因此银行就不可能再是传统的实物计划体系下的银行，不再仅是大财政的出纳和附属，诸如财政向银行超计划借款、透支或命令贷款等传统体制中很正常的行为，现在都有可能受到银行的反对或抵制。（5）市场运行中的商品经济意识和崭新的观念、价值准则冲击产品经济意识、观念及价值准则。这是作为经济主体的人和其集合——社会的根本性变革。这一变革的结果，将大大促进市场取向的改革进程。

第三，行政性控制阻碍市场取向的改革。市场撞击产品经济的管理体制并不意味着市场因素可以顺利地种植到经济运行中，要把我国30多年来努力建设的一套严密的产品经济体制转化到有计划的商品经济体制，远要比把自然经济转化为商品经济困难，因为有组织的强大的行政性控制的产品经济比分散的、微弱的自然经济具有大得多的反市场倾向和实物化倾向。其深层原因是产品经济转换到商品经济轨迹的过程中，必须对经济利益关系进行调整和重新组合，因而必然受到某些既得利益主体的力量的干扰；某些改革策略的失误，则会进一步强化这种干扰，而使某些反市场因素增加。综合来看，行政控制阻碍市场取向的改革的具体表现是：（1）阻碍市场体系的深层构造。10多年来的改革似乎比较侧重调放价格机制，在市场的外在形态及表象上做文章，而对于市场组织的培育、市场规则的建立、市场主体的塑造以及市场调控体系的转换等深层次市场构造问题比较忽视。表面上看似乎原因在于理论上把市场机制等同于价格机制，但实质上是上述深层次的市场内容的建立和完善过程，遇到了行政控制体系的顽强抵制。如建立和培育市场组织必须重塑现行的以行政关系和行政系统为特征的纵向经济组织，塑造市场主体必须改革国有企业的实现形式，破除国有企业对政府的行政依赖关系，使其眼睛主要盯住市场。这些改革都将从实质上消除产品经济的基础，危及行政系统的利益前提。（2）阻碍市场体系的竞争性、开放性和统一性。市场取向改革的目标之一是要建立一个宏观计划控制下的开放性、竞争性的和统一性的市场体系。但在中央集权体系被有所冲破的同时，却出现了由地方政府运用行政权力分割和保护市场的态势。中央与地方的分权以及财政“分灶吃饭”体系使地方权力扩展，各级地方政府为自身的局部利益实行市场封锁，阻碍资源在全国范围内的流动、重组及优化，从而形成各种“诸侯经济”和碎片经济。（3）阻碍经济运行的货币化、商品化和市场化进程。如配给票证的恢复、福利性消费的相对扩张、“单位”内部的实物配给、公买私享、实物串换盛行、超常规的补贴等，都是货币实物化、市场交易形态退化和非市场供给领域扩大的种种表现形式，是行政控制体系下在一定的程度上逆市场取向改革而行、经济运行实物化的倾向。

第四，市场取向改革的进程及范围过度。这主要是指市场取向的改革在其进程及扩展的领域方面发生失误，从而造成经济的混乱。（1）忽视了市场取向改革进程中，直接计划机制的转换、间接计划机制的建立、市场体系的发育和健全必须保持基本同步的内在要求，在调控性间接计划体系尚未确立、市场体系发育不良、企业行为和约束不规范的情况下，过早过多过快地削弱了原有计划的程度和范围，结果反而在基本建设投资领域、货币流通领域、物资流通领域、预算外资金管理等方面造成了失控。在治理整顿期间强调了集中和计划控制，但又放松和忽视了对市场体系的建设和市场主体的培育，甚至滋生了一种淡化市场、害怕市场的不正常心理，出现了在实践中限制市场的不良倾向，直接导致了指令性计划不灵，指导性计划失效，市场功能萎缩，以及“管死”与无序并存的严重后果。(2) 任意扩大市场调节的领域和市场的范围，忽视了计划与市场的分工领域和调节职能。把市场机制引入那些不能和不宜实行市场调节，而只能实行弱市场调节或实行计划调节的领域，如基础科研部门、教育文化部门、公共福利事业部门甚至政府机构的服务部门。要求这些部门以盈利原则行事，以企业化经营来提供服务，这是对现代商品经济运行规律的一种极大的误解和歪曲。(3) 市场发育进程中出现市场关系混乱和扭曲变形。这主要指本应公平进行的市场交易变成暗中交易或灰色交易，本应平等竞争的等价交换关系变成庸俗的人际关系调节以及伦理关系调节，大量紧俏商品通过非公开的灰色市场进行交换。特别要提到的是在整个市场体系未形成，相应的市场交易法规不健全，行政控制方式还占举足轻重的地位的条件下，推行生产资料价格双轨制为以权经商、索贿受贿、转手渔利、哄抬物价等腐败现象提供了温床，由此形成的社会分配不公引起了民众的极大愤怒。

从上述描述可知，我们对计划改革的商品和市场取向的评价是双重的：一方面，改革中所遇到的困难和出现的问题与市场取向的改革推进不足有关；另一方面，则与市场取向的改革在某些方面推进过度有关。把经济运行中的混乱的原因归结为任何单独的一方面，都是有失偏颇的，都不利于改革的深入。

市场取向的改革不足与改革推进过度是我国经济体制模式转换中的共生现象，它们深刻地说明了建立有计划商品经济新体制的任重道远。在推进我国计划经济体系市场取向改革的过程中，我们应明确地认识到，市场取向改革不足与改革推进过度虽然都是计划经济与市场调节结合不妥造成的，但是这是两类性质不同的经济问题。主要表现在，前者起因于产品经济向商品经济逆转的利益摩擦和阻力；后者则与改革缺乏明确的目标、对有计划商品经济认识模糊、改革措施失当有关，因此对于后一类问题的纠正相对来说比较容易。一般来说，只要通过整顿混乱的市场秩序、界定市场调节范围和建立市场竞争规则等管理办法，便可以在泛化和深化市场过程中有效地防止市场取向过度的不良现象。如在设计改革方案时，消除操之过急的心态，在经济环境不成熟、宏观计划调控体系不够配套的条件下不过早过快地扩大市场调节的范围，以明确的市场秩序和市场规则来约束市场流通组织的性质、地位、职能、活动范围和行为规范，不让不适宜实行市场调节的产品和服务进入市场领域，等等。

解决市场取向改革不足的问题比较困难。其基本成因大致可以归纳为以下几方面：

（1）行政控制体系中的行政等级制及其所体现的利益关系是一种天生具有反市场法则属性的因素。众所周知，商品经济的本质不承认任何超经济的强制关系，而只承认货币、资本、商品的权威；而产品经济体制下的行政控制则排斥了商品货币关系，使行政权力和行政级别充斥于经济运行中。只要拥有各种等级的行政权力，便可以非常自然地支配实物运动，包括个人福利享受、社会地位荣誉等在内的利益关系无一不与行政等级制有关，行政等级体现了个体成员在社会经济关系中地位及其社会经济的秩序，只要能追求到一定的行政级别，便能曲折地享受到相应的利益，这与商品经济中个体追求盈利、追求货币从而从市场上获取利益享受的行为方式是截然不同的。因此，当市场取向的改革展开时，必然会冲击行政等级制赖以存在的基础，冲击行政体系造就起来的实物经济流程，并危及行政等级制下的实物经济利益，所以这种改革遭到行政等级制的抵制是理所当然的，是不可避免的。

（2）行政控制体系中的行政依赖关系是一种天生具有反市场交换

关系属性的因素。在我国旧有的产品经济体制中，历来存在双层的非市场性的依赖关系。其一是国家和企业之间的行政依赖关系，它以实物倾向的无偿让渡或低价奉献为物质基础；其二是企业与职工之间的非市场依赖关系，它以非货币清偿的实物收益为利益分享的基础。改革不仅未能有效地打破这种双层依赖关系，反而在某些方面还有所强化。如在经历了 1989 年的市场全面疲软后，企业吃国家的“大锅饭”的倾向愈演愈烈；企业改革过程中各个企事业单位争相为本单位职工发放实物和奖金的现象比改革前还有所强化。这种双层的“父子依赖关系”是阻缓经济关系商品货币化发展的重要的基础，它使企业和职工产生在实物经济流程中更加依恋旧体制的不正常心态，也使政府、企业、社会组织之间难以形成合理的职能分工和市场分工，影响交换经济体系的发育和完善。

（3）生产要素的行政订价难以形成合理的市场信号。第一，市场配置资源效率高的基本前提是参与配置的全部要素的价格是真实的，否则就会形成错误的投资行为和不合理的产业结构，并导致经济运行的低效率。众所周知，长期的行政订价体系扭曲了商品的价格比例，改革过程中所形成的公开市场和灰色市场又使同一商品的价格混乱。不仅生产者，消费者和宏观调节者每一方所获得的价格信号也都是被扭曲的，他们各自按失真的价格信号作出背离正常轨道的经济决策。第二，市场配置资源高效率的基本要求是不仅消费品价格要由市场决定，而且包括劳动、资金、生产资料、土地、技术等要素价格也应在计划指导下主要由市场供求关系来决定，使价格水平反映资源的稀缺性和使用效率，引导企业间展开效率的竞争，同时自动地把资源引向缺陷制约的产业，形成产业结构的合理变化。这就是说，充分发挥市场调节的作用须要有生产要素价格形成机制的转型。然而，我国目前这些要素的价格基本上仍由行政部门控制，仍然属于行政信号而非市场信号，对供求均衡的调节功能极其微弱，对市场体系的深化建设起阻抑作用。如在劳动力资源的配置方面，前些年刚刚开始的就业竞争、优化劳动组合、厂内待业制等市场化改革已基本停滞。特别是实行优化劳动组合形式的改革，虽然它只是把企业的隐性失业状态变为厂内公开失业状态，但它是企业在外部市场不健全条件下的次优选择，是企业外部劳动力市场的萌芽形态，这种初步的改革目前也被行政控制所扼杀。再如在资金市场上，行政性控制的利率水平变动无法引导资金的流向和流速，不仅难以调节市场需求的波动性，如抢购、挤兑或需求疲软等，而且在刺激市场增加有效供给、压缩库存等方面也束手无策。

（4）处于行政控制体系中社会供给系统对社会需求变化的响应能力较弱，产业结构适应市场需求结构的动态变化过程中摩擦加剧。其一是行政订价所扭曲的价格体系在价格逐步放开时诱使企业不规则地追求价大利高产品的生产，指导企业的投入产出选择，结果形成投资和生产中的一窝蜂以及重复建设，使某些价大利高产品的过剩与某些微利的基础产品严重的短缺格局并存；其二是对企业的行政控制使企业对市场变化的反应麻木，缺乏生产动力和财产增值的动力，没有从事市场开拓的最基本的人财物平衡权；其三是长期的行政控制使企业产生依赖政府的行为，不思进取亦可躺在国家怀抱中吃“大锅饭”，企业破产兼并在实际运行中难以实施，进一步阻碍了资产存量的可移动性，使产业结构的矛盾进一步深化。

（5）处于行政控制中的经济流程在市场取向的改革中，把各种运行性矛盾的焦点集中在财政收支上，而财政困难又进一步限制了改革的深入。一方面，第一，处于行政控制中的企业效率低下，国有大中型企业（是国家财政收入的主渠道）在与其他经济形式的企业的竞争中亏损面和亏损金额大幅度上涨，从而影响国家财政收入计划的实现。第二，在全民所有制企业缺乏应有的经济动力的前提下，把国家与企业的经济关系调整仅仅理解和看成是一种财政分配权力关系的调整，仅仅实现分权让利的改革措施，只会刺激短期的急功近利趋势，企业想方设法在利税分配上与国家争执。如设法人为地抬高生产成本，要求更大的留利比重以及要求更大的财政补贴和减税让利等。第三，行政性控制要求宏观上具有庞大的组织机构和超常的干部队伍，需要因此而付出巨额的行政管理成本，这又使财政支出具有极大的刚性和不断的上浮性。如果再进一步考虑到生产中的各种财政补贴（包括所谓经营性亏损补贴和政策性亏损补贴两方面）和改革过程中必然要付出的改革性补贴，将使财政收支进一步紧绌，出现高额赤字。另一方面，紧张的财政收支以及高额赤字反过来又进一步限制许多改革措施的出台，迫使国家再次要求提高财政分配占国民收入分配的各种比重，加强对大中型企业以及整个经济运行的实物性控制。如改革中的国民收入流程使财政为主体转向银行和企业为主体，但财政的困难会增强政府的增收欲望，其中一个很容易想到的措施便是强制向银行借款和向企业摊派各种基金。这些都是我国改革中的真实写照。

（6）行政系统的实物控制方式形成了各种不平等的经济环境，因而企业缺乏一个相对平等的市场环境去展开经济效率的竞争。由于我国经济运行中长期采用使用价值的经济流程，企业在产供销、人财物等各个环节都要受到实物性控制，因此无法平等的数量标准使企业之间在布局条件、生产条件、要素供应条件、销售条件、财政信贷税收以及政策条件等方面，都存在程度不同的不平等现象。其中以外资经济与国内经济、乡镇经济与城市经济、全民经济与集体经济等之间的竞争条件不平等最显著。虽然商品经济中市场环境的平等性程度总是相对的，我们也不可能等到这种环境形成了，再去讲竞争，恰恰相反的是，要用提倡充分竞争的办法来打破各种行政性垄断关系，通过竞争逐步完善市场环境。但是，如果我们不逐步放弃行政性的实物控制方式，不主动地去拆除各种行政性的市场进入及退出壁垒，不在商品货币化的指导思想下逐步形成产品和要素的市场选择权利，竞争关系就没法展开。企业长期处于不平等的市场竞争环境中，有许多消极的宏观后果，并对政府的经济目标产生极大的副作用。主要表现在：一是形成企业间收入分配不均，并形成新的等级制和实物经济体系；二是会在普遍缺乏硬性预算约束的条件下形成广泛的收入攀比机制和平均化倾向；三是会造成市场运行规则的混乱，助长不正当竞争；四是可以为那些经营不力的企业提供逃避责任的借口，鼓励企业吃政府的补贴。

（7）行政系统内部的分权性改革阻碍间接调控体系的建立。中国市场取向的改革特征之一，是在一方面建立新型的宏观体系（例如成立中央银行、成立企业集团等），向企业放权让利时；另一方面又在原有行政系统内部加进了一个中间实体，产生出一种“中观机制”，即通过财政包干、外贸包干、行业包干和企业承包所形成的各级政府部门的中间性行政协调机制。这个中间实体虽然承担了一定的宏观职能，但又集中了一部分本应由企业和市场获得的权利与职能。从本质上说，这个中间实体既排斥中央政府的统一的宏观计划管理，又排斥统一的市场机制和独立的企业经营机制。它的行为方式在实践中既像一个集中的计划管理组织，又像一个讨价还价而无约束的市场主体。一方面，中央宏观调控如果要维护全国市场的统一性和有效性，则势必要与这个中间实体的利益格局发生矛盾；另一方面，具有初步利益独立性的企业必然要与这个中间实体的行政控制展开争执。正是如此，中间实体在市场取向的改革中不仅已充分暴露其消极影响，如市场封锁、重复建设、产业结构趋同、中央调控的权威性和有效性降低等，而且极大地影响了间接控制体制的主导地位的确立。

以上我们扼要地分析了市场取向的计划改革中的几个难点问题。据此分析不难看出，从实物性的产品经济走向有计划的商品经济体制，从实物计划走上价值计划，最终还取决于我们能否首先打破传统的行政性计划控制体系，并与此同时建立起可代替其行政职能的宏观经济管理制度，既有助于形成真正的市场机制，又不削弱国家对统一市场的宏观调控能力和权威。从实施市场取向的改革进程的逻辑来说，就是要实现“行政造市场→市场造市场→计划调市场”的渐进式配套性的机制转换。具体内容是：

1. 在市场发育之初，利用政府的行政权威打破传统的行政控制体系的网络，强行植入市场因素。如打破和削减单纯的指令性计划体系，减少行政体系对企业行为的直接强制；向企业放权并设法强化企业的市场获利动机和积累动机，减少其行政动机；要素移动的“双轨制”和增量改革；居民收入和消费的进一步商品化和货币化；等等。在这一阶段有两个重要方面的问题值得提出：一是政府自身有没有彻底的市场取向的改革决心和设计精密的措施；二是直接控制形式的削弱与市场形成的调节功能增强要基本对称。缺乏第一个方面，改革就无法正常启动；缺乏第二个方面，改革一开始就会陷入混乱。

2. 转换政府的职能，规范政府的行为，进一步减少政府对经济运行的过多的直接性的行政干预，使商品经济关系在经济运行中不断地取代实物经济的职能，即实现“市场造市场”的机制转换。（1）这一进程中的难度最大，因为它会遇到原有行政体制的抵抗。（2）这一进程中的混乱最大，因为一方面市场机制并没有完善，其正常的调节功能并没有能充分有效地发挥；另一方面也会出现各种“行政扰市场”和“市场扰行政”的现象，如行政权力货币化、市场运行贿赂化等，就是在市场因素介入、原有行政体系松弛以及缺乏有效的监察机制的前提下，市场力量与行政力量交互渗透、双向摩擦的典型表现。（3）这一进程最为关键，因为如果害怕混乱的现象，又找不到进一步改革的思路及契机，则很容易形成行政控制体系的全面返水，倒退到旧的经济统治体系；如果能及时地转换政府职能，规范政府与企业的双重行为，制定有效的市场规则等，则可以变困难及挑战为机遇，使市场化改革真正成功。

3. 计划在市场的基础上形成并调节市场。这一进程到来的前提在于企业制度、市场体系、宏观计划三者配套改革的成功，因而是一种目标的新型计划管理模式。

目前，我国的市场取向的改革已由单纯的“行政造市场”阶段进入了由行政造市场与市场造市场对接的关键阶段，国民经济运行机制已发生了实质性转换和变革。如何抓住各种有利的时机大踏步地推进这种改革的步伐，是一项异常复杂和庞大的改革系统工程，因此超前的理论研究是断然不可少的。就建立商品型计划经济体系这一宏大而又艰巨的任务来说，需要我们在发展社会主义公有制为基础的商品经济的理论和实践的前提下，对中国计划管理中的理论和实践问题进行系统分析和评价，多角度、多方位地探索计划经济与市场调节相结合的途径、领域和方法。具体来说，就是要站在发展社会主义商品经济、建立市场体系的高度，至少从以下方面探讨建立商品型计划管理系统这一重大的改革问题：

1. 如何从现有的改革起点出发，进一步发育和建立社会主义市场体系的问题。既然我们肯定了计划经济改革的目标是要建立商品型计划管理体系，肯定了现有的改革取向是市场取向，那么进一步发育和建立社会主义市场体系就是改革能否成功之前提，没有市场体系的建立和完善，转换计划管理机制势必为空谈。

2. 如何在既有的经济发展格局和经济肌体的框架中，既充分发挥计划经济的优势，又发挥市场调节的灵活作用，使其互补优势更好地促进改革与发展？这是建立商品型计划管理机制的重大理论和实践课题。

3. 商品型计划管理的具体的运行机制如何建立？诸如商品经济条

件下的计划的决策机制、信息机制、动力机制、组织机制、调节机制等问题，都是极其复杂的系统工程问题。

4. 商品型计划管理的工作原理和工作方法。如何适应商品经济发展的要求，改进计划的综合平衡方法，制订计划的目标和指标体系，转变计划的工作重心，完善制订计划的方法、实施计划的方法以及评价、修正计划的方法等。

以上所列，远没有穷尽建立商品经济计划管理体系这一重大课题所需要研究的诸多问题。中国的计划经济改革是整个人类历史上特别是20世纪的重大事件，成功与否直接关系到中华民族的发展和强盛，它必须经过我国人民长期不懈的努力。

工业化中的市场与政府：理论与借鉴①

现代市场经济体制中的政府（国家）与市场的关系涉及整个哲学立场是个人主义还是集体主义的平衡及选择问题。新古典学派的基本观点是：在经济发展中，政府只应承担起监管功能，而不应拥有发展功能。而对东亚各国、各地区的研究表明，东亚的成功，作为强势政府，它不仅担负着发展功能而且也是制度的供给者与执行者。但如同“市场神话”一样，在国家干预市场过程中，陷入“国家神话”也是有缺陷的。国家干预经济活动，形成四种不同的模式，即干预市场秩序、经济总量、特定产业、企业经营四种模式。我认为，发展中国家政府具备一定的发展功能是必须的，但这种功能主要体现在政府对特定产业的干预上。

对于正在努力寻求现代化出路的发展中国家来说，建立现代市场体制无疑是唯一正确的选择。但是，构建现代市场体制究竟如何选择正确的理论指导，处理好政府与市场的关系，却是一个不容易回答的难题。

近年来，各国的经济学家和社会学家十分关注对亚洲“四小龙”以及日本的发展研究。在这些国家和地区，过去几十年直至现今的强劲经济发展态势，与西方国家目前面临的自20世纪30年代以来最严重的

① 本文原载于《江苏社会科学》1994年第2期。

经济衰退和大量失业状态形成鲜明的对照，有些国家和地区的政府甚至为高速成长所需的劳工短缺而苦恼。因此，对于这些国家和地区的发展研究也日益兴起。综观这些研究成果，其焦点大部分集中于工业化中的政府与市场的关系。一个逐步成为主流的看法是：东亚的成功，并非出于所采取的自由市场经济体制、灵活的市场机制、不受干预的私人企业活动和出口导向的产业政策，而是来自政府对经济的强有力的干预。由此形成了理论界广泛关注的经济发展中的“国家学说”。

本文试图在发展起来的“国家学说”的基础上，剖析这种学说的可利用性和局限性，并对我国社会主义市场经济体制建设中的政府职能提出一些看法。

一、工业化进程中政府的角色：发展功能与领导市场

政府与市场的关系涉及整个哲学立场是个人主义（individualism）还是集体主义（communitarism）的平衡及选择问题。一般认为，美英等西方国家是典型的基于个人主义意识形态的社会，新古典经济学说在该社会经济活动中具有广泛的市场。政府对以个人为主的工商企业活动不作过多的干预，只是在市场活动之外或市场缺陷之处发挥拾遗补缺的作用。虽然20世纪30年代以来盛行的凯恩斯主义给这种信条以强烈的冲击。但是，新古典经济学派并没有因为凯氏革命在战后长达四分之一的世纪里所取得成功而偃旗息鼓，他们一如既往地坚信市场机制的调节功能，强调在工业化进程中自由竞争、自由经营和资源自由运用的重要性，极力反对凯恩斯主义者的国家干预理论和政策。例如，其中的新自由主义者的代表人物弗里德曼，就竭力歌颂自由竞争下的资本主义的市场和价格制度，他认为“把人们组织起来从事生产活动的最好的方式，是在没有强制手段下的人们之间的自愿合作的基础上缔结相互有利的契

约”。[1]至于政府，“它的主要作用必须是保护我们的自由以免受到来自大门外的敌人以及来自我们同胞们的侵犯：保护法律和秩序，保证私人契约的履行，扶植竞争市场。……然而，任何这样使用政府的方式是充满危险的”。[2]在他看来，最好的政府是管理最少的政府，应把政府干预限制在最少的程度，即使干预，也应通过市场和价格制度来进行，才能取得最好的效果。总之，新古典学派的基本观点是：在经济发展中，政府只应负担起一般国家组织所扮演的监管功能（regulatory function），而不应该拥有发展功能（development function），即不应该具有介入资源分配、指导工业化进程和方向的功能。

与此不同的是，经济学家普遍认为东亚、德国等属于群体主义意识形态主导的社会，“国家主义”学说在这些国家或地区具有广泛深入的影响。政府作为群体利益的最高代表，应直接介入和参与各种经济活动，与企业合作进入国际竞争。越来越多的学者通过对东亚诸国和地区的案例研究，发现东亚经济发展的成功因素，在于政府对市场运行采取的积极有效的干预而不是自由市场经济的自动调节。其基本的研究结论有以下三方面：

第一，东亚各国和地区实行的并非新古典经济学家所说的自由市场经济体制，而是指导性市场经济（guided market economies）。国家在发展过程中担当着“驾驭本土及国际市场力量并将其引导至有利于国家经济的战略性角色”。[3]在发展过程中，东亚各国地区和政府所考虑的并非企业的盈利问题，而是如何快速实行工业化；不是去追随市场（following the market，是指即使在没有政府干预的情况下，私人企业也会根据市场和价格信号作出某种反应或调节，政府只不过对这个过程施以援助，但有关发展始终是由市场带动的），而是领导市场（leading the market，是指首先由政府决定某些产业、产品或技术需要大力发展，再以各种方式甚至使市场价格扭曲的方法，诱导企业去执行政府意欲的发展计划目标）；政府不仅担负起一般国家组织所扮演的监管功能，更拥有发展性功能，奉行的是“理性计划体制”（plan - rational system），有明确的社会及经济目标，以及贷款、资助、减税、关税、进口限制、技术研究开发等选择性政府工具去完成这些目标。这种宏观管理体制显然有别于某些推行只着眼于维持经济秩序而忽视经济活动具体结果的“理性市场体制”（market - rational system）。如中国台湾地区当局为了发展纺织工业，曾对进口棉纱实施过关税及限额，同时又限制纺织厂的数量，以提高纺织工业企业的规模经济效应，甚至直接控制棉花的分配，并提供贷款与收购纺织产品，使台湾地区的纺织业能迅速建立起来。再如，韩国政府为了发展汽车制造工业，便严格限制车辆进口，同时又豁免制造商的零件进口关税和降低其所得税。当汽车工业被列为1973年重型及化学工业计划的重点发展项目后，政府更直接扶植三个制造商，并制定厂商的生产规模、产品型号、零件生产甚至出口指标等。

第二，东亚的经济发展成功，与这些国家和地区的“政府”的功能有关，中国台湾地区、韩国和新加坡都是属于强势“政府”（strong “government”），具有自主性（autonomy）和能力（capacity），所以能够推行符合国家或地区长远利益的、具有连贯性、发展性和“政府”领导的发展政策。所谓“政府”自主性，是指“政府”组织所制定及推行的政策，并非只是照顾个别社会组织和阶层的利益，而是具有超越这些利益之上的独立性。所谓“政府”能力，则是指“政府”推行这些自主性政策的效能，尤其是当这些政策难以为某些社会组织和阶层接受的时候。[4]现代史学家普遍认为东亚各“政府”的自主性，其基础源于历史的因素和“政府”与社会力量的关系。对中国台湾地区和韩国来说，一种说法是日本统治时期所实行的中央集权统治及新重商主义经济政策，是形成其强势“政府”的历史因素。这些历史因素在战后的国际形势下得以延伸，原因是美国的反共政策使中国台湾地区及韩国建立起发展性“政府”组织和权威。另一种看法是，日本在这两地的殖民统治期间，消灭了地主和其他社会阶层的势力。随着日本的投降，韩国与中国台湾地区对外的政治经济联系被切断，因此战后的中国台湾地区及韩国是在没有强大的社会阶层或外来势力的情况下建立起来的强势“政府”。至于“政府”的能力大小，一般认为取决于其所拥有的政策性工具，如“政府”对货币及信贷的控制、进出口限制、外汇管制以及行政指导等。通过这些政策性工具，“政府”可以有意识地引导私有企业趋向“政府”的发展目标。另外，“政府”能力也跟“政府”机构与私有企业在制度上和组织上的联系有关。在很多情况下，“政府”可以通过与其有密切联系的银行财团、商会组织等通道对经济活动进行干预。

第三，在东亚各国和地区的经济发展中，“政府”不仅仅是一个担负发展功能的参与者，而且是作为一种制度（institution）的有效供给者和执行者。研究者认为，东亚的“政府”之所以能制定和推行完整性的经济政策，不但取决于其“政府”决策的自主性，还取决于这些国家和地区的制度供给特征。在这里，国家和地区制度被定义为包括“政府”决策机构与社会组织的关系及网络，包括三个层次的内容：(1)“政府”决策机构的意识形态及组织凝聚性、决策系统的集中性以及所拥有的各种政策工具；(2)“政府”官僚系统与私人部门的关系网络的关联特征；(3)“政府”与社会在历史过程中的联系。[5] 由于东亚的国家和地区制度在上述的几个方面的特征，是建立在群体主义基础上的，是在形成强势“政府”时便确定下来，形成了一组规范政治参与者可以做什么的组织、规则和价值标准，因而可以保证“政府”在经济发展中推行一套以私有制为基础的稳定和连续的政策体系，满足“公共需要”。例如，日本政府的计划政策就有可移动性、多面性、连续性、权威性的特征。其中，可移动性是指计划政策随条件变化而变化；多面性是指政府政策涉及社会生活的方方面面；连续性是指无论政局怎么变化，政府计划政策始终保持前后一致性；权威性是指政府计划对私人企业有高度的号召力和影响力，但这种权威不是来自政治压力而是来自计划本身的正确性。[6]

二、发展理论的误区：在市场神话和国家神话两个极点之间的选择

在日趋激烈的国际竞争中，新古典经济学派关于自由市场经济调节的神话已为实践所打破。尽管自由市场学派的支持者们可以假设如果没有政府的干预，东亚的发展可能更好、更快。但在缺乏任何来源于实践的反证之前，这种辩解根本不会被人们所接受，也无法得到任何有解释力的结论。仅仅一个问题便可以使自由市场的支持者们无言以对："如果东亚的成功是基于有效的市场机制和价格制度，那么为什么在政府强有力地干预市场运行和价格制度的情况下，这些国家和地区仍然能保持强劲的发展活力，取得较高的效率?"

新古典经济学派在解释经济现实中的无力状态，已经引起了包括美国经济学家在内的西方学者的沉思。针对美国曾一度领先的一系列新兴产业，如半导体、计算机、超大规模集成电路、太空技术、生物工程等受到其他国家特别是日本的严峻挑战的事实，美国哈佛大学商学院教授洛奇在其畅销书《美国病》（1984）的基础上，又在 1990 年推出了《重建美国》一书，对新古典经济学派制造的"几个神话"进行了猛烈的抨击：[7]（1）企业与企业竞争的神话。洛奇认为，在当代国际竞争市场上的企业，都是其所在国政府所创造的经济、政治环境和政策背景下的产物，根本不存在脱离国别特征、脱离政府政策作用的"独立"

企业。（2）政府干预越少越好的神话。洛奇指出，大量政府间的贸易摩擦、对抗、谈判和协作，以及政府组织直接组织、参与的大量国际竞争活动，已经形成了哪个国家政府介入越少哪个国家就越吃亏的局面。（3）产权的神话。在现代国际竞争中，企业必须具有长远发展的战略眼光，但是以股东利益为主导的股份制企业往往只关心股份短期分红，难以与政府配合默契。在竞争中成功的企业往往都不是企业所有者具有决定性影响的企业。由此洛奇指出，“重建美国就是要在意识形态上实现由个人主义向群体主义的转移；在企业权力的基础上实行由股东向职工和社区利益转移；在政企关系上实现由管理与被管理关系向合作者甚至合伙人的关系转移”。显然，这一研究虽不无商榷之处，但它对市场化改革中的国家构建政企关系、建立具有国际竞争力的产业集团具有一定意义。

我认为，发展理论研究者在批判新古典经济学派时，虽然正确地提出了“国家干预市场”的种种必要性，但是却在不自觉中陷入了“政府万能论”或“国家神话”。其典型的表现是在论证“政府”对市场的干预作用时，某些论点和其背后的假设有违反事实之谬误。表现之一，把“政府”推行的产业政策和经济干预都看成是成功的和有效率的，这是不完全符合实际的。虽然案例研究（case studies）能够证明日本、韩国、新加坡以及中国台湾地区等的产业政策和经济干预有成功的一面，但反对者亦能找到不少失败的案例。例如，台湾地区当局在制定汽车工业政策时，依据的大部分是不正确的过时的信息，无视当时世界汽车工业的发展和地区内市场需求的情况，亦缺乏重要数据及人才，结果在有关工业政策的指导下，推行与日本联合生产重型货车计划，结果产品在“政府”保护下完全缺乏国际竞争力。表现之二，把“政府”看成是英明和伟大的，其主管机构的官员都是十分熟悉国际市场和精通经济运行操作的技术官僚，因此把发展功绩都归因于“政府”的看法，也是欠妥当的。例如，对世人包括日本政府在内的言论一再吹嘘的日本政府的以诱导性、间接性为特征的产业政策，其在日本经济发展中的实际功效也有很多人怀疑。日本“特定产业发展的主要因素，在于其市场需求的大小，日本政府的产业扶植措施实际上没有发挥太大的功效”。[8] 日本的企业家们对于日本曾经普遍实行了系统而有力的产业政策的说法持有最强烈的反感。他们认为，“几乎没有人从政府得到什么特别优待，而是靠自己的力量，含辛茹苦、历尽艰辛才发展起来的”。战后日本政府只是大力扶植和保护了那种能象征国家强大、具有新闻价值的“威望产业”。[9] 可见，政府在经济发展中并不见得比企业家和市场来得高明。表现之三，资本主义的“政府”组织并非一个和谐的、凝聚的和单一的组织，其政策的制定往往并非一个单纯的理性规划的技术过程，很多时候是部门间、派系间、政党联盟间的利益冲突和妥协的结果，是一个政治过程。例如，有人指出，台湾地区当局 20 世纪 50 年代末推行的经济改革，并非因为当局面对经济情况作出的政策改变，而真正的原因是，蒋介石当时想撤换行政机构负责人俞鸿钧改由陈诚接任，陈诚接任后随即撤换了原来的经济决策班子及推行经济改革。不过，陈诚并非真正热衷于经济改革，推行改革的目的是突出与俞鸿钧的路线不同。类似的例子，在日本的造船工业政策制定时也发生过。[10] 由此看来，政府政策改变有时与经济情况并无直接关系。很多时候，有人将有关政策的制定说成是政府为解决经济问题而作出的努力，只是事后加上去的理解，只会把政策制定过程合理化和非政治化，把政府职能神化。表现之四，一个政府是不是属于所谓强势政府的特性，与其是否推行的干预的经济政策之间，并不存在相关关系，因而强势政府之说，并不能完全成为对经济发展进程进行成功干预的理由。例如，一般认为，香港地区目前（指 1994 年，编者注）所处的殖民统治地位，使其政府能够始终如一地推行自主性、不受各种社会势力左右的自由市场经济策略。按理说，它也是一个强势政府，但它却采取了积极的不干预政策，同样发展成了一个新兴工业化地区。因此，干预还是不干预，并不能成为解释经济发展成功的唯一原因。表现之五，突出国家作为一种“制度”的重要性，把经济发展的成功归结为政府制度的有效供给，虽然有一定的道理，但是仍然有很多牵强附会之处。因为，所谓的有效制度供给，是一个十分抽象的概念，所运用的分析方法是将整个国家组织和经济系统视为一个单一和谐的单位，是假定一个国家有一套系统性的经济政策。这种分析方法并不一定恰当。以提出“国家竞争优势论”而著名的美国哈佛大学商学院教授波特曾通过对 10 个发达国家和新兴工业化国家的比较研究发现，所有这些国家内部的工业政策都有相互矛盾之处，不仅执行政策的部门在很多时期是重复的、互不协调的，而且由于影响经济发展的因素和措施很多，某一项政策可能对其中一个工业有利，但对其他工业部门却会造成负效应。由此他认为一个国家有的只是对个别工业有效的政策和经济措施，不可能有系统性、协调性的整体发展政策。[11]

由此看来，经济发展中有关国家中心论的理论，与新古典经济学把发展的原因归结于市场机制一样，都有其自身的缺陷。在没有新的具有更强解释力的理论出现之前，这种争论将会继续延伸下去，并将成为这个时代经济理论的特色。

三、干预特定产业：政府发展功能的新解释

综观世界各国政府干预经济活动的层次和范围，可以发现各国在不同的经济理论指导下，形成了四种不同的干预模式：

1. 干预市场秩序。这种模式的理论基础实际上是新自由主义，其基本的经济哲学立场是政府的职责范围必须有限并实行权力分散制，反

对政府成为具有发展功能的主体。政府在市场运行中的职能是："维持法律和秩序、规定财产的内容、作为我们能改变财产权的内容和其他经济游戏的规则的机构、对解释规则的争执作出裁决、强制执行合同、促进竞争、提供货币机构，从事对抗技术垄断的活动和从事广泛地被认为重要到使政府能进行干预的临近影响的消除，同时，又包括补充私人的慈善事业和私人家庭对不论是疯人还是儿童那样的不能负责任的人的照顾。"[12]

2. 干预经济总量。这种模式中的政府职能不仅要求干预市场秩序，也要求运用各种总量经济政策去调节社会总需求和社会总供给的均衡关系。显然，这一模式是以凯恩斯主义学说为基础。其基本的经济哲学立场是市场自身不能达到实现宏观目标（如降低通货膨胀率、实现经济稳定、充分就业和公正分配等）的经济均衡，这一功能必须由政府承担。

3. 干预特定产业。这种模式中的政府职能有了进一步的扩张。认为政府不仅需要纠正市场机制的各种缺陷和失灵，而且还要力图实现产业部门之间在发展中的均衡以及对产业发展的外部效应进行控制，必须越过凯恩斯主义大而化之的经济总量干预，把手伸进更具体的产业间关系和产业内部企业间关系。这是雄心勃勃立志赶超欧美的日本、德国以及东亚部分国家和地区的"动态比较费用说"，它突破了李嘉图和赫克夏—俄林的"静态比较费用说"和"资源（要素）禀赋说"，是一种新兴工业化国家或相对落后国家的新的发展理论。[13]

4. 干预企业经营。这种模式主要体现在苏联、东欧国家以及改革前的中国。这些国家选择了政府作为生产资料的所有者和经营者，通过政府的行政力量来直接推动经济发展，使政府作为资源分配和调节的唯一主体。这种模式被实践证明是失败的。

上述四种政府干预经济活动的模式，体现了干预力量由弱到强的趋势。前三种形式的干预都有一个共同点，即东西方市场体制都遵循企业充分独立和自由的政企关系准则。这三种经济模式的主要差异和理论争论的焦点，集中在政府是否应该参与具体的产业活动上。应予以区分的是，产业并不等于企业这个概念。产业是生产同类产品或提供同种服务的企业的集合概念，是一种具有同一属性的企业的集合，又是国民经济以某种标准划分的部门，是一个介于宏观经济单位与微观经济细胞（企业和家庭）之间的“集合”范畴。因此，政府干预产业间的活动，实际上是指政府制定和执行产业结构创新和升级政策，引导资源在产业间有目标地流动，加快产业结构调整和转换。这是经济发展的主体含义之一，是发展与增长之间的主要差别。政府干预特定产业内部的企业之间的关系，体现为政府制定和执行“产业组织政策”，规定企业发展规模、产业垄断与竞争、技术进步、竞争秩序等一系列政策和规则，并不构成对企业具体生产和经营活动的直接干预的威胁。

我认为，在工业化和市场化过程中，发展中国家政府具备一定的发展功能和领导市场的功能是必须的。这种功能主要体现在政府对特定产业的干预上。

第一，在当今国际市场的竞争中，强调静态比较生产费用和生产要素的自然禀赋因素，让市场机制在国际竞争中自发调节，撇开发展中国家的政府竞争优势，其结果必然是后进国家搞劳动密集型产业，发达国家搞资本密集型或技术密集型产业。这种产业分工格局和国际贸易秩序从发展的角度去分析显然是不公平的，是弱肉强食的霸道理论，只能使落后国家永远居于发达国家之后永无出头之日。因此，政府有意识地去“扶植幼稚工业”，按动态比较生产费用说去对幼小工业提供补贴和保护，就是一种竞争战略的现实选择。它可能使在国际贸易中一时处于劣势的产业转化为具有优势的产业。如 1955 年日本的汽车工业规模只及美国的 1/135、西德的 1/13，但在政府有意识地扶植下，到了 1984 年，已经称霸全球，在美国市场上也有20%—25%的市场占有率。

第二，按照沃尔斯坦世界经济体系理论，整个世界经济体系可分为边陲、半边陲和中心地区。前两者处于被剥夺的地位，后者处于剥夺地位。但是，这种结构安排也是动态开放和竞争性的，结构安排中不时出现所谓“空位”。[14]发展中国家政府角色的基点正在于此：抓住结构变化中出现的稍纵即逝的“空位”。如果放任企业去竞争，因其本身的竞争能力弱以及国内缺乏协调发展的基础设施和制度环境，就会丧失时机。实践证明，国际经济竞争秩序中“空位”的产生，可以有两种方式：一是“产品循环变动”方式；二是扶植特定的目前处于幼小状态的高科技产业。前一方式由美国麻省理工学院教授弗农提出，大意是指新产业的形成和变动，遵循“新产品开发→国内市场形成→出口→资本和技术输出→进口→开发新产品……”的循环上升的顺序。对于发展中国家来说，主要是抓住上述循环过程中第3—5个步骤。即实行门户开放，进口发达国家产品刺激国内市场；进口国外技术和吸收国际资本，结合本国的资源优势发展规模经营，降低生产成本使本国产品获得价格上的竞争优势；向国外出口迫使开发新产品的原工业先行国放弃这种产品的生产。发展中国家的竞争优势和挤出“空位”的可能性，在这个过程中主要体现为可回避风险多、花费大的技术开发过程，可以利用先行国的资本和技术，以及低工资优势打回先行国市场这样三个方面。后一种方式实际上是属于“扶植幼稚工业”之说，这里省略。总之，抓住“空位”的能力，不仅对发展中国家是重要的，同样对发达国家也是重要的。在这个问题上有口皆碑的反面例子是20世纪20年代开始沉沦的英国，[15]正面的例子则数新加坡的“第二次工业革命”、韩国造船工业、日本汽车工业等成功例子。

第三，虽然，在开放性世界经济体系中，国家竞争力是指“该国产业创新与升级能力”[16]，即该国获得生产力高水平以及持续提高生产力的能力，但是政府在发挥国家竞争力优势时，却不应该着眼于整个国家经济，而应把注意力放在一些独特的产业或产业组群上。因为，世界上还没有一个国家能在所有产业部门都获得国际上成功的先例，即使是日本，也有大量落后于世界最强硬对手的部门。并且，各国竞争成功的方式也有显著的区别。国家参与产业竞争的优势往往寓于某些独特的产业部门，对某些特定的产业，政府可以集中精力和所有一切可以调动的政策工具，予以重点扶植。这是发展理论研究者一再强调的。他们认为，问诸如“东亚经济成功的原因”是一个错误的问题，应该问“为什么在某一项工业中，一个国家能够成为成功的国际竞争者的生产基地？为什么香港地区的纺织业能一直维持国际竞争力？为什么台湾地区的电子工业能够成功地打入国际市场？其实在这些问题的背后，一方面含有对当局全面介入产业发展的能力的否定之处，主张当局只承担有限度的发展目标；另一方面，则要求当局把经济政策的重心放在特定产业的生产和交易过程中，触及经济运行中的产业均衡问题，突破教条式的总量经济干预方式的框框。

第四，国家介入对特定产业活动的干预，是发展中国家市场组织发育不良、治理机制（governance mechanism）不健全的阶段性特征和要求。单一的政府干预论和单一的市场机制调节论之所以难以解释新兴工业化国家和地区的发展业绩，在于其思维方式仅限于政府机制和市场机制之间。其实，生产和经济活动，除了通过国家政策和市场交易外，还存在各种形式的、协调某一个产业或行业的治理机制。[17] 因为不论是竞争或合作，这些活动都得在一套市场主体共同接受的游戏规则和分工下进行。这些规则包括产权制度、监督市场交易的法律、行业守则和行业规则，甚至价值规范等，还有遵守或违反游戏规则时的赏罚制度等。执行这些规则的，除了政府机构和法院外，更重要的还有专业团体、工商组织、半官方机构、银行财团、保险机构、投资公司等。在市场机制比较健全的国家，治理机制往往能担当起本来应该由政府或国有企业承担的协调职能和发展性角色。如香港地区发达的金融业，在很大程度上代替政府组织在工业化过程中的发展性角色，通过长期性贷款、协助市场发展甚至产品设计，负担起了本来应由政府负责的经济管理和指导工业转型的任务。类似的还有香港地区的纺织业同业工会，就致力于纺织业的人力资源开发，香港工业总工会及香港总商会等就一直协助企业开拓市场、协调工商活动和提高产品质量。[18]在日本，工业组织更积极地参与政策制定和充当协调经济活动的角色。由于有效的治理机制在大多数发展中国家特别是中国大陆并非自然存在，[19]而是要逐步建立和不断改进，但经济发展又不能等到这种机制建立之后才开始，因此在这种发展阶段和环境下，由政府担当起特定产业的干预角色，就是发展中国家的必然选择。但是随着生产力的发展和市场组织逐步建立起来之后，政府的这种功能便会有所削弱。这就是为什么日本、韩国等发展成功之后，逐步放松政府管理产业、实行经济自由化的主要原因所在。

参考文献

[1] [2] 参见米尔顿·弗里德曼：《资本主义与自由》，中译本序及第 4 页，商务印书馆 1986 年版。

[3] Gordon – White (ed.) Development States in East Asian, P1, London; Macmillan Press 1988.

[4] Theda Skocpol, "Bringing the State Break. In: Strategies of Analysis in Current Research", in Evans, et al (eds), P9.

[5] Yu – han Chu, "State structure and Economic Adjustment of East Asian Newly Industralizing Countries," International Organization 43, No. 4 1989, P657.

［6］梁小民：“西方国家的计划与市场相结合及其对我们的启发”，载于国家计委计划干部培训中心编，《专题报告选编》1992 年第 1 期，第 63 页。

［7］晓强：“重构政府与企业的关系”，《管理世界》1992 年第 6 期，第 211 页。

［8］参见对日本产业政策持中立立场的美国国际贸易委员会（ITC）的一份关于“外国政府对特定产业的扶植政策，及其对美国产业所造成的影响——由日本的产业政策谈起”的报告。载于《美日科技争霸战》，牛顿出版社 1985 年版，第 259 页。

［9］小宫隆太郎等编：《日本的产业政策》，国际文化出版公司 1988 年版，第 10—11 页。

［10］吴德荣：“国家，市场，还是经济管治”，《香港社会科学报》创刊号 1993 年春季，第 184 页。

［11］Michael E. Porter，“The Competivive Advantage of Nations”（London：Macmillan Press，1990），pp. 808 – 809.

［12］米尔顿·弗里德曼：《资本主义与自由》，商务印书馆 1986 年版，第 36 页。

［13］杨治：《产业经济学》，中国人民大学出版社 1985 年版，第 84—88 页。

［14］姜汝祥：“不发达国家经济发展中的政府行为”，《管理世界》1992 年第 1 期，第 189 页。

［15］经济学家一般认为，如果当时英国果断地将产业结构的重心转入重化工业，是能够抓住持续发展的机遇的。

［16］王辑慈：“别树一帜的国家竞争优势理论”，《管理世界》1992 年第 1 期，第 213 页。

［17］Oliver E. Williamson，“Comparative Economic Organization：The

Analysis of Discrete Struture Alternatives," Administranive Science Quarterly 36, No. 2 (1991), pp. 269—296.

[18] 这实际上就是难以用政府干预解释中国香港经济发展的原因所在。

[19] 一般认为，干预企业经营的计划模式因政府势力太强，扼杀了治理机制存在的可能性。

中国新一轮经济改革方向与中心环节①

改革开放是中国经济成长的主要动力。第一轮以放权让利为特征、以价格改革和产权改革为中心环节的“体制转型红利”已经基本结束；新一轮经济改革即将开始，方向仍然是坚持市场化取向，以政府改革为中心环节。目前，影响中国经济运行的各种现实问题和潜在冲突，都与市场化改革取向不足和市场化取向不当有直接的因果关系。根据中国国情和发展的需要，以政府改革为中心环节推进第二轮的经济改革，除了要推行中国特色的政治改革外，还涉及两项最重要的工作：一是政府与市场关系，包括建设现代服务型政府、限制政府权力，以及对处于不断扩张中的“央企”的规模、范围、领域等进行必要的限制；二是政府内部的关系，根据事权与财权相对称的基本原则，应重点调整中央政府与地方政府之间存在的不对称关系，强化地方政府的发展责任并防止其发展风险。

一、引言

在新世纪走完十年后，中国经济在对外面临严峻的世界金融危机、

① 本文所属基金项目为2011年度教育部人文社会科学重点研究基地重大项目“扩大内需条件下提高长三角对外开放水平研究”（11JJD790036）。本文原载于《学习与探索》2012年第3期。

对内面对日趋明显的“滞涨”压力的氛围下，政策的回旋余地已非常有限。社会各界比较一致的看法是，已经基本停止的中国经济改革急需重新摆上议事日程，第一轮以出口导向为特征的经济全球化战略急需重新选择。改革开放是中国经济成长的主要动力，现在这个“双引擎”需要重新设计，如果没有高屋建瓴的顶层改革设计，不仅难有可持续发展，还极有可能使中国经济成长陷入发展中国家所经历的“中等收入陷阱”，并付出代价高昂的社会成本。

关注中国经济发展进程的学者对目前的中国经济社会现状有两个基于事实的基本判断：一是“如果说上世纪80年代的特征是改革，90年代的特征前期是改革，后期是开放，而最新的这10年，维稳则成了最基本的基调”。[1]二是世界金融危机的残酷事实说明，中国从第一轮以出口导向为特征的经济全球化中取得的“全球化红利”已经透支，中国需要与世界进行再平衡，扩大内需成为下一轮经济结构调整、发展方式转型的重点。其中，第一个事实判断表明，中国目前在改革方面最需要警惕的问题是如何避免陷入“转型陷阱”，即如何防止在改革和转型过程中所形成的既得利益者出于把其利益定型化和最大化需要而阻止进一步变革，从而避免经济社会发展矛盾不断积累和冲突。第二个事实判断表明，中国在开放方面最需要警惕的问题是如何避免陷入“全球化陷阱”，即如何防止中国进入被西方发达国家长期锁定在低端轨迹的全球价值链上，如何避免产生对西方市场和技术的长期过度依赖以及俘获，从而主要依靠内需而不是外需实现中国经济的真正起飞。

本文将对上述第一个基本的事实判断进行论述，重点不是分析其必要性和重要性，而是分析新一轮经济改革的重点问题和中心环节。至于新一轮经济全球化战略的内容和方向问题，留到下一阶段的研究中去。文中的观点出于笔者最近不成熟的思考，现在抛出供同仁批评。

二、新一轮经济改革仍然要坚持市场化取向的大方向

众所周知，起源于三十多年前中国第一轮的改革，坚持的是用市场化取向改革行政命令经济，主要表现为中央对地方和企业的放权让利，中心环节是按照形成市场的原则进行价格改革和产权改革。体制转型造就了中国发展的奇迹[1]。之所以取得如此巨大的“体制转型红利”，是因为这一时期体制转型的主要特征，是在绝大多数人的既得利益之上做“加法”，或者是以不触动绝大多数既得利益者的利益所进行的边际改革。改革释放了长期被体制压抑的生产者努力的热情，扩大了经济增长的可能性边界。

人们十分敏感地看到，近十年以来，我们讲发展多了，改革的口号提得少了，改革的步伐放慢了，甚至于专门从事改革的机构也被撤并了。是不是我们的改革已经基本完成了，不需要进行新的改革了呢？事实并非如此。种种现实说明，从2000年左右开始，中国的改革已经进入深水区，表现为若不对某些人的既得利益做“减法”，就不可能进一步解放生产力，因此进一步改革所触及的矛盾更深、涉及的利益更广、推进的难度更大。这些都说明，这一轮的以增量改革为特征的“体制转型红利”基本释放完毕。

新一轮经济改革的方向，我们认为仍然要坚持市场化取向，以形成资源配置的市场化的基础机制为目标。之所以这么说，是因为我们认为目前影响中国经济运行严峻的现实问题和潜在的冲突和危机，都是与市场化改革取向不足和市场化取向不当有直接的因果关系，主要表现在：

第一，从市场门类看，中国的产品市场发育程度远高于要素市场的发育程度，产品市场竞争程度高，但要素市场却没有充分开放，在逐步市场化中与行政权力纠结在一起，成为腐败猖獗、既得利益者集聚、收

入分配不公、社会矛盾尖锐的主要来源。如土地市场和资本市场的制度缺失和高度的权力参与，是不正常的急速造就大批富翁的摇篮，是社会腐败的主要场所，是民众痛恨的主要根源；劳动力市场方面由于缺少对处于弱势地位的劳动参与者的有效保护，使其收入分配、劳动条件方面处于非常不利的地位，它是中国国民收入中劳动者收入比重过低的主要原因，已经严重影响到了扩大内需、民生幸福和社会和谐；在自然资源、金融资源等方面，政府的高度垄断和非市场化定价，保护了这些垄断行业的从业者，从而转移了民众大量的财富；等等。

第二，从产业类别看，存在着制造业、商业和建筑业等竞争激烈，而资源型产业（如矿业、石油、天然气、房地产业等）竞争不足，半公共服务属性的现代服务业（如金融、医疗、教育、文化等）和具有垄断属性的产业（如电信、电力、铁路等）市场发育程度过低的问题，既是腐败滋生的温床，又是这些行业产出的供给质量偏低、供给不足、人民生活感到不幸福的根源所在。大量竞争性企业大面积亏损倒闭，与一些行政垄断性企业获取暴利的现象同时并存，更为严重的是，这种现象与政府对国有企业提供不适当的、特殊的优惠措施有直接的关系。如据国家烟草专卖局公布的数据，2011 年全国烟草行业共实现工商税利 7 529. 56 亿元，上缴国家财政 6 001. 18 亿元；而 2000 年烟草业利税仅为 1 000 多亿元，利税一直高增长的主因是卷烟价格不断攀升[2]。比烟草业利润高的行业是银行业，按《银监会 2010 年报》，2010 年中国银行业金融机构实现税后利润 8 991 亿元，2011 年则在万亿元以上[3]。要知道，这些数据是在全球金融危机背景下、中国实施严厉的宏观调控和经济下行趋势下取得的，因此更显出问题的严重性和复杂性。

第三，从政企关系看，最近十年以来，政府的边界不断扩张，规模不断扩大，市场中“有形的手”无处不在，压缩了市场的边界。主要表现之一是中国的宏观税负率不断上升，目前已经超过了 30%，这还不包括各部门对企业的乱收费和乱罚款，以及隐性负担。这不仅大大高于很多发展中国家，与欧美等发达国家比较也不算低。如果建设和谐社会需要有更多的政府收入用于养老、医疗、住房等民生，因而宏观税负率上升有一定的合理性的话，那么中国目前的宏观税负率偏高，除了反映政府收入增长过快，国民收入分配的“大蛋糕”政府切割太多之外，更大的问题在于，宏观税负率的不断上升并没有逻辑地促使政府把大多数的钱直接用于民生福利的支出，而是在基础设施投资和行政费用上支出过多，在中央各部委办局集中太多，挤压了地方的发展空间，挤压了居民的幸福感。表现之二是政府规模不断加大，1997—2007 年，国家机关、党政机关和社会团体工作人员，从 1 093 万人增加到 1 260 万人，占总人口的比例从 0.88% 上升到 0.95%[4]。

最近广东省委书记汪洋在该省召开的省委全会上，谈及改革时，首次明确指出利益集团是中国改革的阻碍。如果我们把那些攫取改革开放的大部分收益、同时对改革持消极态度并将改革带来的危机和不利转嫁出去的群体，叫作利益集团的话[5]，那么显然中国市场化改革取向的不足，在既得利益群体崛起和形成规模的过程中起到了至关重要的决定性作用，如价格双轨制下的“官倒”、国企改制、矿产资源开发、房地产开发、资本市场发育等，既得利益集团在这些过程中支配包括土地、矿产、金融资源等在内的各种资源。著名经济学家吴敬琏最近说，是什么导致了中国社会严重的贫富差距？主要是两项：第一，腐败；第二，垄断。这都和政府权力有关，这种垄断，不是经济自由竞争的结果，而是行政权力造成的[6]。如果说“腐败和垄断是导致贫富差距的主要原因”这个命题成立的话，那么不如直接说是不彻底的改革和不受制约的政府权力导致了贫富差距。因为，在转轨经济中哪个有权力腐败和垄断？只有不受制衡的政府机构。其中，腐败是权力与财富的交换，垄断是指政府的行政垄断。因此，中国利益集团在市场取向改革不足、政府行政能力继续强化的前提下，通过把市场体制打碎为市场因素，通过权力来重组市场因素，从而实现了对资源的高度垄断。

另外需要指出的是，中国市场化改革不足与某些领域的市场化取向过度问题是紧密联系在一起的一个问题的两个方面，如医疗卫生、教育、基本住宅、养老保险等，都存在着不该市场化而片面市场化的倾向。这些问题并不能构成反对市场化取向改革的理由，而恰恰只能说明在应该市场化的领域中的改革不足，以及在不该市场化的领域中市场取向的改革过度，且政府功能界定的失误。只有坚定地推行市场化取向的改革，才能够把偏离的政府功能主要界定在公共领域，把政府权力限制在公共领域中，使其成为服务型政府。

三、新一轮经济改革的中心环节是政府改革

如果中国第一轮经济改革的中心环节是在计划经济的背景下以放权让利为特征，是按市场原则进行价格改革和产权改革，那么新一轮的经济改革的中心环节，就是要在转轨经济的大背景下，在坚持市场取向的总体原则下，以政府自身的改革为中心来展开。

之所以这么说，是因为中国的转轨经济发展到今天，经济体制已经发生了翻天覆地的根本性变化，国家的经济实力已今非昔比，价格改革和产权改革虽然不能说已经全部完成，但是它们已经不是影响和决定中国经济下一步发展的中心问题，最起码已经不是解决问题的“牛鼻子”。现在矛盾的焦点，主要来自各种权力对经济活动的不正当干预并使其制度化和固化。因此，只要我们正确、清晰地界定政府这个“看得见的手”在市场经济中的作用范围，以制度化、法制化的方式管住政府这只“看得见的手”对市场活动的权力干预，限制政府权力在市场领域中的不正常扩张，以有效地保障市场主体、经济自由与社会公

正，那么要素价格体系自然会在竞争中逐步形成，各类国企尤其是“央企”的扩张自然会限制在国民经济战略性行业，腐败和垄断这类导致民众深恶痛绝的问题就有迎刃而解的希望。

以政府自身的改革为中心环节推进第二轮的经济改革，根据现实的中国国情和发展的需要，我们认为除了要推行中国特色的政治改革外，主要涉及两个最重要方面的工作：一是政府与市场的关系。根据建设一个现代的服务型政府的要求，要重新界定政府（包括中央政府和地方政府）的职能、作用、范围、规模等因素，以自觉地限制政府权力的扩张。在这个过程中，自然包括要重新界定“央企”的规模、范围和功能，对目前处于不断扩张中的“央企”进行必要的限制。二是政府内部的关系。根据事权与财权相对称的基本原则，要重点调整中央政府与地方政府之间目前存在的严重的不对称关系。关于第一个方面的工作这里不予论述，我们主要论述第二个方面的工作。

中国第一轮经济改革的一个重要的特征是，我们并没有把参与经济竞争的权力和责任全部交给企业，并没有真正形成以市场配置资源的基础性体制，而是一方面在把参与竞争的权力交给一部分规模巨大的国有企业的同时，另一方面在“调动两个积极性”“分权让利”的分散化改革中，造就了“为发展而竞争”的、以地方政府为主导的经济运行体制。因此，目前中国经济体制中有两个独特的层面：一是企业主体，其中包含大量参与竞争的省级以上的国有企业和国有控股企业（地方所有的国有企业除了省一级政府外，基本上都已改制完毕），它们主要听命于中央政府和省政府的行政决策，是政府实现自身在市场中的意图的最重要工具；二是地方政府主体，它的职能除了被界定为需要行使地方性公共职能外，还有参与市场竞争的强大的经济功能，在一定程度上可以称为“准市场主体”和“准竞争主体”。现在大量的研究成果已经揭示，这种地方政府参与竞争的运行体制，既是中国经济发展充满动力的源泉，是中国经济奇迹的来源之一，也是导致中国经济发展方式粗放性的主要根源[7][8]。

那么为什么我们说第二轮经济改革的中心工作之一，是要进行中央和地方财权和事权关系的对称性调整呢？因为现在这个问题已经成为影响和制约中国进一步发展的主要问题。以“准市场主体”地位出现的地方政府，虽然主导中国的经济发展格局，但是其在运行中的财权与事权的严重不对称性，使其在造就世界经济奇迹的同时，还造成了一系列的问题，其中最严重的问题在于：出于追求政绩的需要，地方政府在财政资金大量上缴中央、发展资金严重匮乏的条件下，以加速发展的口号借助于土地资产进行大量的举债和融资，形成了依靠“土地经济”生存和发展的财政格局。可以这样说，地方政府间的竞争所形成的“中国经济奇迹”，主要基于“土地财政”的支持。在预算内成为“吃饭财政”的条件下，地方政府依靠土地出让费收入进行发展，已经成为中国地方政府发展竞争的经典模式。包括所谓发展“战略性新兴产业”的资金，也主要依靠这一渠道融资。

这是中国经济进入“土地财政”时代后经济泡沫和经济风险的主要来源，也是这种发展方式难以持续的主要表现。一方面，中国地方政府的负债累积规模已经占到 GDP 的 30%，财政将面临政治风险；另一方面，中国经济增长对房地产业的依赖越来越严重，这也相当危险。

其一，房地产目前占据了中国广泛的社会资本、金融资本、土地资源和最具竞争力的人力资本。“百业兴衰皆地产”的恶果的表现之一，就是引诱实业界不断投入地产，泡沫经济和虚拟经济吞噬了本该投入实体经济的资源。如原为中国实业先锋的温州资本，已经沦为只能依靠民间借贷、炒房、炒农产品生存的“寄生者”。而在更多地区，房地产因暴利而吞噬了大量本应流入实业和中小企业的资金。

其二，这些年来，中国宏观经济中累积的流动性被房地产领域的高回报所吸纳，在造成严重的地产泡沫、挤压了其他领域的空间的同时，高房价下所形成的高生活成本，正在向整个社会传导和蔓延，直接引致了成本推动型的高通货膨胀，使我们在今后很长的一个时期中，都要既直面高通胀的威胁，更要防止经济运行陷入高通胀和低增长的“滞涨”困境。

其三，从社会危害看，日益高涨的房地产价格是毁坏中国青年创新精神的主要“鸦片”之一，是中国民生社会建设的主要障碍之一，是地方政府具有变相货币发行权的“印钞机”，是影响中国经济社会稳定的一颗主要的“定时炸弹”，是导致中央政府政策信用度剧烈降低的主要因素之一。

其四，国民经济依赖房地产业的风险，还表现为房地产泡沫被猛然刺破的风险：如果房地产崩盘，中国经济肯定崩盘。（1）房价下跌，地价下跌，地方“土地财政”也会垮塌；（2）各种城投平台的负债“地雷”会被引爆；（3）与房地产有关的前向、后向和侧向关联的产业达 50 多个，房地产不行其他行业也不振；（4）房价下跌 50%，意味着资产缩水和消费缩减，直接影响扩大内需战略的实现。在解决地方“土地财政”前，房地产价格猛烈下跌会引发地方财政困境，造成新的严重的社会矛盾。

因此，解决地方政府对“土地财政”的依赖问题，既是防止地方发展风险的需要，也是整个国家经济转变发展方式、实施科学发展的要求。房地产业再也不能成为中国国民经济支柱产业。这不是难判断的问题，问题是谁来代替这个支柱？谁来解决地方发展的资金问题？中国经济如何既不减速又能顺利实现支柱产业转换？根据地方政府在经济发展中的主体地位，我们认为需要运用智慧去逐步推倒中国的房地产支柱地位，而不是猛然推倒它：这就是在房地产支柱边上重新建立一个新支柱，让其逐步成为新的财政的主要来源。这根新支柱就是战略性新兴产业和现代服务业。在中国现有背景下大力发展战略性新兴产业和现代服务业，我们认为较好的办法是要尽快启动中央和地方的分税制改革，利用分税制进一步调动地方发展新兴产业的积极性。具体来说：把发展战略性新兴产业和现代服务业的税收主要交给地方政府，把土地出让费交给中央，按适当把财力向地方倾斜而非继续向中央集中的原则，进行两者置换。这既可迅速提高战略性新兴产业和现代服务业的比重，转换中国的发展方式，又可降温房地产市场，挤压其泡沫，提高人民福利。

从上述论述中不难看到，我们提出中国第二轮经济改革的中心环节是政府改革，并没有因此否定地方政府在体制转轨和市场经济中的作用，更不是认为在中国经济增长过程中可以摆脱地方政府。恰恰相反，我们认为在中国的国情下，还要充分发挥地方政府作为“准市场主体”的竞争或者竞赛的作用。关于这个问题，我们再稍微详细地做一点分析。

众所周知，西方经济学总结和提炼了西方发达市场经济国家的实践。其中，标准的微观经济学讲述了市场竞争的效率性，而宏观经济学则反映了其精英治国的思想。在这两者中，我们是看不到任何的地方政府的影子的，即它既不是微观经济学中的微观主体单元（如个人、家庭和企业），也不是处于宏观调节地位的中央机构（如中央政府或中央银行）。经济学的学生学过这样抽象的理论之后，就很难理解地方政府在市场经济中的功能和作用，尤其难以用标准的教科书来理解中国经济的运行机制。

西方经济学中缺少对地方政府这一中间性组织的作用和功能的研究，虽然这与西方市场经济的实践具有一定的相关性，[①] 如在这些国家

① 缺少地方政府概念的西方经济学，其实也是它对现代经济运行的解释能力差的一个重要的原因。

中地方政府只承担一些辖区内的公共职能，基本不承担经济功能，但这却与中国国情严重背离。由于中国特殊的国情，如人口多、底子薄、区域分布广、经济社会发展不平衡、区域间文化多元化且差距大，地方政府是管理经济、社会、文化、环境等发展事务的主要力量，而这些不可能都依赖于中央政府。尤其是第一轮经济改革以来，我国地方政府在地区竞争或竞赛中，其力量得到了迅速强化。可以这样说，离开了地方政府的作用，我们是不可能把中国的事情办好的。这就是为什么西方经济学难以解释中国经济，为什么我们不能把西方经济学的结论简单地运用到中国经济中的一个具体原因。可以毫不犹疑地说，有关中国的经济发展研究不注重地方政府的作用，是没有解释力的，也是缺乏政策含义和实际意义的。

正视地方政府在经济发展中的作用，引导其自我纠正不利于科学发展的行为机制，是一个具有重要的研究价值和实际发展意义的问题。例如，跟中国人口和发展条件类似的印度，其经济发展之所以不如中国，其中很大的一个原因是印度缺少像中国这样的地方政府之间的竞争或竞赛体制，它较早地照搬西方体制，使地方政府很少在经济发展中有所作为。正是在这个意义上，我们认为中国第二轮的经济改革的重要的目的和取向之一，不是要限制地方政府作为“准市场主体”的地位发挥效能，而是要在继续发挥其作用的同时，通过中央和地方之间财权和事权的调整，强化其经济发动机作用，最大限度地消除地方政府的发展行为给整个中国经济所带来的风险和问题。这是中国在全面高水平小康社会建设阶段以及发达地区率先进入基本现代化战略后所必须解决的主要问题。

四、结论与建议

中国新一轮的经济改革应该尽快启动，早点启动可以避免进一步的被动。新一轮的经济改革应该在坚持市场化取向的基本方向下，以政府自身的改革作为中心环节和主要问题。政府改革除了涉及政治体制改革外，主要需要解决两个问题：一是政府与市场关系。二是政府内部的关系。目前急需根据事权与财权相对称的基本原则，调整中央政府与地方政府之间存在的严重的不对称关系，增强中国经济的可持续发展能力，避免发展中的风险。

调整中央政府与地方政府之间存在的严重的事权与财权不对称关系，在中国现有背景下应该与发展战略性新兴产业和现代服务业结合起来考虑，而不能变成仅仅是权力关系的调整，即在中央政府保持必要的宏观调控能力的前提下，既要保持持续的经济增长能力和预防中国发展的风险，又要能够增强地方政府的发展能力，通过发挥地方政府的主动性和积极性，尽快用战略性新兴产业和现代服务业代替现有的房地产业支柱地位。为此，一是要在原则上继续强化和开发地方政府的发展功能，同时纠正和防止其不利于转变发展方式、不利于科学发展的行为机制，如上级政府应该用一系列经过科学论证的指标体系去考核地方政府官员的政绩，即要用科学的指标体系诱导其科学发展行为。二是在具体的战术上，我们不能选择猛然刺破房地产泡沫的办法，而是要在一个较长的周期中慢慢地把其刺破，以防止房地产猛然下跌给经济造成的风险。三是要尽快启动中央和地方的分税制改革，把发展战略性新兴产业和现代服务业的税收主要交给地方政府，把土地出让费交给中央政府，并按适当把财力向地方倾斜而非继续向中央集中的原则，进行两者的置换，这既可迅速提高战略性新兴产业和现代服务业的比重，转换我国的发展方式，又可降温房地产市场，挤压其泡沫，提高发展的质量和人民福利。

参考文献

［1］清华大学社会学系社会发展课题组："社会进步系列研究报告"［EB/OL］. http：//www.022net.com/2012/1－9/412762192280204.html.

［2］中国行业信息研究网："2011 年烟草行业利税增长 25%"［EB/OL］. http：//www.chinamrc.com/shichang fenxi/2012/0112/18632.html.

［3］刘畅："中国银行业 2010 年实现税后利润 8 991 亿元"［EB/OL］. http：//news.cntv.cn/20110401/108761.shtml.

［4］樊纲、王小鲁、马光荣："中国市场化进程对经济增长的贡献》,《经济研究》2011 年第 9 期，第 23 页。

［5］邓聿文："谁是中国改革的既得利益集团"［EB/OL］. http：//viewpoint.inewsweek.cn/columns/columns－1123.html.

［6］吴敬琏："腐败和垄断是导致贫富差距的主要原因"［EB/OL］. http：//url.cn/1bzkuq.

［7］张军："中国经济发展：为增长而竞争"，《世界经济文汇》2005 年第 4 期。

［8］姚洋："地方性创新和泛利性执政党的成功结合"，载于史正富、张军：《走向新的政治经济学》，上海人民出版社 2005 年版，第 397—402 页。

建设统一市场是中国经济“开放的第二季”[①]

党的十八届三中全会进一步明确，建设统一开放、竞争有序的市场体系，是使市场在资源配置中起决定性作用的基础。建立和完善统一市场具有大规模对内开放和进一步对外开放的双重含义。在对内开放方面，建立统一市场的重点是废除第一轮改革中形成的无所不在的“双轨制”，给予各经济主体平等的发展条件和基础，充分释放发展的动力和活力。为此要推进经济从“发展竞争”逐步转向“平等竞争”，确立竞争政策替代产业政策并在市场经济中占据优先地位，这是中国经济进行更深层次的内部改革的重要体现。在对外开放方面，则要扭转单一的出口导向格局，以国内统一市场的建设来壮大内需规模，以此虹吸全球先进的创新要素，建设创新型国家。未来中国发展要更加倚重于国内市场，从利用和打开别人的市场，转向更多地利用和放开自己的市场。以统一市场建设来促进内需扩大和经济全球化，是中国开放型经济体系的重新设计，是开放型经济的转型升级版。

党的十八大报告指出，经济体制改革的核心问题是处理好政府与市

① 本文所属基金项目为教育部人文社会科学重点研究基地重大项目“扩大内需条件下提高长三角对外开放水平研究”（11JJD790036）；江苏省社会科学基金重大项目“充分发挥比较优势和先导作用研究”（12ZD001）。本文原载于《学习与探索》2013 年第 12 期。

场的关系，必须更加尊重市场规律，更好发挥政府作用。十八届三中全会则进一步明确，建设统一开放、竞争有序的市场体系，是使市场在资源配置中起决定性作用的基础。为此需要着力清除市场壁垒，建立公平开放透明的市场规则，提高资源配置效率和公平性[1]。这样就把建立和完善统一市场这个在改革开放初期就提出来的话题，在全面深化改革、推进经济转型升级的背景下，赋予了深刻的实践背景和政策含义，对于中国进一步获取改革红利和全球化红利具有举足轻重的影响。

可以这样说，建立和完善统一市场具有大规模对内开放和进一步对外开放的双重含义。未来中国的开放，不仅是对外开放，更重要的是对内开放。一方面，中国过去改革的成功在于开放，包括对内开放和对外开放，而目前发展和改革的困局也在于开放不足，尤其是对内开放不足，各种需要改革的地方其实就是对内开放不足的领域。如金融体制、财政分税、户籍制度、土地制度、国有企业、医疗养老制度等，过去的改革基于“发展竞争”的要求，对其进行渐进式改革的“双轨制”设计，现在都演变为矛盾问题突出的既得利益领域。就此意义上来说，统一市场的建立和完善，将要基于现代市场经济的“平等竞争”要求，重点对“双轨制”进行一元化取向的改革，给予各经济主体平等的发展条件和基础，充分释放发展的动力和活力。另一方面。中国过去以出口导向为特征的对外开放模式，在取得巨大收益的同时，也因为全球化条件的变化和游戏规则的改变，需要通过改革和进一步开放，及时升级到更高级的开放版本，通过推动统一市场的建设和完善，实现以扩大内需为基础、内需与外需相互促进、协调发展的新格局。

本文将对这两个问题进行重点分析，以厘清统一市场建设与对内开放和对外开放之间的关系，为转型升级版的中国经济改革提供理论依据。

一、建设和完善统一市场：转型升级的新发展观

众所周知，从20世纪80年代中期开始，大规模的放权让利和市场取向改革使掌握了经济决策权力的地方政府开始追求自身的市场利益。习惯于命令经济以及害怕竞争的本能，驱使地方政府首先运用行政手段对不成熟的商品流通市场进行封锁，对外部流进来的商品人为设卡设限，或是明文规定，或是由工商、税务乃至动用公安、民兵等对竞争性商品的流通进行“查处”，以保护本地相对低效率的生产商；同时运用行政力量限制本地稀缺的商品和某些要素流向异地，以维护本地居民消费和财政利益（陈甬军，1992）[2]。这种画地为牢的市场割裂和市场封锁，直接导致了原本因收入水平低而决定的狭小市场容量更加狭小、原本并不完善的市场运行效率更加低下等严重问题。改革开放三十多年来，随着市场竞争制度的逐步建立，中国各地区竞争意识越来越强，经济体系也越来越开放，那些荒唐的市场割裂和市场封锁问题早已成为“故事”。

但是为什么现在还要谈这个问题，并且十八届三中全会还把建设和完善统一市场问题提到了全面深化改革开放的重要地位？这是基于以下四点原因。

第一，在全面深化改革开放和转型升级的新阶段，中国建设和完善统一市场问题有了新的更深层次的发展含义。现在的市场深度发展至少涉及：一是在正确处理政府与市场关系的前提下，必须重点解决阻碍统一市场建立的行政权力的改革问题，以便创造新一轮的改革红利，如中央产业政策的中性化问题、中央与地方关系以及地方政府职能改革等问题。二是必须解决市场主体的深层次发展问题，如国有企业的改革、地方政府公司化倾向的逐步改革等。三是必须解决要素市场的统一和开放

问题，而不仅仅是商品市场的统一问题，如重点解决资本流动、人员流动、基础设施、信息等领域的市场割裂问题。由此可知，现在讲统一市场，是指要从商品市场的开放转向更加深层次的要素市场开放，包括信息、技术、人力、资本等市场的开放。尤其是中国（上海）自由贸易试验区的建立，从制造业开放重点转向了以现代金融业为主的服务业开放，从以货物贸易为主的国际准则的开放转向了探索要素市场开放、政府边界厘清和行政管制放开，从而体现了一种更高层次的开放格局。

第二，中国过去的改革开放思路和方法是实行渐进式的“双轨制”改革，又称为“老的老办法、新的新办法”改革，或“增量改革”。这种最初发端于商品市场、为解决计划与市场矛盾的改革方案，因为不会触动既有利益者，改革的阻力较小，因而被大幅度地运用于其他方面甚至社会领域之中，如养老体系的改革。它试图通过旧的东西不断消失、新的东西不断进入，而使新体制逐渐占据主导地位。这种改革方式是中国经济体制渐进性转轨的最重要特征，也是稳定经济社会运行的主要手段。这一改革设计使中国发展在取得世界经济奇迹的同时，也日益显示出某些严重的副作用，如大量存在的社会成员之间、行业之间、不同所有制之间、地区之间的收入水平和资源利用机会的不平等、寻租腐败以及日趋严重的社会不满情绪等（林毅夫，2013）[3]。更为严重的是，留在旧体制“轨道”的利益主体，不仅逐渐成为改革的阻碍者，也成为新制度的腐蚀因素，其势力有时还会不断壮大。因此未来中国市场化取向改革的一个非常重要的任务，就是要消除经济社会生活中的“双轨制”歧视痕迹，通过统一的市场让各类企业平等地获取和使用生产要素，让各类市场主体平等地参与市场竞争，公平地分享社会经济发展成果。

第三，现在中国的要素市场虽然在发挥重要的资源配置调节作用，但是市场也存在着巨大的分割效应。一是生产要素流动的社会分割，如城乡之间因身份、户籍的不同，导致了相互之间在生活方式、收入和消费水平、社会公共福利等方面存在巨大的差异，这些差异的存在又极大地强化了要素流动的障碍。二是生产要素流动的区域分割，以地方利益为边界的行政管理体系阻碍着生产要素在区域之间的自由流动，以及网络分工体系的重组和集聚。如在资本流动方面，一个企业去异地收购兼并其他企业，往往受制于本地政府的保护，企业所有权的流转在现实中并不顺畅；基础设施领域也存在严重的跨地区互不配套和互不衔接、信息跨地域流通不畅通等问题。三是生产要素流动的制度分割，文化，习惯，地方法规、政策和条例等制度因素，是影响中国生产要素按区域、社会、产业等指向进行市场流动的最重要的内在因素，是造成市场分割的主要原因。因此。建立和完善统一的市场其实就是政府、市场体系、微观主体三者关系调整的问题，是一个如何进一步坚持市场取向改革的问题。

第四，现在讲统一市场，不是把全国变成一个市场，而是要求各地区市场主体的竞相开放，包含各地市场主体的对内开放和对外开放。各地区市场主体都清除了造成市场壁垒的社会、区域和制度因素，都相互对别人开放了，统一市场的基础和前提自然就形成了。从范围上来看，中国各地区都竞相对内对外开放，如华东地区内的市场主体都相互全面开放、不设置壁垒，那就形成了华东统一市场；如果整个中国各地区间都相互开放，就形成了中国统一市场；如果中国对全世界开放，中国的市场就是全球性市场或世界市场。因此，市场的对内开放其实是深度对外开放的基础，统一市场的建设可视为中国经济改革、开放和发展的“第二季”。

有鉴于此，建设和完善统一市场已经提到树立转型升级的新发展观的高度，它既是从命令经济转向社会主义市场经济的重要内容和直接体现，也是经济发展方式从粗放型向集约型转变的基础和保障，更是经济结构战略性调整的直接推动力。

二、建设和完善统一市场：中国经济更高层次的对外开放

在过去三十多年的经济奇迹中，中国发展的一个重要的特征是较多地依托和利用了世界其他国家尤其是发达国家的市场，而较少地利用自己的市场。表现为“为出口而进口”的加工贸易活动倾向十分显著。1978—1989 年，中国的外贸依存度从 9.6% 上升到 24.8%；1990—1999 年，外贸依存度从 29.6% 缓慢上升到 33.3%；2000—2008 年，外贸依存度飙升迅速，至金融危机前一年的 2007 年，外贸依存度已经高达 66.2%。

过去的发展战略重视对海外市场的大幅度利用，主要基于以下事实：（1）过去中国居民收入水平较低，国内购买力规模较小，不足以支持经济起飞。（2）国内市场存在严重的地区分割，市场制度扭曲、发育不良，表面看起来中国潜在的市场规模非常大，但由于现实中市场并没有完全开放，存在分割，现实的市场规模、市场需求并不是很大，即企业面对的现实市场并不等于加总后的市场规模。（3）过去三十多年中。尤其是 2000 年进入 WTO 之后，中国所加入的全球分工形式并不是产业间分工甚至不是产业内分工，而是产品内分工，即就某个具体的产品在生产环节、阶段、工序、零部件所进行的世界分工。发达国家的跨国企业通过对产品全球价值链高端的治理和控制，把中国纳入了复杂的出口导向体系中的低端。早年很多跨国企业计划到中国投资时都会计算：中国十几亿人口，一年中只要每个人用我们企业一件产品，算下来市场规模就巨大无比。这种由兴奋感驱动的直接投资只是看到了投资的潜在市场，而没有看到中国实际的市场分割状态。由于各省市之间存在着严重的行政壁垒，加之各地购买力不同，导致中国真正的现实市场并

没有计算的那么大，而且到现在为止市场还没有完全统一。① 那些早期进入中国的跨国公司，在拓展中国市场的计划和努力落空的同时，发现中国其实具有丰富而优质的要素禀赋，尤其是具有大量的受过良好教育、遵守纪律的人力资源，中国是一个非常适合于作为出口加工制造的平台和生产基地。这就是后来中国成为世界制造车间的最重要原因。

金融危机后，世界经济再平衡客观上要求中国扩大内需。中国发展要更加倚重于国内市场，实现持续的增长要求从利用别人的市场转向更多地利用自己的市场。这不是发展战略回归“内向型经济”，也不是转向“自给自足、自力更生”的国民经济体系，而是扩大内需条件下的新的经济全球化形式，是新一轮高层次开放型经济体系的重新设计，是中国开放型经济的升级版。由此也凸显出建立和完善统一市场对中国进一步开放和全球化的重要功能。

第一，从利用和打开别人的市场转向更多地利用和放开自己的市场。中国目前经济总规模已跃居世界第二位。随着中国居民收入水平、消费水平、社会保障水平的提升，以及市场开放程度的进一步扩大，其内需规模将逐年上升，国内市场必然或已经转化为全球商家必争的重要市场。为此，需要把发展战略的重心转向利用和开拓自己的市场，以自己的内需拓展自身增长潜力，而不是继续依赖那些处于调整底部的其他国家的市场。在这种条件下，如果国内市场仍然是分割的而不是统一的，那么无论是市场规模还是开放水平，都无法支持实现基本现代化要求的新一轮的经济增长目标。因此，在扩大内需条件下形成开放型经济的转型升级版，应该从这个高度上去理解统一市场的概念和意义。这也是统一市场的建立和完善是实现中国“开放经济第二季”的根本原因。

---

① 中国现实市场分割是出口导向的原因之一，这方面研究可见张杰、张培丽、黄寿岩(2010)[4]。

第二，从单一的出口导向型增长转向出口与进口协调型增长。基于统一市场的内需纠正的是过去那种单一的出口导向型增长模式。考虑到“内需”来自一个国家内部的市场主体对国内外商品和劳务的有支付能力的需求，因此通过统一市场的建立来扩大内需，将自然产生对进口产品的需求。但是需要注意的是，基于统一市场的内需与有竞争力的商品出口之间并不存在什么矛盾和冲突，恰恰相反，它将有力地促进新型出口方式的建立。如新经济地理学理论就认为，极大的国内市场需求将会使一国成为该种产品的净出口国（Krugman 1991；Helpman 和 Krugman，1985）[5][6]。这种效应也称为“母市场效应”（Home Market Effects），指在规模报酬递增和垄断竞争的情况下，加上贸易成本，需求大国将成为差异化产品的净出口国。这意味着大的国内需求将对出口起到积极的促进作用。

第三，从低级要素的利用转向对高级要素的吸取。过去，中国经济全球化过程中得到充分开发和使用的是与世界工厂需求相适应的一般的、低端的生产要素。这是国际市场对中国比较优势的自动甄别和选择，是全球价值链中处于主导地位的“链主”的市场化选择。简单的“国际代工”产生不了对高级创新要素的内在需求，依托外需也只能发展代工经济，而发展不出自主品牌和自主技术。与这种依托低成本要素参与全球低端分工所获得的全球化红利不同，新一轮经济全球化要提升中国在全球产品内分工的地位、向价值链上游和高端攀升，要求中国依托庞大的内需市场吸收全球先进的、高级生产要素。尤其是技术和人才要素，以此推动中国经济从学习模仿全面走向创新驱动的发展轨道，获取新一轮经济全球化的红利。显然，如果我们的市场不是统一的而是分割的，那凭什么可以形成强大的“虹吸”国内外先进生产要素的能力呢？凭什么可以在封闭经济体系中建设创新驱动型国家？

第四，从被动适应全球化竞争转向主动创造全球化的战略机遇。中国参与的第一轮经济全球化，是发达国家的跨国公司主动发动的，它们为利用中国的加工制造平台，采取国际外包形式把中国纳入全球产品内分工体系，中国企业在这条由跨国企业控制的全球价值链中处于“被俘获”的地位。在新一轮的经济全球化中，中国要利用自己潜在和现实的市场规模，促进全球要素的重新集聚和重新配置。因此，它是中国为适应全球经济形势和竞争格局的变化所做出的主动战略调整，也是中国给自己、给世界主动创造的一种战略机遇。对我们来说，它是一种更高水平的主动的开放型经济[7]。

综上所述，如果中国的内需有足够的规模和持续的增长能力，加上中国的市场是高度开放的统一市场，那么中国就能够利用自己的市场规模的强大吸引能力，趁着西方长期处于经济衰退底部的千载难逢的机遇，大量“虹吸”全球的高级生产要素为我所用，加速中国的产业升级和发展创新型经济。相反，如果中国的市场仍然是处于行政分割状态，市场规模依然狭小，则不可能对国外的先进生产要素产生预期的“虹吸”效应。

发挥大国经济的优势，就是要利用好国内市场规模这一最重要的发展资源，做好依托和利用国内市场吸收全球先进生产要素这篇文章，在这方面需要学习美国。众所周知，美国内需在全球最大，其“虹吸”效应也特别明显，全世界先进的、高级的生产要素都向美国聚集，尤其是各类高级人才都往美国跑。由此决定了美国是当今世界上吸引外资最多的发达国家，也是吸收各类高级技术人才最多的国家[8]。如何通过开放，把国内统一市场做大做强，然后对优质生产要素形成“虹吸”效应，用国外的先进技术和先进人才建设中国经济，是我们实现基本现代化需要研究的重大课题。

三、建设和完善统一市场：中国经济更深层次的内部改革

建立统一市场就是正确处理政府与市场关系的具体行动和主要措施，因而它体现的是中国经济更深层次的内部改革。其中的道理很简单：市场取向改革的目标，是要建立市场起决定性作用的资源配置机制。如果政府不放权、不减权、不限权、不分权，尤其是不减少权力和限制权力，那么市场机制必然被权力替代、分割和扭曲，这样的残缺市场怎么发挥它在资源配置中的决定性作用？

从阻碍统一市场建立的因素来看，最重要的说到底还是政府行政权力对市场活动的不当介入，即对市场的“越位、缺位和错位”，不该管的也去管，该管的不去管，已管的不会管。在转轨经济中，在所有可能影响市场运行格局和效率的因素中（包括竞争与垄断、政府管制、文化习俗等），只有政府的行政权力才有可能长期地、有力地、大幅度地替代、扭曲、撕裂、分割和限制市场。因此，就形成统一市场、清除市场壁垒、公平竞争环境、提高资源配置效率的目标来说，首先需要政府自身的改革，尤其是要协调和平衡好产业政策与竞争政策间的关系[9]。

这是因为从理论上看，产业政策是政府为了扶持或限制某些特定产业而制定的财税、信贷、外汇乃至土地、人才等一系列政策，因而产业政策是发展取向的；竞争政策则是现代市场经济中的根本大法，是有关市场竞争与垄断关系的基本规则，因此竞争政策是平等化取向的。越是强势的政府和职能过宽的政府，其产业政策的清单就越长，清单也越详细，虽然充分发挥了政府的发展功能，加速推进了政府意欲的产业发展步伐，但是天然存在着容易造成不公平竞争、割裂统一市场的基础等缺陷。与此不同的是，越是利益中性取向的政府，越倾向于运用竞争管理市场运行过程，因为竞争政策可以限制政府的发展功能，尤其是限制了

行政垄断和国有企业的市场势力。竞争政策优先需要有效地抑制政府“有形的手”对市场的不适当的、过度的干预，因而可能会延长发展中国家的发展时间。从实践上看，在中国目前的经济发展阶段上，与成熟的西方经济不同的是，发展取向的产业政策占据了政策的主导地位，而对统一市场的形成和运行具有举足轻重作用的竞争政策则退居其次。在这种条件下，如何确立竞争政策优先的政策地位，如何以竞争政策来主导统一市场的建设？这是一个艰难的两难选择。

阐述协调和平衡产业政策与竞争政策之间的关系，是一个值得研究的大题目。本文仅仅指出，转型升级作为下一个阶段中国推进改革发展的首要任务，不仅仅是指要实现经济结构的战略性调整和发展方式的转变，更重要的是要有体制机制的转型。后者是前者的基础和保障，作为市场化改革的一个最重要的具体任务，就是要推进经济从“发展竞争”逐步转向“自由竞争”和“平等竞争”，由此确立竞争政策在整个政策体系中的优先地位。这是中国经济进行更深层次内部改革的重要体现。

中国经济当今面临的发展问题已经不是没有市场竞争，也不是没有市场自由，更不是没有发展竞争，而是缺少“平等竞争”，缺少自由竞争中的公平环境和条件，表现为行政垄断、行政干预、各种利益联盟和国有企业借助于产业政策等手段，严重扭曲市场的资源配置功能，降低了市场运行的效率，导致了严重的寻租和不公正，以及市场取向的改革严重走样。基于建设统一市场、扫除平等竞争障碍的要求，更深层次的内部改革必须调整产业政策的行使方式，逐步确立以竞争政策为主导的政策态势。具体来说包括以下三点。

第一，产业政策逐步中性化。在转轨经济背景下，中国各地政府在产业结构调整中都习惯或者迷信产业规划与产业政策，往往用指向性很强，或偏好性过强、很具体的产业规划指导或指令企业对产业的投资行动。它的特点是按所有制性质、规模大小和地区等非市场化原则对企业进行管理。这种产业政策不经过市场竞争考验就人为地挑选出“赢家和输家”，往往造成同一市场中存在着许多享受不同政策的企业，如国企、民企和外企三者之间，在诸多重要的政策中都享受着不同的待遇。这是中国企业间竞争不平等的根源。其实这种有偏向的产业政策的有效性的前提，是政府拥有充分的知识和信息，作为企业家决策并承担决策后果，否则政府竭力鼓励某些产业发展的行为就可能变成危险的“博傻”游戏。

例如，在现行体制下，众多的地方政府就某一热点产业集中实施所谓的“加速推进规划和支持政策”，其最大的后果是出现大幅度的产能过剩。实践证明，政府设置的审批清单越长、审批环节越多越难，行政壁垒就越高，同时意味着突破该壁垒的利润也越高，地方政府和企业就越会想办法去说服政府，想方设法突破审批清单和审批环节，结果是产能过剩反而更加严重。从此意义看，中国严重的产能过剩其实与缺乏统一市场、存在较高的行政壁垒有直接的关系。而且，一旦发生严重的产能过剩，在行政权力阻碍下还很难进行有效的资产重组。

根据国际经验，建立统一市场、完善竞争环境应该实施一种偏向于中性的产业政策，或“不做什么”“禁止做什么，其他都允许做”的管理方式。在这里，中性的产业政策是指除了法律和政策直接禁止的产业外，政策并不事先挑选输家和赢家，而是放手让市场竞争去决定优胜劣汰。毫无疑问，这种趋向于中性的产业政策，前提是需要我们根据党的十八大精神，改革政府对市场的管理方式，逐步实施“负面清单”管理方式，大幅度地削减政府的管理机构，大幅度地减少政府权力。政府的减权、限权将释放民间和市场的创新活力。正因为深层次的改革要革自己的命，所以这种改革可能存在着一定的不确定性。

第二，产业政策逐步“地方政府化”。产业政策的“去地方政府化”，是指产业政策不能由行政权力和经济运行高度叠加的地方政府去主导，而应该主要由中央政府来综合行使，以保持产业政策对市场调节的统一性和协调性。在中国转轨经济体制中，非中性化的产业政策加上其内含的地方利益，即产业政策的地方化倾向，是扭曲、撕裂、分割和限制中国统一市场建立和完善的主要力量。

众所周知，中国命令经济体制在放权让利的市场取向改革中，出于种种复杂的原因，形成了行政权力和市场运行高度结合的地方政府主导增长的体制格局。中央政府设计了让地方就经济业绩进行分散化竞争的制度框架，以 GDP、财政收入等考核指标作为官员晋升或是否留任的基本依据，把这些指标的完成与当地官员的收入、福利、消费紧密联系起来。在这样的“刺激—反应”机制下，地方政府便具有了类似于企业的行为动机和功能，而官员便具有了作为“企业家”的决策权力和增长动机。这一制度设计既是中国经济增长动力强大的根本原因，也导致了地方政府具有强烈的、偏向性的产业政策功能。

地方政府所掌控的非中性化产业政策，之所以成为扭曲、撕裂、分割和限制中国统一市场的主要力量，是因为地方政府出于考虑局部利益的逻辑，会运用行政权力鼓励那些对自己的市场利益有利的企业行为，限制那些对自己的市场利益不利的行为。用公司化的方式经营土地和经营城市，是这些年产业政策地方化的最典型现象之一。由此带来的主要后果是地方政府公共权力的错配和政府角色的错位，是政府把自己等同于参与市场活动的“红顶商人”。政府不再是市场秩序的监管者，不再是社会公平和正义的维护者，只关心自己的商业利益，甚至为了自己的商业利益，不惜动用政权的力量达到自己的目的，如限制资源正常流动、强行暴力拆迁、垄断和分割市场等。同时，产业政策的地方化也是较少受到约束的地方政府债务激增的主因，直接导致了中国的泡沫经济风险。

第三，竞争政策逐步主导化。就是竞争政策要逐步替代产业政策成为统一市场的奠基石，成为规范市场公平竞争关系的主导规则。从历史上看，那些发展追赶型的国家、干预市场传统深厚的国家，往往更热衷于运用和依赖产业政策。通过产业政策用政府的力量扭曲市场价格信号，把资源集中投入自己意欲的“重要”产业中去，从而实现快速的追赶，对于强势政府的国家具有天然诱惑力。这时的产业政策，往往具有某些高尚的借口，如扶植幼稚产业、培育民族工业、保护国家安全、调整产业结构等。我们虽然不能说，产业政策在所有国家都一无是处、毫无绩效，但是却可以毫不犹豫地说，长期实施产业政策为主而不及时转换竞争政策为主导的国家。其结果往往是：政府干预经济的势力不断扩张，市场功能高度残破，产业竞争力薄弱，资源浪费严重。

与此相反的是，当今发达资本主义国家更热衷于以反垄断来促进竞争，间接推动产业发展，对预先挑选某些特定的优势产业加以重点扶持的产业政策的做法，往往持不屑一顾的消极态度。发达市场经济国家这样做其实有很多客观性的利益，值得我们认真学习。一是不以增长为目标而主要以市场秩序为目标，应该是行使公共利益的政府的主要职能，中国“五位一体”的发展目标也要求政府不能仅仅简单地以增长为目标；二是政府以创造和管理市场的公平竞争为己任，而不是以挑选那些特定的优势产业加以重点扶持为工作任务，使自己摆脱了“公司化倾向”，摆脱了代替企业家决策，又负不了企业家责任的角色，而且具有专司其职的比较优势；三是分离了市场调控主体与市场参与者的角色，可以有效地防止寻租和大面积腐败，维护政府清明、政治清正、官员清廉；四是可以有效地按照市场需求方向调整产业结构、转变发展方式。过去，具有迷惑性的产业政策是我国经济粗放发展方式的重要成因，也是造成政府与市场边界模糊的重要原因。要转变发展方式，就要清晰界定政府与市场边界，对那些泛滥成灾的产业政策，即便不能立马全部撤销，至少也要大手笔地删繁就简[10]。

参考文献

[1]“中国共产党第十八届中央委员会第三次全体会议公报”,《中国社会科学报》,2013 年 11 月 13 日。

[2] 陈甬军:“中国地区市场封锁问题”,《经济学家》1992 年第 4 期,第 15 页。

[3] 林毅夫:“现在已经到了把双轨制一律都消除掉的时候”[EB/OL].[2013-09-16]. http://theory.people.com.cn/BIG5/n/2013/0916/c40531-22934299-2.htm.

[4] 张杰、张培丽、黄泰岩:“市场分割推动了中国企业出口吗?”,《经济研究》2010 年第 8 期,第 29 页。

[5] Krugman. Increasing returns and economic geography [J]. The Journal of Political Economy, 1991 (99): 483-499.

[6] Helpman E, Krugman. Market Structure and Foreign Trade [M]. Cambridge (Mass): MIT Press, 1985.

[7] 刘志彪:“战略理念与实现机制:中国的第二波经济全球化”,《学术月刊》2013 年第 1 期,第 88 页。

[8] 刘志彪:“基于内需的经济全球化:中国分享第二波全球化红利的战略选择”,《南京大学学报(哲学·人文科学·社会科学版)》2012 年第 2 期,第 51 页。

[9] 刘志彪:“追赶战略下中国工业化的资本来源:影响与改革取向”,《学习与探索》2013 年第 1 期,第 77 页。

[10] 黄小鹏:“产业政策泛滥成灾何时休”,《证券时报》2013 年 9 月 24 日。

反行政垄断和行政分割：统一市场建设的突破口和主体内容[①]

统一市场是我国社会主义市场经济体制的基础，建设统一市场也是对我国经济体制进行全面深化改革的核心问题。在经济新常态下，反行政垄断是统一市场建设的突破口。在经济转型期，严重的市场分割和市场壁垒现象存在的主要原因包括：生产力水平和发展阶段的限制；政府权力边界的不断扩张和膨胀；具体的改革战略和政府管理方法的选择。推动统一市场建设和完善，必须全面推进负面清单管理，明晰地界定政府权力边界；必须逐步推动产业政策过渡到竞争政策，推进公平正义取向的普惠制政策。

中共十八届三中全会报告提出要建设我国的统一市场。统一市场是我国社会主义市场经济体制的基础，建设统一市场也是对我国经济体制进行全面深化改革的核心问题。计划经济体制结束多年，但是中国经济赖以运行的统一、开放、竞争、有序的市场基础和市场体系并没有相应地建立起来。现在虽然商品市场的分割现象逐步消失，区域商品市场的对外封锁、地区关键资源的禁止外运等现象已经很少见，但我国统一市场的建设中要素市场分割的问题还很严重，无论在劳动力市场，还是在

① 本文原载于《财经智库》创刊号，2016 年。

资金市场、土地市场等，都存在着动机更为复杂、手段更为隐蔽的市场分割现象。

反垄断法是市场经济运行的“根本大法”。在我国，只有抓准反行政垄断这个统一市场建设的突破口，才能为经济发展进入新常态提供新的动力源。同时，运用反行政垄断的各种规则指导政府与市场边界的界定，清理各种不当规定和做法对统一市场的行政分割，也是建设统一市场的主要工作内容。

一、反行政垄断：新常态下统一市场建设的突破口

一般认为，全国统一市场建设遭遇困境，是因为地方政府出于局部利益考虑而过度地干预微观市场运行，使市场机制的自调节作用不能够充分发挥而致。其实，这是问题的表面。实质在于，我国在大国经济条件下，形成了中央和地方两级政府之间特有的不够完善的治理结构。

非平衡发展是发展中大国经济条件下经济发展的常态。我国中央政府在此约束下实现平衡发展的目标，一般有两条治理路径：一是纵向调整路径。中央政府直接实施产业政策，或通过央企实施，或通过财政转移支付，对落后地区加大经济支援和资源的投入力度，缩小区域间的发展差异。二是横向调整路径。中央政府通过鼓励区域间竞争，来实现区域增长收敛。主要手段是以区域经济增长绩效作为官员政治晋升的重要指标，这成为地区间横向竞争的主要激励来源。它一直是我国中央和地方政府间的核心治理思路。与此类似，这一治理思路在省、市、县等各级政府中也常态化地普遍使用，自上而下地贯穿我国的国家治理体系，成为支撑中国高速增长的制度基础。

在这种国家治理结构中，地方政府为了加快经济增长，纷纷模仿和推出国家层面上运用的产业政策，通过制定区域产业政策来加快本地区

发展。区域产业政策激励地方官员普遍“企业家化”，人为指定并扶持特定产业发展。这种治理结构的制度设计，为市场分割奠定了制度基础。

虽然以发展为核心的、由中央政府实施的产业政策，能充分利用国内庞大的内需市场，发挥比较优势并保护和促进幼稚产业成长，但是在地方政府层面上大规模使用这一工具，副作用非常之大。

直接的结果就是，地方政府为了提高当地潜在支柱产业成功的可能性，必然会尽可能保护当地市场。为了扶植本地特定产业，地方政府在鼓励当地产业向外地市场渗透的同时，会自觉或不自觉地限制外地同行业企业进入当地市场，会自觉或不自觉地限制当地产业发展的核心要素外流，会对外地同行业企业在当地获取公共服务或经营审批中采取差别化待遇。因此，国内市场分割的壁垒本质，是地方政府在本地经济利益驱使下，运用行政权力干预特定产业的直接结果，是地方政府滥用产业政策的直接结果。

目前，中央政府虽然大力推动全国统一市场建设，针对地方各种行政壁垒不断出台具体对策，但是这些具体对策并没有从顶层设计来考虑，没有能够改变政府内部的激励机制结构，因此就不能真正解决地方政府局部利益的形成源头，也没能切断地方政府在局部利益激励下对产业政策的滥用。

由此决定了在当下，我国市场分割的具体手段和形式层出不穷，屡禁不止，且更为隐性化，更为合理化。例如以维护消费者利益或环境安全等为名，在产品质量检验和生产经营安全管理中采取内外有别的态度；市场分割还从传统产业向新兴产业蔓延，新能源汽车、新材料等战略性新兴产业开始经历传统产业曾经历的各种市场封锁和区域间的差别待遇。

国内市场分割是我国当前国家治理结构的间接“副产品”。合理的改革思路是完善国家治理体系和治理结构。具体就是要针对地方政府利用行政手段分割统一市场的现象，努力在产业政策贯彻实施中“去地方政府化”。除了要在政府职能改革上削弱地方政府分割市场的动机外，更要按照全面依法治国的要求，推进反垄断法的执行，加强全国层面的竞争政策来约束地方层面的产业政策。

反垄断法是守护市场经济健康运行的“经济宪法”，在消除企业垄断导致的市场分割、维护市场统一和市场竞争方面不可替代。和西方国家反垄断法根本不同的是，我国反垄断法不仅需要管辖企业的经济垄断行为，更需要管辖行政机关滥用行政权力、排除和限制市场竞争所形成的行政垄断。行政垄断是地方政府滥用产业政策的直接体现，实施经济垄断的企业，也往往是地方政府产业政策的支持对象。这两类垄断以行政垄断为根本和主体，交织在一起共同阻碍了我国统一市场的形成和发挥作用。

虽然我国反垄断法自 2008 年起实施，但是执法力度不强，对行政垄断管辖欠缺，这些缺陷都约束了反垄断法在全国统一市场建设中的核心抓手作用。经济新常态下，我国统一市场建设迫切需要高举反垄断法的旗帜，强化反垄断法的“经济宪法”地位，利用公平性竞争政策来限制偏向性地方政府产业政策，并最终实现对后者的替代。具体举措是：

首先，加强反垄断法对行政垄断的管辖，将实施行政垄断的行政主体作为管辖重点。行政垄断是地方政府滥用行政权力分割市场的主要手段和工具，是当前我国面临两类垄断行为中的主体，但是我国反垄断法并没有将行政垄断作为其主要管辖对象，反垄断法甚至规定地方政府实施的行政垄断行为只能由上级机关责令改正，反垄断法执行机构只能向其上级机关提出依法处理的建议，这和十八届四中全会全面依法治国的精神不相吻合。行政垄断行为与实施该行为的行政主体应该被纳入反垄断法的直接管辖下，在法律框架下规范地方政府滥用产业政策、任意设置市场分割壁垒的行为。为此，我国应该尽快在立法层面上推动反垄断法的修订，尤其是强化其对行政垄断行为和主体的管辖。

其次，整合加强反垄断执行机构，成立独立且垂直集中管理的反垄断法执行机构。我国根据反垄断法在国务院设立了反垄断委员会，但具体的反垄断执法职能横向分散在国家发改委、商务部和国家工商总局三个国家部委的下属相关部门，同时反垄断执法职能还纵向分散在地方政府的价格、工商等部门。这种横向和纵向分散的反垄断执行机构设置，必然导致其缺乏权威性和高度独立性。未来需要在国务院反垄断委员会主管下，成立专门独立统一的反垄断法执行机构。建立这一强有力的新机构，一方面要横向整合分散在多个国家部委中的反垄断职能机构，另一方面要纵向整合分散在各级地方政府中的反垄断职能机构，并保证在组织机构上实施垂直管理。

最后，探索完善行政垄断主体法律责任的途径，将其与领导干部选拔任用考核机制结合起来。目前，我国反垄断法的法律责任体系存在种种缺失。例如，缺乏对垄断行为主要决策人和实施者的责任认定与处罚、责任力度过轻等。从推动国内统一市场建设的角度来看，完善反垄断法中行政垄断主体法律责任必不可少。这需要将实施行政垄断的地方政府行政主体的主要负责人纳入反垄断法的法律责任主体范围内，并且需要探索其应承担的具体法律责任形式。这些法律责任形式的承担应该视行政垄断具体行为后果的严重程度有所区别。同时，对于党员干部采取行政垄断行为、分割国内统一市场的情况，还应该加大行政处罚力度，要求领导干部承担相应的领导责任，并将这方面情况纳入领导干部选拔任用考核体系。

二、反行政分割：清除妨碍统一市场建设的不当规定和做法

反行政垄断的法律规制，是界定政府与市场边界的基本法则之一，

也是清理各种阻碍统一市场建设的不当规定和做法的依据。因为，反行政垄断的法律规制，规定了政府不能对市场做什么的底线。因此统一市场建设中的主要工作内容，就是要运用反行政垄断的各种规则，指导政府与市场边界的界定，清理各种不当规定和做法对统一市场的行政分割。

统一市场建设中的各种不当规定和做法，我们可以举的比较典型的例子是：2012 年以来相继兴起壮大的全国股份转让系统（俗称“新三板”）与上海股交中心、前海股交中心等多达 30 余家的股权交易市场之间，目前存在着严重的市场分割、竞争环境和条件不公允的问题。具体来说就是：

第一，场外交易市场法律地位不对等，影响市场发展潜力。目前，全国股份转让系统的法律地位明确，即“经国务院批准设立的证券交易场所”，而其他市场则基本是依据 2012 年 8 月证监会发布的《关于规范证券公司参与区域性股权交易市场的指导意见（试行）》而设立。地方股权交易市场的法律地位模糊，很大程度上影响了该类市场功能的发挥，也导致银行、基金等金融机构全面参与该类市场缺少依据。

第二，“区域性市场”的提法，影响场外市场的健康发展和功能发挥。目前，国家有关部门将证监会监管的全国股转系统与地方政府监管的股权交易市场区分，分别定义为“全国性市场”与“区域性市场”，这对地方股权市场产生了众多不利影响：其一，对地方市场业务拓展和服务功能发挥造成了巨大障碍；其二，各地政府往往采取行政化的强制手段，要求当地企业在当地市场挂牌交易；其三，在证监会发布的《关于规范证券公司参与区域性股权交易市场的指导意见（试行）》中，存在监管政策上的偏误。

第三，对功能相同的场外市场给予不同的定性，束缚了市场发展的空间。按照当前有关监管部门的说法，全国股转系统的交易方式为

“公开转让”，其他场外市场的交易方式为“非公开转让”。这实质上是人为设定的不平等，导致两类市场的性质截然不同：公开转让定性的市场发展空间巨大，而非公开转让定性的市场发展却受到了很大的约束，造成了市场发展上的不平等。

第四，市场监管制度未及时完善，造成市场不公平竞争。2011 年国务院发布《关于清理整顿各类交易场所切实防范金融风险的决定》，规定地方股权交易市场不得采取集中竞价、做市商等集中交易方式交易；投资者买入后卖出或卖出后买入同一交易品种的时间间隔不得少于 5 个交易日；权益持有人累计不得超过 200 人。而全国股转系统则完全不受此限制。这种市场间不公平的发展环境，使地方股权交易中心的交易活跃度、市场发展规模和空间受到很大程度上的限制，从而不利于引入竞争因素来提高我国场外市场的整体发展水平。

第五，缺乏统一规划、市场布局不合理，重复建设导致资源浪费。近年来，在我国场外市场建设过程中，由于国家层面缺少统一规划和布局，各地政府纷纷筹建股权交易场所，进行“跑马圈地”。目前同类市场已达 30 多个，有的省甚至在多个城市建设股权交易市场。事实上，一些市场由于缺少投资者、投资环境等必备要素支撑，难以发挥交易融资功能，直接导致大量重复建设，造成资源浪费。

上述妨碍我国统一市场和公平竞争的各种规定和做法的例子，在我国经济转轨时期应该说比比皆是，表现为在国民经济各领域中长期存在的市场分割和市场壁垒。其形式上主要有三种：

一是要素市场的社会分割。如土地市场中城乡建设用地的不同权、不同价，维护了畸形的城市房价，并且损害农民的利益。尤其是劳动力市场的社会分割，在造成严重歧视的同时，加剧了社会矛盾和结构失衡：不仅城乡之间存在身份、户籍的区分，而且在城市社会成员内部，如公务员、事业单位、企业员工之间，也存在严重的社会分割，甚至同一单位内部还有固定制与合同制的区分。这些不同性质的社会阶层之间不仅难以流动，而且其在生活方式、收入和消费水平、社会公共福利等方面，也存在着巨大的差异。这些差异助推既得利益群体形成，反过来又强化了原有的社会分割。

二是要素市场的区域分割。国外经济学家经常说中国的市场是“碎片市场”。这一论断的依据是我国在统一市场的形成过程中，受到了强大的地方政府行政力量的干扰。如战略性新兴产业投资发展中的各自为政和严重的产能过剩；劳动力在地区之间的移动，受到户籍、福利、医保、社保、养老制度不统一的限制；在资本流动方面，企业异地间收购兼并往往受阻于地方政府阻扰；在基础设施建设投资领域，也存在着严重的跨地区互不配套、不衔接、不畅通等问题。要素市场的区域分割，导致中国即使具有巨大的内需，其也仍然不能成为推动本国规模经济企业崛起的主要力量。

三是要素市场的制度分割。各种文化、习俗、地方法规、政策和条例等制度因素，是影响我国生产要素按区域、社会、产业等指向进行市场化流动的最重要的内在因素，是形成市场分割和市场壁垒现象的主要原因。如以条块管理国民经济，造成条块之间以及各自内部的分割；对外资企业的超国民待遇，造成了外商与本土企业之间竞争条件的不公允；政府就所有制性质、企业规模等标准分类管理企业的习惯和制度，是导致民营企业与国有企业、大型企业与中小微企业之间存在着悬殊的政策环境的根本原因。

三、严重市场分割和市场壁垒现象存在的主要原因

我国在经济转轨时期的市场运行中，为什么存在着那么多、那么严重的市场分割和市场壁垒现象？主要原因有三个：

第一，生产力水平和发展阶段的限制。中国是典型的二元经济结构国家。一半的人口仍然在农村，以及生产率与发达国家有重大差距的现实，决定了我国居民成员之间还将长期存在着不平等。这是形成市场分割和市场壁垒现象的客观原因，但是生产力水平低，虽然是容易形成市场分割的基础，但它并不意味着就会有严重的市场分割和市场壁垒。后者更多的还是与制度有直接的关系。

第二，政府权力边界的不断扩张和膨胀。在转轨经济中，在所有可能分割市场运行的因素中（包括竞争与垄断、政府管制、文化、习俗等），只有政府的行政权力才有可能长期地、有力地、大幅度地扭曲、撕裂、分割和限制市场。因此，不断扩张和膨胀的政府权力，尤其是以政权力量和市场利益双重叠加为特征的地方政府行政管理体制，在替代市场和社会组织边界的同时，必然严重撕裂了统一市场，是妨碍我国区域经济发展一体化的主要因素。

第三，具体的改革战略和政府管理方法的选择。如果政府主要按照时间维度设计改革方案，那么新旧市场分割就容易形成；如果主要按照空间维度设计改革方案，那么区域间歧视和不均等就必然形成；如果主要按照主体维度设计改革方案，那么市场主体的身份歧视就容易出现。举例来说，过去大面积地实行渐进式的“双轨制”的改革方式，即老的老办法、新的新办法，这种改革方法因为不会触动既有利益者，改革的阻力较小，因而后来备受改革者青睐，被大幅度地运用于其他方面，甚至用于社会领域的养老体系改革中。但是，这一改革方法直接造成了市场分割。更为严重的是，留在旧体制轨道上的利益主体，不仅逐渐成为进一步改革的阻碍者，而且还是新制度的腐蚀因素。

因此，普遍存在于社会成员之间、行业之间、不同所有制之间、地区之间在收入水平、资源利用机会等各方面人为的不平等，导致了寻租腐败和日趋严重的社会不满情绪。由此决定了中国市场化取向的改革必须要通过清除市场分割和不公平竞争环境，让各类企业平等地获取和使用生产要素，让各类市场主体有平等的机会参与市场竞争，让社会成员公平地分享发展成果。

四、推动统一市场建设和完善的建议

我们建设统一市场，不是要把全国变成一个市场，而本质上是要求各地区市场主体的竞相开放，包含各地市场主体的对内开放和对外开放。各地区市场主体都清除了造成市场壁垒的社会、区域和制度因素，都相互对别人开放了，统一市场的基础和前提就会自然形成。从范围上来看，中国各地区都竞相对内对外开放，如华东地区内的市场主体都相互全面开放、不相互设置壁垒，那华东统一市场就会形成；如果整个中国各地区间相互开放，中国统一市场就会形成；如果中国对全世界开放，那么中国的市场就是全球性市场或世界市场。因此，市场的对内开放其实是深度对外开放的基础。

有鉴于此，推动统一市场建设和完善，政府工作的重点和重心，应该放在加快清理和废除造成市场分割和市场壁垒的各种规定和做法上，要求和鼓励各地区的市场对内开放和对外开放。这是建设统一市场的前提。为此建议：

第一，全面推进负面清单管理，明晰地界定政府权力边界。清理和废除各种明显的和隐形的地方政府保护条例、办法，清理和废除各种行政垄断权力，清理和废除各种违法实行的优惠政策，最好的途径是缩减政府日益膨胀的权力，建立政府负面清单管理的“六张清单”制度：政府行政审批目录清单、政府行政权力清单、投资审批负面清单、政府部门专项资金管理清单、行政事业性收费目录清单和部门职责清单。现在各地也在纷纷实施政府的负面清单管理方法，但是实际情况是不仅负面清单仍然很长，而且清单内的都是关系到市场主体命运的实权，清单外的一般都是多少年不用的“闲权”。因此必须强调：一是要真正做到清单外无审批、无权力、无收费，必须严厉制止变相“留权、截权”行为；二是要做到清单目录压缩的“常态化”，逐步缩小政府的权力边界；三是为了保证清单顺利执行，除了上级部门要加强监督外，还需要建立受到民众、企业和社会监督的保障平台。

第二，逐步推动产业政策过渡到竞争政策，推进公平正义取向的普惠制政策。实施产业政策的本意，就是为了贯彻“非均衡”发展战略。因此，非中性化的产业政策最容易导致不公平的发展竞争。在产业政策地方政府化运作之后，最容易导致对全国统一市场的分割。改革开放30 多年来，我国面临的发展问题已经不是没有市场自由和市场竞争，也不是没有发展竞争，而是缺少平等竞争，缺少自由竞争中的公平环境和条件。各种行政垄断、行政干预、利益联盟和国有企业借助于产业政策等手段，严重扭曲市场的资源配置功能，导致了严重的寻租和不公正，以及市场取向的改革严重走样。这是中国存在严重的结构问题以及发展方式粗放的主要原因。基于建设统一市场、扫除平等竞争的障碍的要求，首先必须调整产业政策的行使方式，推进经济从“发展竞争”，转向“自由竞争”和“平等竞争”。也就是公平正义取向的、普惠型的竞争政策要逐步替代有倾斜的产业政策而成为我国统一市场运行的奠基石，成为规范市场竞争关系的主导规则，由此确立竞争政策在整个政策体系中的优先地位。这就是我国未来更深层次的全面深化改革的重要体现和主要着力点所在。

中国改革开放的核心逻辑、精神和取向

——为纪念改革开放40周年而作[①]

中国改革开放的核心逻辑，是正确地处理政府和市场的关系。市场取向改革不足抑制全社会活力和生产率，市场取向改革过度则会造成经济社会运行秩序混乱。迄今为止全世界还没有出现过十几亿人口的大国大规模地从贫困走向现代化国家的先例，因而中国市场取向改革的经验具有推动世界发展的巨大价值。过去我们一直侧重于治理体系和治理能力现代化中的纵向治理体系改革，现在需要高度重视其中的横向治理体系改革。让市场造市场从而形成强市场，让政府在社会发展和民生发展方面形成强政府，这种双强格局应该成为中国未来经济体制进一步改革的基本方向。

在过去的40年中，中国经济发展取得了世界瞩目的成就。由此产生了“中国经济增长之谜”，它是一个亟待破解的有着重要经济学意义和现实政策价值的问题。中国经济增长所取得的世界奇迹，是坚持市场

① 本文所属基金项目为教育部“研究阐释党的十九大精神专项任务”。本文原载于《东南学术》2018年第4期。

取向改革的胜利。改革中遇到的一系列问题和困难，是市场取向改革推进不足或市场取向改革推进过度的综合产物。新时代推进改革开放的新思路、新局面和新思考，仍然要在市场取向改革的大背景下进一步解放思想，塑造政府和市场在各自领域中“双强”的经济体制。

一、中国改革开放以来的发展历程、主要阶段和特点

我们大体上可以从三个视角对中国改革的阶段和特点进行梳理、归纳和整理。

（一）改革阶段划分视角之一，就是十八届三中全会报告讲的，中国经济改革的核心逻辑是正确地处理政府和市场的关系[①]

第一个阶段是在20世纪70年代末至80年代末。我国经济体制改革在这个阶段的提法是计划经济为主、市场调节为辅。这当中一个最重要的特点是计划经济体制占主导地位，在计划经济体制里引入市场调节。很显然，体制中的主体仍然是计划，辅助的东西才是市场。比如工业企业产出的主要部分交给国家安排，按照计划定价进行调拨；超过计划安排的部分允许放到市场上进行销售。这就出现了价格的“双轨制”，一个是计划内的价格非常低，经常发生短缺；另一个是市场上的价格非常高。由此出现的一个现象是，大家都有积极性做市场，而对完成计划任务得过且过。于是就产生了另外一个现象，即一些有权的人会想办法把计划内的实物、指标拿到市场上倒卖，以获取高额的差价和利润，这也就是所谓的“倒爷”。计划与市场的摩擦在这种经济体制中是必然的，1988年后摩擦达到顶峰，引起了整个国家广泛的通货膨胀。[②]

① 白永秀、王颂吉：“我国经济体制改革核心重构：政府与市场关系”，《改革》2013年第7期。
② 刘志彪：“我国市场取向改革的进程、特点及难点分析”，《财贸研究》1992年第2期。

第二个阶段从1992年开始，一直延续到中国加入WTO之前。在这个时期中我国对经济体制进行了以市场取向的大幅度改革。早在1987年10月，党的十三大报告就正式提出，社会主义有计划的商品经济体制，应该是计划与市场内在统一的体制，就是说主体已经是商品经济了，但这个商品经济是有计划的。这种有计划，并不意味着它是计划经济，因而这种提法发生了根本性的变革。应该说，改革从此进入了计划与市场有机结合——计划调节市场、市场引导企业——这样一种新型的经济模式。实际上，这种经济体制其实就是政府放开大部分计划控制的部分，但是在重要领域当中，中央计划还占据主导性的位置。不过，从总体上看，绝大部分的生产销售活动已经放开，其本体已经是市场经济了。在这一阶段中所发生的重大的变革，最主要的是国有企业改革，同时随着外资的大量进入和竞争，大量的地方国有企业、集体经济被改制为民营企业。因为市场经济作为本体，商品经济代替了计划经济，国有企业、集体经济要适应市场经济的变化，所以这一时期最大的变化是微观基础的变革。

第三个阶段，就是在中国加入WTO后到现在这段时间，我国对经济体制改革有了新的提法，即改革的目标是建立社会主义市场经济体制。根据邓小平的理论，计划经济不是社会主义的特征，市场经济也不是资本主义特有的东西。我国的经济体制改革在这一段时期中有了大踏步的前进。在十八届三中全会以前，社会主义市场经济强调坚持市场要在资源配置中起基础性作用，其实就是坚持市场取向的改革，这是当时经济体制改革的核心。十八届三中全会以来到十九大，我国经济体制改革在这个表述上又做了两次微调。一次微调就是把市场在资源配置中起基础性作用，改成了市场要在资源配置中起决定性作用和政府更好发挥作用。另一次微调，就是改为使市场在资源配置中起决定性作用，政府发挥更好的作用。现在把这个市场和政府用逗号分开，意味着市场做市场该做的，政府做政府该做的。党的十九大之后，中国经济体制改革的方向仍然是市场取向，而且是非常彻底的，既要纠正市场取向改革过度的地方，又要推进市场取向改革不足的地方，重点是通过要素市场化改革纠正资源配置的扭曲，提高全要素生产率。[①] 过去两年，中共中央下发了两个文件，分别是《关于完善产权保护制度依法保护产权的意见》和《中共中央 国务院关于营造企业家健康成长环境弘扬优秀企业家精神更好发挥企业家作用的意见》。这两个文件是社会主义市场经济运行的核心和灵魂。同时，2018 年在宪法修正案提出了给地方政府赋予一定的立法权。显然这些都是中国经济规范竞争的坚实的微观基础。首先，没有企业家，市场怎么能够运行呢？没有企业家，这个国家的财富怎么会大量地创造呢？其次，对于财产权的保护，如甄别和纠正一些冤假错案，是中央近期正在做的一些事情，它给予人以发展的信念和信心，这是市场经济不能动摇的基础。最后，中国经济的发展长期以来都是靠地方政府竞争。过去，地方政府的权力边界在法律上并没有非常明确的界定，因此宪法修正案对于地方政府给予了很多的立法权，这是一个强化竞争取向的重要信号。所以十九大之后，我国市场改革取向的方向仍然是坚定不移的，而且比过去更加强调竞争对资源配置的效率，这就是高质量竞争。

（二）改革阶段划分的视角之二，就是从政府和市场的改革方法来考虑中国改革的阶段

在这种视角的考虑下，第一个阶段就是政府造市场，或者说叫政府放开市场。因为以前是没有市场的，是政府放开控制后才逐步形成了市场。这是 1978 年之后逐步放开到 80 年代末的情况。因为这个阶段市场的主体、机制、门类、功能都不具备，所以放开之后出现混乱就是必然

---

① 杨伟民："学习践行习近平新时代中国特色社会主义经济思想"，《学习时报》2018 年 3 月 5 日。

的，比如 1988 年、1992 年出现的严重的通货膨胀以及市场秩序的混乱现象。第二个阶段，就是市场冲击政府。在这个阶段中，一个值得注意的问题是混乱过程中形成的各种腐败现象。过去政府官员的权力没有变现市场，现在不规范的混乱市场可以浑水摸鱼，批批条子、弄一些计划指标，就可以把权力货币化，这就是腐败。第三个阶段，政府矫正市场。也就是政府制定规则，规定什么该做什么不该做，市场取向改革过度的地方，把它收回来；市场取向改革不足的地方，就进一步推进改革。这个过程也是治理整顿的阶段。第四阶段，政府调节市场。此时市场已经基本形成了，其功能也开始代替行政计划。但是市场是不完善的，有很多的缺陷，需要政府去发挥弥补市场失败的调节功能，如公共基础设施的建设等。最后一个阶段，其实我们还没有彻底完成，但是现在正在不断地往前推进，这就是通过市场来造市场，市场活动的日益泛化，内生地起到了深化市场的作用。

（三）改革阶段划分的视角之三，可以按照经济学套利理论来划分

第一个阶段是城乡套利阶段。表现为农村的劳动力和生产要素往城市流动。尤其是乡镇工业的不断发展，农村社队企业变成乡镇企业，乡镇企业变成中小企业，不断进军原来被城市计划经济控制的领域，从而打开了市场经济的大门，冲破了计划经济的禁锢。农村的要素往城市大规模地流动，是中国改革开放中最伟大的、最激奋人心的重大事件，以江苏、广东、浙江大量的乡镇企业进入城市工业为基本标志。

第二个阶段，就是国内外市场套利阶段。表现为 1988 年中国加入国际经济大循环、1992 年邓小平南方谈话后浦东开发开放以及 2001 年中国加入 WTO 三个时期。这个过程当中，中国经济利用国内外两种生产要素、两种资源，发展出口导向的经济，贸易的爆炸性增长赋予了中国经济增长巨大的动能。进出口贸易对于中国经济增长的贡献，最高曾经达到三分之二。我们现在仍然在进行的这个模式，已经遇到逆全球化趋势的巨大挑战，可能需要逐步更新为基于内需的新的经济全球化模式。这些外向型经济模式的基本特征是国内外市场套利。

第三个阶段，实际上已经跨越到要素套利的特征。就是要从过去利用低价格的生产要素来获取世界竞争力的发展格局，转向利用高级生产要素进行创新驱动的发展格局。这种要素套利才刚刚开始，还远没有完成。如果这个套利过程没法完成，那么中国就会陷入中等收入陷阱。因为这个阶段随着发展水平的提高，各种要素的价格都在上升，这就很容易导致单位产品生产成本的上升。如果这种生产成本的上升，不能被随之而来的生产率上升、技术进步所消化掉，就会导致产业的国际竞争力下降。过去为什么中国的产品可以在世界上所向披靡，攻城略地，取得巨大的成就，就是因为有所谓的“中国价格”，极大地降低了国外生产商采购成本。为什么会有这种“中国价格”，其实就是中国的要素竞争力强。中国的生产要素成本现在正在逐渐上升，我们的竞争力也在削弱，而竞争对手的竞争力，如中南美国家、印度、越南、马来西亚等，都正在往前赶。所以，如果你的要素价格在上涨过程中，没法通过技术进步来抵消的话，那么意味着你的产业国际竞争将逐步变得毫无竞争力可言。最终的结果只有一个，那就是经济增速下降，生产力下降，整个国家经济陷入中等收入陷阱。所以这当中的一个核心问题，在国际上可以用一个指标来进行对比，即一个国家从低收入到中等收入再到中高等收入的过程中，如果没有伴随研发投入、人均专利拥有量的迅速提高，一般来说，这个国家就会进入中等收入陷阱。我们国家现在正在面对着这样一个套利阶段的转换，这是跨入现代化国家前必须给予高度重视的一个门槛。

二、对 40 年来中国改革开放精神内涵的提炼

提炼中国改革开放精神的内涵，有助于我们精简地知晓中国过去所取

得的世界经济奇迹的有效经验，并在新时代继续保持和发扬这些精神，为早日实现基本现代化注入不可战胜的精神力量。另外，这些精神也是全世界人类发展史上的宝贵的知识性财富。毕竟，全球迄今为止还没有出现过十几亿人口的大国大规模地从贫困走向现代化国家的先例。在此意义上我们可以毫不犹疑地说，中国市场取向改革的经验具有推动世界发展的巨大价值。

提炼、归纳中国改革开放精神内涵的方向和途径很多，不同途径和方向的归纳，都会有不同的特点和观察。如我们可以从中国优秀传统文化发扬光大的角度，把40年来的发展概括为中国人民在中国共产党领导下的觉醒与奋斗、学习与创新、勤劳与勤奋等，也可以根据经济学原理，把这种精神概括为从利用比较优势，到创造动态竞争优势的学习能力。这里，我觉得比较有意思的，还是要结合我国的具体国情，联系作为执政党的中国共产党的三大工作作风，来切合实际地进行大众容易认可的概括。

（一）走群众路线，充分发挥民间、市场、企业和个人的积极性和主动性，调动全体中国人民投身发展的积极性和创新创业的热情

计划经济和行政命令体制的实质，是不信任人民群众的力量，靠的是少数人的智慧，发挥的是少数人的积极性。坚定市场取向的改革，实际上就是把计划经济条件下的集中决策变为分散决策，纵向命令协调变为横向市场协调，行政动力变为利益动力，由少数人推动的发展努力和积极性，变成全部社会成员的自觉的整体行动，变成全社会的自发的积极性。这就是在发展问题上走群众路线。市场取向的改革把进程建立在民众个人努力的基础上，鼓励大家都来投身发展，这就使全社会的生产力不断增加，使得中国人民的财富不断增加，使经济运行的效率不断上升。在过去计划经济的“大锅饭”制度下，个体无经济选择权，群体中成员个人无法获取与已投入努力有关的成果，这势必助长群体成员的分配性努力，降低生产性努力。如此制度安排，社会生产力怎么得到激励而迸发出来，怎么不长期表现为短缺经济和供不应求呢？因此，当市场取向的改革纠偏了这种制度安排，就不难想象中国社会开始出现了活力的涌动，开始出现全民追求发展和财富增长的巨大浪潮。

（二）实事求是，一切从实际出发去解决发展当中遇到的困难和问题

改革显然是艰难的、有波折的，但是在改革过程中遇到了困难，不是退却，不是恢复旧体制、旧做法，而是勇于面对矛盾和问题，在中国共产党的领导下，始终以实事求是、一切从实际出发的精神和态度去解决问题。正是因为有了这样一种精神和态度，才有了前面所讲的市场经济体制改革的不断前进。例如，过去中国改革中遇到的最大问题，就是如何对待和处理既有利益者的问题。西方人推荐的激进的“休克疗法”的改革，本质上是急速地、彻底地否定旧体制下形成的既有利益。实践证明，这种所谓的大刀阔斧地推进一揽子改革的办法，非但得不到广大社会成员的大力支持，反而会把许多本来赞成改革的人推到改革的对立面去，陡增改革的反对力量和社会成本。与“休克疗法”不同，中国共产党以实事求是、从实际出发的精神，智慧地、聪明地采取了“增量改革”或“边际改革”，也称为“新人新办法、老人老办法”的改革，从而通过以时间换空间，有效地稳住了部分重要的社会成员，顺利地推进了新旧体制的交替和转换。

（三）勇于批评和自我批评，勇于否定自己，纠正改革开放中的偏差，不断给自己加压

这实际上就是在不断的否定自己的过程中进步，在给自己不断加压的过程中前进。在广东、江苏、浙江这些中国经济改革开放的前沿阵地，都有这样一种不断给自己加压然后奋勇前进的精神。在20世纪90年代初之前，“农转工”是这些地区发展的初始阶段，浙江发展的是私营经济，广东发展的是“三来一补”的外资经济，而江苏走的则是集体经济为主的乡镇企业道路。90年代初中期以后，一直到加入WTO之后，两头在外的外向型经济发展，是它们选择的主要发展道路。为适应这样发展模式，江苏在90年代后期曾经对集体经济体制做过重大的修正，学习浙江和广东的经验，大力推进民营化取向的微观基础改革。广东和浙江在20世纪初，则对其产业结构进行了“痛苦”的大规模的调整，由此奠定了如今这两个省份经济的强大竞争力。党的十八大之后，这些地区都在反思自己过去的发展理念和发展模式，自加压力，纷纷提出投资驱动转向建设创新型省份的目标，争取早日率先基本实现现代化的战略目标。

三、新时代推进改革开放的新思路、新局面、新思考

未来的改革，坚持的仍然应该是市场取向的改革。其中最根本、最核心的问题在于，过去我们一直侧重于治理体系和治理能力现代化中的纵向治理体系改革，现在需要高度重视和转向其中的横向治理体系改革。

以放权让利为标志，纵向治理体系的改革是我国全部改革的起点。作为国家治理体系和治理能力现代化的基础，财税改革是纵向治理中首选的改革突破口。我国过去的改革，往往局限于政府垂直封闭系统中的内部权力配置调整，或者局限于横向政府职能部门的分工或撤并，一个是“条条放权”，一个是“块块放权”。“条条放权”表现在中央各个部门向所属的底下部门放权，一直放权到基层部门；“块块放权”是中央给地方放权，一直延伸到基层政权。这些改革都是必须的，但是缺陷是并不真正涉及政府与社会、民间、市场、企业、家庭个人等层面的改革。这是中国社会、市场、民间和个人缺乏活力和创新力量的主要原因，也导致了民间、市场、社会组织形式趋于消失，功能不断弱化，无法承担起资源配置和各种社会经济治理的功能。

下一步进行的全面深化改革，仍然要坚持过去的一些正确做法，这就是要在坚持纵向改革的同时，为了推进改革开放新局面的形成，需要重点转向横向治理的改革。横向治理体系改革是全面深化改革的重点和难点，主要应在推进市场取向改革的前提下，努力发育社会组织、民间机构、市场机制和企业家群体，把大量的集中在政府的权利，分散到市场、企业、企业家、家庭、个人这些主体上去。比如说企业行业协会功能要增加、企业家功能要增加、个人决策功能要增加，从而给企业真正的放权，增加个人的权责利对等性。因此未来改革的方向，其实就是要坚持以横向放权为主的市场改革方向。与此同时，政府应该从过去的盈利性部门中逐步退出，专职社会发展、民生发展，尤其是民生发展应成为政府的主要责任。这是治理体系和治理能力现代化的最重要的内容之一。

一般来说，纵向治理改革尤其是作为突破口的财税关系改革，相对比较容易取得突破性的成就。因为这类改革是在政府部门内部进行的，改革表现为财权、事权和调控权在不同层级政府之间的重新配置和调整，所涉利益并没有发生任何的外溢，而且在统一政体下，官员工作岗位频繁变动，其特定位置与个人利益的关系之间，并不存在那种固定的、长期的紧密联系。同时，考虑到政府内部具有令行禁止的科层特征，因此自上而下的改革可以用行政命令方式顺利推动，抵制和摩擦成本都比较小。[①] 这已被过去的改革实践所证明。

回顾分析中国历史上几次重要的改革的经验和教训，可以发现，政府之间财权事权的重新配置和调整、集权抑或分权问题，一直是过去的改革首先要解决的问题，过去很多人对政府纵向权力配置的动态变迁

---

① 胡萧力、王锡锌：“基础性权力与国家‘纵向治理结构’的优化”，《政治与法律》2016年第3期。

特征，有过精彩的概括，即“合久必分，分久必合”。如果回顾中国当代历次改革，则可以发现没有一次真正走出“一统就死、一放就乱、一乱就收、一收又死”的恶性循环的陷阱和巢穴。其中的原因值得深思。

走不出集权与分权问题的恶性循环的陷阱和巢穴，不在于强调中央权力大一些还是地方权力大一些的替代选择，而在于改革的主要措施和方针，局限于重建中央与地方的关系，即所谓“放权让利”。这种分权化改革的主要形式，一个是中央向地方主动放权，另一个是地方向中央主动要权。在纵向改革取得突破性成就之后，都没有及时由纵向改革路径转向横向改革路径，没有使改革的主要措施转向政府与社会、政府与市场、政府与企业、政府与公民个人的关系的调整，没有把发展权力柔性地下放给社会、民间、市场、企业和个人，因而受到严重行政压制的主体不可能有充分的活力和创造力，既缺少来自社会、民间、市场、企业的发展动力支持，也使政府规模在若干次非实质性改革中越做越大。这是过去纵向改革中集权与分权问题无解的本质原因，也为我们破解这个难题提供了正确的方向和实质性措施。

为什么我们难以顺利地进入横向分权改革？应该说，这种道理我们不是不知道，而是在实际的运行中，可能由于政府力量长期过于强大，使民间、市场、社会组织形式趋于消失，功能不断弱化，因而在其发育不足、功能残缺的条件下，中央集权体制难以放手实施这种本质性的调整和改革，无法让其承担资源配置和各种治理的功能，最后只能再次由政府承担起它自身不应该、不能够和不足以承担的各种社会经济职能。这大概是现在的政府“越位、错位、不到位”现象普遍盛行、难以克服的真正原因。

如果上述分析是对的，那么促使纵向改革转向横向改革的基本对策，就应该是选择改革政府职能和机构、放松市场和社会管制、培育替代政府配置资源功能的各种横向组织和机制等。即我们要在推进市场取向改革的前提下，斩断政府与其千丝万缕的“包办型”联系，努力发育社会组织、民间机构、市场机制和企业家群体。显然，这与推进国家治理体系和治理能力的现代化的改革总目标是一致的。因为，与过去强调“政府管理”等完全纵向的控制关系不同，现代国家治理的关键在于要从政府单方面支配社会，转变到政府与社会的有效互动与互相制衡。这需要重构政府与社会、政府与公民、政治权力与经济权利等各种治理关系。[①] 这是一个需要长期探索和建设的任务。

放松纵向控制的范围和程度，一个可能引起担心的主要问题是可能引起社会动乱。确实，在社会和民间的自组织机制匮乏的情况下，横向放权的过程可能就是混乱的过程。因人类社会不可能像自然科学那样，可以在这个问题上进行大范围的试验，因此这就制约了纵向改革转向横向改革的现实可行性。解决这个问题的根本办法，是必须把依法治国的大政方针摆到全面深化改革的第一线中来。只有在法治框架下培育和发展市场和民间的自组织功能，才能够使整个国家和社会具有健康的微观基础，也才能够反过来促进现代社会的契约精神、法制观念和法治实践的成长。

党的十九大报告提出，当前我国的社会主要矛盾，已经转化为人民日益增长的美好生活需要和不平衡不充分的发展之间的矛盾。人民对美好生活的需求，不单是对收入和物质的需求，还有对就业、医疗、教育、安全、环境等方面一系列的现实和增长的需求。从需求的这些方面的内容看，其实绝大部分都是社会发展问题和民生发展问题。这就意味着，市场作为资源配置的决定性机制，它在这些领域和活动中是失灵

---

① 李世忠：“马克思社会观视野下中国特色社会治理的路径选择”，《河北师范大学学报（哲学社会科学版）》2017 年第 6 期。

的，是难以起正常的调节作用的，需要政府的强力干预和作为。政府其实是应该在人民对美好生活的追求当中发挥更好的作用，也就是政府要帮助国民创造更多的就业机会、更高的收入水平、更好的教育、更安全的社会、更美好的环境等。只有在这一系列领域当中变成强政府，跟经济与市场领域当中发挥决定性作用的强市场结合起来，才能形成所谓市场、政府双强的格局。[①] 否则，政府和市场的“双强”作用是不可能实现的，一种可以预料到的逻辑是：政府代替市场，此功能增，而彼功能减。界定政府和市场各自的领域，在各自的领域中成为“双强”，应该成为中国未来经济体制改革的取向。

① 袁恩桢：“政府与市场的‘双强模式’是社会主义市场经济的重要特点”，《毛泽东邓小平理论研究》2013 年第 8 期。

全国统一大市场建设与形成双循环新发展格局

为高质量发展而竞争：地方政府竞争问题的新解析[①]

建设为高质量发展而竞争的机制，是为了贯彻落实新发展理念、建设现代化经济体系的具体行动。在新一轮扩大地方政府自主权的背景下，矫正过去的地方政府竞争制度、为中国经济重塑新动力，是推进全面深化改革的一项极其重要的选择。过去地方政府竞争是以 GDP 和财政收入增长为中心，现在是以高质量发展为导向。要通过对统计体系、标准体系、绩效评价、政策体系等创新，以新发展理念修正地方政府竞争的目标函数及其构成。重构高效的纵向治理体系和横向治理体系，是新时期有中国特色社会主义经济建设的重大任务。

一、引言

中国经济奇迹是改革开放 40 年来遵循市场取向型改革原则的重大胜利。市场取向改革的一个重要经验，就是在计划经济转轨的过程中，除了中央政府在纵向方面向地方政府分权外，还不断地在横向方面塑造有力量的竞争主体，这样就培育出中国经济增长与发展的强大动力。过去 20 年来，描述这种现象并从转轨中地方政府间的竞争关系来解释中

① 本文原载于《河海大学学报（哲学社会科学版）》2018 年第 2 期。

国经济取得超高速增长的原因，一直是中外经济学人试图努力探索的目标。研究者一般认为，一方面，地方政府竞争是中国语境中经济增长和发展的独特现象，是有别于其他国家的强大的增长引擎；另一方面，它也是引发中国经济结构运行中发生重大失衡问题的重要原因，如房地产泡沫、市场非一体化、债务风险、发展粗放等问题，可能都与地方政府过度介入市场运行有直接或间接的相关关系。

鉴于为增长而竞争的地方政府竞争体制在过去发展中的一些副作用，一些研究者认为，中国必须逐步扬弃“地方政府主导经济增长”的竞争模式，把“中央政府—地方政府—市场”这种三维纵向治理结构模式改造成为标准化的市场经济体制模式，即“中央政府—市场”这种二维纵向的治理结构模式。这一观点的核心是要在市场取向的改革中，逐步“去地方政府化”，让其减少经济权力和责任，专司区域性公共事务和对市场的监督与仲裁活动。其主要依据是：地方政府作为三维纵向治理结构模式中的中间层，目前其功能几乎等同于在市场中追求经济利益的主体，地方政府领导则犹如公司的董事长和总经理，其“政绩”主要表现为公司领导的升迁，从而实现行政集团的利益最大化，这就忽略了政府本来应该承担的社会责任；以追求经济增长特别是财政收入为最高动力的地方政府逐利化或公司化，在社会治理方面无章无法，更多带来的是灾难。

与这些观点不同，本文认为，落实党的十九大提出的建设现代化强国、贯彻新发展理念建设现代化经济体系等目标，需要给中国经济持续不断地塑造新发展动力。未来我们可以在新型发展理念指导下，继续保持地方政府竞争模式的内在固有优势，通过改革和完善这个中国特有的竞争体制，通过全面深化改革继续强化中国经济增长的动力，同时防止其可能出现的一些副作用。本文对地方政府竞争变化的背景分析也表明，在建立中国特色的社会主义市场经济体制的实践中，尤其是近年来的地方经济实践中，我国地方政府间的竞争不仅没有退出运行或被虚置，而是以一种崭新的形式，正在启动一场席卷全国的竞争浪潮。从为高速度而竞争转向为高质量发展而竞争，是体制机制转轨的最重要表现之一，它必将对未来我国区域发展格局和宏观经济运行产生不可估量的巨大的作用。

本文将对这个新一轮地方政府竞争的背景、动因、特点、效应等问题展开初步的分析，并在此基础上展望它的发展演化及需要进一步解决的问题。

二、为增长而竞争转向为高质量发展而竞争：背景和动力

众所周知，我国中央命令型计划经济体制在放权让利的改革中，出于种种复杂的原因，一方面把很多经济决策权下放到地方政府、部门政府和大型国有企业，没有实质性地全部下放给一般企业和居民个人；另一方面，又设计了地方政府间就经济业绩进行分散化竞争的规则和制度框架，以 GDP、财政收入等考核指标作为评价标准决定官员晋升或是否留任的基本依据，把这些指标的完成与当地官员的晋升、收入、福利紧密联系起来。结果在这种经济利益与政治利益的双重“刺激—反应”机制的作用下，地方政府官员便具有了类似于企业的行为动机和一部分不完整的公司功能，而其官员便具有了作为“企业家”的决策权力和动机。

地方政府官员“企业家化”，对于经济增长和发展来说，一方面克服了计划体制中发展动力来源于单一的中央政府推动的局限性，“一条腿走路”变成了“两条腿走路”，地方政府官员更具有信息优势和决策效率；另一方面，给地方政府放权让利，让其具有强大的竞争压力，也会在塑造新的“准市场主体”的同时，培育出真正的具有强大竞争动

力的民营企业，因为民营企业具有天然的适应市场竞争的特点。实践也证明，20 世纪 90 年代中后期以后，民营企业如雨后春笋般蓬勃发展，支撑了中国经济增长的大半壁江山。

党的十八大之后，过去一直延续的地方政府就 GDP、财政收入等标准进行为增长而竞争的制度模式发生了重大的变化。十八届三中全会报告指出，要完善发展成果考核评价体系，纠正单纯以经济增长速度评定政绩的偏向，加大资源消耗、环境损害、生态效益、产能过剩、科技创新、安全生产、新增债务等指标的权重，更加重视劳动就业、居民收入、社会保障、人民健康状况。显然，至此过去单一的为增长而竞争的机制，便成为为增长和均衡发展而竞争的机制。

2012 年底以来，中央指向的竞争规则改变，极大地影响了地方政府官员参与地区竞争和干预市场活动的预期、动力结构和行为方式，叠加上这一期间国家掀起的严厉的反腐败斗争，地方政府官员选择“不作为”，成为经济社会运行中比较普遍的一种现象，追逐经济增长的竞争热情随之趋降。这是经济增长率不断降低的一个直接原因。随着中国发展的内外环境复杂化和不确定性的增加，经济增长速度连续下了几个大平台，“L 形增长”轨迹和格局既定。一时中国经济增长还需不需要地方政府竞争机制来推动的问题，成为各方面所关注的焦点。

党的十九大提出了新时代速度经济阶段已经转向了高质量经济阶段。贯彻落实新发展理念、建设现代化经济体系，是这个阶段国家经济建设的总纲领。2017 年年底召开的中央经济工作会议，则更加明确地指出，必须加快形成推动高质量发展的指标体系、政策体系、标准体系、统计体系、绩效评价、政绩考核，创建和完善制度环境，推动我国经济在实现高质量发展上不断取得新进展。显然竞争规则的彻底改变已经是工作议程，为增长而竞争的机制将彻底转化为高质量发展而竞争的机制。

2018 年 1 月 26 日，中共中央修宪建议，设区的市的人民代表大会和它们的常务委员会，在不同宪法、法律、行政法规和本省、自治区的地方性法规相抵触的前提下，可以依照法律规定制定地方性法规，报本省、自治区人民代表大会常务委员会批准后施。这意味着什么？很明显，这等于说是要赋予设区的市立法权，相当于中央政府在向地方政府进一步放权、扩权。目的也是很明显，就是要在改善新的考评政绩机制的同时，通过进一步扩大地方政府的自主权，为全国掀起新一轮的为高质量发展而竞争的体制奠定法治的坚实基础。

因此可以总结的是，党的十八大之后，尤其是 2017 年以来，地区间竞争的浪潮迭起，与以下 3 个因素或者动力有直接的关系：一是我国经济增长减速的现实背景，国家需要重塑发展的新动能；二是从高速度经济阶段向高质量经济阶段转型，需要竞争规则的彻底改变；三是中央政府层面在推进全面深化改革中，不断地推动地方政府自主权的扩大。

从实践上看，中国地方政府竞争的形式一直在变化，内容丰富多彩。如 2000 年以来，“中国地方政府创新奖”已举办七届，至 2010 年有 1500 多个省、市、县、乡镇等各级地方政府申报奖项，覆盖了中国所有省、直辖市和自治区；至 2013 年，这一内容主要是侧重社会管理的第六届“中国地方政府创新奖”，申报项目超过 1 800 余项，入围项目达到 139 项。当前，地方政府就经济高质量发展的新一轮的竞争态势也正在如火如荼地迅速展开。如 2018 年春节刚过，山东省委书记刘家义就召开全省大会对比广东、浙江、江苏，主动揭示山东自身存在的不足和问题，为山东获国家新批准的旧动能转换综合试点作战前动员；济南提出了向郑州、合肥、杭州学习；西安市围绕“大西安”大在哪里的问题，思考“大西安”在“一带一路”建设中的地位与作用，正式提出要将西安建成国家中心城市；杭州市委书记赵一德一连发出六问：杭州离一流城市还有多远等；武汉等城市提出冲击国家级中心城市的目标；南京 2017 年提出要对标杭州等城市比学赶超；等等。这其中，南京市委、市政府用对标方式学习其他先进城市的方式，让我们最为典型地看到了新一轮风起云涌的地方政府竞争态势。

创新要争一流城市，对标的城市是深圳。产业对标要攀高端，对标的城市是广州、苏州。营商环境对标要做最优，对标的城市是北京、上海、广州、深圳等。城建对标要提品质，对标的城市是杭州、上海。民生对标要优化供给，对标的城市是上海。开放对标要国际化，对标的城市是广州。开放对标要国际化，对标的城市是广州。改革对标要抓突破，对标的城市是上海、深圳。生态对标要补短板，对标的城市是杭州。

显而易见，这种地方政府就高质量发展竞争的机制和模式，跟以前一样，具有强烈的模仿学习的特征。在建设社会主义现代化强国的要求和背景下，这种标杆式学习，会加速缩小地区间、城市间的发展差距以及发展趋向的同质性，意味着竞争将会更加激烈，地方政府介入经济的动力也会更强烈。

三、新时代需要建立和完善为高质量发展而竞争的制度安排

美国学者 Oi 在研究当代中国乡镇政府的政治经济问题时首次提出了“地方性国家统合主义”（local state corporatism）这个概念，用于解释在中国地方政权、金融机构以及企业之间所形成的统合关系。“地方政府公司化”概念可能是对上述重要概念的本土化延伸，可以比较准确地描述地方政府的行为动机和行为方式，以及可能的发展效应。

经过改革开放 40 年的实践，我们很容易发现，过去的“地方政府公司化”倾向虽然有一些重要的优点和特性，但是也确实存有许多的弊端。党的十八大和十九大提出的修正考核评价体系和机制，就是为了

在继续发挥地方政府积极性、扩大地方自主权的条件下，纠偏地方政府的发展偏好与中央意欲的全社会目标之间的差距，给地方政府竞争的目标函数中输入新的发展理念，以矫正其竞争行为。

值得思考的是，为什么进入新时代，我们为什么不把高质量发展的任务全部交给市场和企业，而仍然需要通过政府改革，去建立和完善一种新的地方政府竞争模式和制度的安排？

第一，为了实现新时代建设现代化强国的目标，仍然需要一定的经济增长速度。这种速度需要持续的、强大的增长引擎的取得，不仅仅是通过纯粹的市场调节和企业交易行为就可以达到的。GDP 增速仍将是中国一些重大政治经济问题的逻辑基石，是经济政策的最重要的量化指标。2035 年要实现基本现代化，人均 GDP 按现在的币值要达到 2 万多美元。这意味着从 2020 年开始接下来的 15 年中，或者在 2016 年人均 GDP 8 260 美元的基础上，经济增长得保持 5% 左右的速度，才能保证届时按战略规划要求进入高收入国家行列。从 20 世纪 50 年代到 80 年代，全球只有日本一个国家持续保持了 30 年的中高速增长。中国改革开放以来已经高速成长了 40 年，但如果把 5% 左右的增长速度持续到 2035 年，那么就意味着中国要保持近 60 年的中高速增长。这是全球以市场规则调节的经济增长的历史上从未有过的现象。根据中国过去的经验，这必须通过发挥市场的决定性作用和更好地发挥政府的作用来达到，以保持经济增长的巨大动力。

第二，新时代我国社会主要矛盾已经转化为人民日益增长的美好生活需要和不平衡不充分的发展之间的矛盾，有效缓解这一矛盾也需要在发挥市场的决定性作用的基础上，更好地发挥政府的能动作用。不平衡是供给的结构有问题，不充分是供给的程度有问题，它们都是供求结构的失衡。导致这种失衡的内在原因究竟是什么？是长期积累的一些结构性、体制性、素质性的突出矛盾和问题。显然，解决这些矛盾和问题的方法，需要以推进供给侧结构性改革为主线，推动经济发展质量变革、效率变革、动力变革，即要从提高供给质量出发，用改革的办法推进结构调整，矫正要素配置扭曲，扩大有效供给，提高供给结构对需求变化的适应性和灵活性。在实践中，我们可以按照结构性改革的方向和要求，通过鼓励地方政府采取为高质量发展而竞争的方式，来引导企业实现这些任务。如对供给数量不充分的问题，我们可以简单地鼓励地方政府进行产量竞争；而对于供给质量不充分的问题，我们可以通过把质量参数输入地方政府的竞争目标或者考核标准中，使其引导企业在市场竞争中间接地实现。

第三，过去，为增长而竞争的制度安排所留下的一些重要和隐患的问题，不可能全部丢给市场和企业去解决，而必须继续由政府去消化和承担。供给侧结构性改革就是要在充分发挥市场在资源配置中的决定作用的同时，矫正以前过多依靠行政配置资源带来的要素配置扭曲，同时实施精准的地方性产业政策进行结构调节。如现在的绝大多数的落后过剩产能和僵尸企业，都是过去在地区竞争中依靠政府投资和靠高杠杆维持的。对现在列入国家竞争政策需要淘汰的落后产能，尤其是僵尸企业，“解铃还须系铃人”，还是需要政府出手，该断奶的就断奶，该断贷的就断贷，坚决拔掉输液管和呼吸机。这些事务的解决，完全靠市场是不可能的，也是不可信的。其实，以企业和市场为基础进行结构的自调节，与提倡地方政府高质量竞争、发挥地方性产业政策的引导作用之间，并不是矛盾和冲突的。产业政策是利益诱导性的，而不是由地方政府去确定具体项目，或选择把资源投向哪一家企业，具体的投资机会还是要由企业家来摸索和把握。因此实现高质量发展，完全可以通过改变对地方政府的竞争规则和激励机制来实现，完全可以通过用新发展理念升级功能性地方产业政策来实现。如果竞争规则和产业政策能够更多地强调生态环境、创新发展、人民幸福生活等竞争标准，则化解社会主要矛盾、提高发展质量就不是空中楼阁。在中国的政治结构和制度约束下，完全可以在你追我赶的竞赛中，看谁能够更多、更好地为市场活动提供更多的“外部经济性”，从而间接助推发展质量的加速提升。

第四，以鼓励地方政府为高质量发展而竞争的方法，来实现新时期国家经济建设总纲领的目的，当然也会有各种各样的新的经济和社会成本。如可能要比过去更多地强调通过做强国有资本的方式来实现，从而可能在一定程度上牺牲局部效率。再如，有可能要授予地方政府更多的社会经济职能，如补短板就需要地方政府承担更多的基础设施、科技创新、生态环境等方面的投资功能，因此在一定程度上可能会抑制社会经济组织的自我发育和成长，在一定程度上替代市场主体的某些功能，等等。应该看到，这是发展中大国经济处于转型阶段时所必须付出的一些社会成本。此外，我们还不能忘记，中国具有悠久的政府控制文化传统，其现实基础又十分深厚。在转向社会主义市场经济的过程中，减少行政干预离不开政府自我革命，离不开政府职能的有效发挥。比如在消灭无效企业、安排职工离岗转岗等事务的过程中，不靠行政命令、单靠市场机制也是绝对不行的。当然，不管用哪种手段，最终都是为了有效发挥市场在资源配置中的决定性作用和更好发挥政府作用，这是未来现代化经济体制建设，也是推进供给侧结构性改革必须把握好的关键点。

四、为高质量发展而竞争的体制可能具有的特点

重塑新一轮为高质量发展而竞争的地方政府制度和总体态势，是全面深化改革内容的一项极其重要的选择。总体来看，过去是为 GDP 和财政收入增长而竞争；现在要以人民为中心，为缓解新时期主要社会经济矛盾而竞争，贯彻创新、协调、绿色、开放、共享的发展理念，是这一轮地方政府竞争的主要标准，也是我们推崇和鼓励新一轮地方政府竞

争的主要理由。具体来看，新一轮地方政府为高质量发展而竞争的制度安排，可能具有如下几个重要的特点：

第一，从经济发展阶段上看，过去的微增长而竞争的机制，是以短缺经济的总态势为基本背景，因此地方政府竞争的目的，是要最大限度地推进物质财富的超高速增长，以满足短缺经济中民众需求的巨大缺口；现在的竞争基准的提出，是以过剩经济为基本前提和趋势，因此为高质量发展而竞争的制度安排，会更加重视实体经济中的产能过剩、新增债务等问题，会更加重视虚拟经济中出现的资产短缺、资产泡沫问题，会更加重视劳动就业、居民收入、社会保障、人民健康等状况，而不仅仅是 GDP 增长和财政收入。

第二，从实现目的的手段看，过去的竞争基准决定了实现目的手段比较简单，只要在收入既定的条件下，千方百计地增加储蓄、加大投资规模、扩大生产能力，即可提供满足市场需求的物质产品；而在现在的竞争基准下，人民日益增长的美好生活需要日益高质量化、口味多元化、需求服务化，为此必须按照市场需求进行供给侧的结构调整，利用技术进步提高劳动生产率，提高供给质量和投资效率，这就需要转向以创新驱动发展为主的竞争模式，创新因素在新的竞争评价中将会占据重要的权重。

第三，从化解新时期社会主要矛盾看，过去的竞争基准在资源稀缺的条件下要求突出重点和非均衡发展，为了争取更快的速度，往往要求把有限的资源重点倾斜发展某些产业、某些地区，以期通过重点发展来带动一般、局部带动整体、先富带动后富等。而现在的竞争基准则要求协调均衡增长，不仅是总量均衡，而且结构均衡；不仅是产业结构发展均衡，如一、二、三次产业之间、三大产业内部之间的协调发展，而且是空间发展结构上动态发展均衡；不仅实体经济内部要均衡，而且要实现实体经济与现代金融、房地产业之间的均衡；不仅要快，而且要好，要高质量发展；不仅讲效率，还要讲平等；等等。

第四，从建设环境友好型社会的要求看，过去的竞争基准是在贫困走向小康的道路上实施的，物资的匮缺使人顾不上对环境的保护和利用，绿水青山、绿色发展是放在次要位置的，增长往往以资源高额消耗、环境严重破坏为代价。现在的竞争基准要求在高涨的环保压力下，要求发展始终贯彻资源节约、环境友好，实现绿色循环低碳发展、人与自然和谐共生。

第五，从发展的手段和成果分配看，过去的竞争基准体现的是一部分人参与、少部分人有获得感的发展理念。一部分人先富起来并没有逻辑地带动绝大部分人富裕；GDP 上去了，干部得到了晋升，但是 GDP 中工资福利的含量并不高，大部分民众并没有多少真正的获得感。现在的竞争基准体现的是共享发展的理念，关注的是人民的获得感、幸福感和舒适度，更能激发人民群众参与建设的热情。让人人参与、人人尽力，最终实现人人享有。如实践中以共用、互换、租借代替占有的共享经济模式，涉及诸如工具、设备、汽车、住房、信息等广大的服务领域，不仅引发了商品服务消费的变革，而且在互联网的帮助下达到可与传统模式匹敌的经济规模。

第六，从中国与外部世界的联系机制看，过去的竞争基准是出口增加外汇储备，增加社会总需求从而提升国家的经济增长速度，因此开放战略和开放政策鼓励的是单一的出口导向，鼓励的是利用别国的市场，鼓励的是利用廉价的生产要素加入全球价值链低端进行国际代工。现在的竞争基准是要建设高水平的开放型经济体系，是发展深度加入全球分工体系、与世界经济之间有着良性循环关系的经济，不仅可以输出商品和要素，而且也可以利用内需不断扩大的优势吸收先进的高级生产要素；不仅可以“引进来”，而且可以“走出去”；不仅可以对东开放，而且可以沿“一带一路”向西向南开放。

显然，新一轮地方政府就高质量发展所进行的竞争，其实就是全面进入了发展高质量经济阶段，就是建设现代化经济体系的具体行动机制。

五、为高质量发展而竞争：要吸取为增长而竞争的经验教训

地方政府公司化倾向是我国过去地方政府间竞争制度安排的产物，由此引发的某些问题也是我们在设计新一轮地方政府竞争规则时必须认真考虑的问题。为高质量发展而竞争的制度设计，必须把地方政府公司化的倾向，改造为非盈利公司化的倾向，也即要更多地剥离地方政府追求自身经济利益的职能，让其更多地考虑基于公共利益的发展，以及辖区内的社会治理问题。

根据过去的经验，无论强调什么内容的竞争，地方政府都必然会逻辑地动用其行政权力来参与竞争或竞赛，由此引发的负面效应主要有过多干预经济主体的决策、导致经济碎片化倾向、不愿意充分履行公共事务责任、债务负担过重等。这些问题本身并不是地方政府竞争制度带来的，而是由旧的地方政府职能和旧的竞争规则不适应新时代发展要求所引发的现实问题。其实，在新一轮地方政府竞争规则的设计中，可以通过地方政府机构改革，通过事先修改规则，认真地执行新规则，完善考核评价体系，来有效地避免上述这些副作用。

如何避免地方政府过多干预经济主体自主决策？在为增长而竞争的机制设计下，追求 GDP 和财政收入的增长，最有效的手段是增加投资。为此，地方政府就可能直接干预企业的投资决策，或者倾向于膨胀自己的投资职能，替代经济主体的市场化决策。当我们在追求高质量发展的指标体系、标准体系、绩效评价、政绩考核中，放低这些增长标准的权重后，地方政府干预或者代替企业决策的动机就会大大降低。同理，增

加地方政府进行社会治理方面的考核评价指标和相应的权重，自然可以有效地避免其不愿意充分履行公共事务责任的弊端。

如何避免地方政府竞争导致经济碎片化倾向？地方政府公司化倾向是经济碎片化的起因，破除公司化倾向，把其改造为具有非盈利化倾向的经济主体，是一个基本的方向。但是与营利性或非营利性公司不同的是，地方政府具有完整的行政权力体系，我们在倡导地方政府竞争制度时，必须高度重视有效制度的设计问题，避免其可能的反专业化分工合作、逆区域经济一体化趋势的弊端。基本办法就是要破除把地方政府官员的政治经济利益，与辖区边界内的市场利益挂钩的不良制度。如在经济区内，要把推进经济一体化的努力列入考核评价指标，减弱财政收入与个人福利、政治晋升之间的联系，等等。

如何避免日趋严重的地方政府债务危机问题？中国经济目前面临的风险确实与地方政府参与竞争的制度安排有直接的关系，但是这种风险是在财权、事权和调控权不对称的中央地方关系中发生的，是在土地财政的大背景下发生的，是在所形成的特殊举债融资机制下发生的。严格上说，这种债务风险的发生与地方政府间竞争的制度安排之间并没有逻辑的、必然的对应联系。未来我们完全可以通过中央与地方财权事权关系的改革，通过财政金融体制改革的配套，来降低其高负债的可能性，防止其可能出现的金融风险。

六、结语：要努力建设中国特色的地方政府纵横治理体系

通过全面深化改革驱使中国经济进入高质量发展阶段，要对具有中国特色和竞争力的地方政府竞争制度进行修正和改造，建立和完善为高质量发展而竞争的制度体系就是一种现实的选择。我们不能把过去为中国发展做过重要贡献的“为增长而竞争”的制度体系“像倒洗澡水一

样把婴儿也一起倒掉了”。

“中央政府—地方政府—市场”这种三维主体的纵向治理结构模式，适应我国集中统一、幅员辽阔、人口众多、区域发展高度不平衡、情况千差万别的国情。改革开放四十年来的经验告诉我们，在建设现代化经济体系的伟大事业中，如果不充分发挥这3个层次的积极性，尤其是基层干部群众的积极性，仅仅具有高层某个层面的积极性，这个经济建设的总纲领就无法落地和落实。因此，如何再次让地方政府在经济发展和国家治理中强大起来，发挥其应有的作用，重新构建一个高效的“纵向治理体系”，是未来新时期社会主义经济建设的重要任务。经过多年的发展，我国已经在区县一级形成了一个高效且极具执行力的基层政府组织。随着中央会进一步对地方政府进行放权，以绩效考核改革为抓手，通过鼓励区域发展竞争来提高地方政府的治理能力，便于提高经济发展活力。

区域之间政府的发展竞争，属于“横向治理体系”的一部分。地方政府之间既可以有发展竞争，也可以有发展的合作。竞争与合作是一体两面的机制。在这个经济全球化、分工日益细化的时代，各地方政府撤除行政壁垒，竞相开放自己的市场，既有竞争又有合作，是大势所趋，是区域市场一体化的发展含义。习近平总书记2014年2月就推进京津冀协同发展所提出的要求，首次界定了政府在区域发展一体化方面的基本职责和基本工作内容，也是未来地方政府在高质量发展竞争与合作中，必须遵循的基本职能。基本职能概括起来就是7个方面：一要负责一体化发展的相关规划的顶层设计；二要打破自家“一亩三分地”的思维定式，发挥合作发展协调机制的作用；三要理顺产业发展链条，形成区域间产业合理分布和上下游联动机制；四要调整优化城市布局和空间结构，促进城市分工协作和一体化；五要加强生态环境保护方面的合作；六要把交通一体化作为先行领域，构建现代化互联互通综合交通网络；七要推进市场一体化进程，破除限制生产要素自由流动和优化配置的体制机制障碍。

在新发展理念指导下，新一轮地方政府间的竞争和合作，必然对我国区域经济发展格局产生时空压缩、增加密度、减少分割的经济地理重组效应，从而实现国土资源利用效率较高、要素密集程度较大、城市群落连绵、区域发展差距较小的现代化经济体系的空间结构。

利用和培育国内市场问题的研究[①]

在应对中美贸易战的基本背景下，分析和研究促进形成国内强大市场的战略意义、主要内容和基本途径等问题具有重要意义。国内强大市场是中国未来发展的巨大比较优势，也是我们在新时代可以充分有效利用的重大战略资源，既可以用来服务于经济全球化战略的转换，也可以用于促进创新型国家的建设，还可以作为实现全面小康和基本现代化战略目标的重要手段和工具。利用和培育好我国国内市场，前提条件是推进深层次的结构性改革，需要撬动存量利益，如不断推进区域经济发展一体化、改革资本主导的收入分配制度以及平等各类所有制企业的竞争条件等。

中央经济工作会议把促进形成国内强大市场作为今后一段时期的主要任务。习近平总书记明确指出，中国近14亿人口的大市场必将成为世界经济的增长之源、活力之源。[②] 强大的国内市场是新时代复杂国际环境下中国发展的巨大比较优势，也是我们可以充分有效利用的重大战略资源，可以用来作为实现全面小康和基本现代化战略目标的重要手段和工具。

---

① 本课题研究受国家社科基金重大项目“新旧动能转换机制设计和路径选择研究”（18ZDA077）的资助。本文原载于《学术研究》2019年第10期。

② “习近平出席APEC工商领导人峰会并发表主旨演讲”，新华每日电讯：http：//www. xinhuanet. com/mrdx/2018－11/18/c_137614822. htm，2018年11月18日。

过去，在围绕发展问题的经济分析中，形成国内强大市场或者形成超级国内市场规模，是经常被人忽视的问题、现象和概念。这导致我们在关于发展战略的研究中，难以从战略上看清未来国家能力的作用、作为以及经济演化趋势。本文基于积极应对中美贸易战的基本背景，研究在我国发展战略转换中国内强大市场的含义究竟是什么，这种超级市场规模因素将发挥什么样的作用，我们能不能把国内强大市场概念充分理论化变成分析我国国家能力、国家竞争优势或促进经济演化的框架和基本工具，以及如何促进形成国内强大市场等一系列改革和政策取向问题。

一、形成国内强大市场：新时代中国的战略资源和比较优势

形成国内强大市场或超级国内市场规模，指的是在国土辽阔、人口众多的前提下，通过不断升级市场结构、完善市场秩序、改革市场机制等优化市场环境的办法，来推进国内市场容量和规模不断扩大的过程。疆域广阔和人口众多是形成国内强大市场的两个必要条件，另外还需要加上不断提高的人均收入水平或消费能力这个充分条件。因为前者只是超大规模国家的特征①，并不一定具有超级国内市场规模，而后者是一个与支付能力有关的经济概念，必须具备国民收入的不断提高这个充分条件才能成立。

与超大规模国家及其负荷往往会给国家治理带来复杂严峻的挑战不同，超级国内市场规模虽然对国家的基础设施、流通组织、市场秩序等条件提出许多挑战，但是它却可以实现许多小国经济体系无法达到的巨大、正向的经济功能。

---

① 洋伟江："如何理解中国的超大规模性"，《读书》2019 年第 5 期。

一是使支撑现代经济成长的动力更强。经济成长的直接动力来自需求端的扩张。形成国内强大市场的过程就是现代经济不断成长的过程。没有需求的不断成长，经济增长就失去了基本的支撑，这时供给增长得越快，产能过剩问题就会越发严重。这种因市场无法同步扩张而形成的产能过剩问题的长期累积，就可能导致周期性的、破坏严重的经济危机。

二是促进专业化分工水平不断提高。亚当·斯密在关于市场规模限制劳动分工的定律中指出，分工取决于市场规模，而市场规模又取决于分工，经济进步的可能性就存在于上述条件之中。对某一产业的需求规模只有达到一定的程度，工序或生产环节才能从原来的混合经营中独立出来。分工降低了生产成本，而低成本又进一步刺激了需求的不断扩大和生产的不断扩张，刺激提升专业化分工水平，从而进一步促进形成强大的国内市场。①

三是虹吸全球生产要素尤其是人才技术等先进要素。国内强大市场的形成有利于构建高水平的需求平台，在国际要素和资源流动的竞争中，就如万有引力定律中揭示的那样，引力的大小与两物体的质量的乘积成正比，需求平台高、规模大的一方由于可以为先进要素创造更多的机会，因此可以获取更多的高级要素和资源，从而有利于在开放经济氛围中为我国创新经济发展提供高质量供给，有效地驱动创新型国家建设。

在当前纠正重大经济结构失衡、进行供给侧结构性改革的背景下，国内强大市场的建设具有的特殊作用，具体体现在三个方面。

第一，可以给实体经济以强大的需求信号和盈利激励，从而吸引各种资源和要素积聚于实体经济，增加实体经济的有效供给，抑制虚拟经

① G. J. 施蒂格勒：《产业组织和政府管制》，上海三联书店 1996 年版，第 25—36 页。

济过火过旺的不良局面，平衡虚实经济关系，纠正重大经济结构失衡，防止其可能带来的重大经济风险发生。

第二，可以从增加消费和投资需求两个方面抑制当前和未来经济的下行趋势，实现更充分的就业，从而为进一步提高人民收入水平提供动力，适应居民消费提档升级趋势，满足居民对优质产品和服务的个性化需求，满足人民日益增长的美好生活需要。[①]

第三，可以为全球企业进入中国大市场创造更多的机会。作为世界第二大经济体，中国国内强大市场的建设将有利于保持其对世界经济增长的高贡献率，为稳定世界经济做出新的贡献。

尽管当前逆全球化盛行，国际形势波谲云诡，国内经济下行压力加大，但是如果我们可以背靠一个强大的国内市场，那么对于仍然处于战略机遇期的中国经济发展来说，稳操胜券的几率将会大大增加。国内强大市场对于发展战略的实施来说，具有三项特性。

第一，它是战略行动中的最可靠的战略资源。真正的战略资源不是物质等有形状态的资源，而是能产生战略性影响、发挥关键作用的无形资源，如制度、声誉、意识形态、文化、国内强大市场容量等。有效实施发展战略，除了要有战略行动，最基本的是要有足够的有形和无形的战略资源。行动与资源匹配、基于资源而行动，才是最可靠的战略实施。

第二，它是新型的可以绝对依靠的比较优势。我国在发展中的比较优势，过去是低成本生产要素，现在则发生了深刻的变化。目前，我国的低要素成本的优势不再明显和显著。除了继续拥有新型举国体制的政治优势外，随着发展程度的提升，在超大规模国家基础上，我们逐步形成了国内强大市场的比较优势。这种超级市场规模将进一步衍生出规模化低成本、精细化专业分工、自主创新等方面的竞争优势。

---

① 何立峰："促进形成强大国内市场　大力推动经济高质量发展"，《智慧中国》2019 年第 4 期。

第三，它是实现战略目标的最重要的手段和工具。超级规模国内市场的存在，将助力突破发展的制约条件和上限阈值，我们基于此优势，可以实现几乎所有可行的发展战略目标。巨大的需求不仅能成为具体经济目标实现的工具和手段，如区域经济一体化、规模经济等，更重要的是可以与飞速发展的信息化、网络化经济结合，成为拉动或推动重大技术进步、结构变迁和社会演化的主要力量，助力中国迈过“中等收入陷阱”和实现基本现代化。

二、依托国内强大市场升级我国经济全球化的战略

1992 年以来，尤其是 2001 年加入 WTO 以后，中国经济融入全球化的战略取得了巨大成功。2008 年之后，中国经济全球化所依托的战略资源已经发生根本性变化，急需把依靠世界市场出口导向的经济全球化战略，转换为以基于国内强大市场吸纳全球创新要素为特征的经济全球化战略。

第一，目前以美国为主的西方国家的结构调整和逆全球化浪潮的迅速兴起，封杀了中国长期依赖出口导向推动经济增长的政策空间，由此从外部压力方面迫使中国迅速启动新一轮经济全球化战略。

第二，经过长期的发展，人民收入水平不断提升，我国与世界市场的新进入者相比，过去的低价竞争不复存在，中国已经在很多行业丧失了国际代工的比较优势。建立新的动态比较优势既是一个长期的过程，更需要来自国内市场壮大的支持，否则中国将无法维持更无法壮大制造大国的地位。这是中国必须尽快扬弃出口导向战略的内在动力。

第三，中国从高速度经济转向高质量经济，人民对美好生活的追求要求我们把重视投资推动的传统经济转向注重消费拉动的现代经济，培育和利用国内市场问题被放到了经济工作的主要位置上。

第四，当今中国经济已经完全具备了利用国内市场支撑新时代增长的一切条件。目前在我国近 100 万亿元的 GDP 中，仅消费这一项的内需就达到了 50 万亿—60 万亿元，与美国等国家消费占 GDP 70% 以上的情况相比较，增长的潜力巨大。

总之，随着发展战略机遇期的内涵、条件和环境的变化，中国过去以依托廉价生产要素进行加工制造和出口导向为特征的经济全球化进程趋于尾声，而以依托国内市场战略资源吸纳全球创新要素为特征的新的经济全球化趋势正在到来。

以内需为基础的经济全球化，并不是新现象和新模式。对于超级规模国家来说，由于其内需规模大，因此即使在开放经济条件下，也必然会演化为主要依靠内需发展的全球经济形态；而对那些小的经济体来说，如亚洲“四小龙”，因其内部市场容量小，无法支撑企业达到规模经济的产量，因此自然会培育和发展出基于出口导向的全球经济形态。众所周知，美国就是一个非常典型的以内需为主的全球化经济体系。它的第一个特点是民众收入高、购买力强，3 亿多人口就使其内需规模处于全球第一的地位。第二个特点是美国强大的内需加上其他非经济因素，如强大的军事、科技能力等，塑造了全球强势美元的地位。这又诱使世界其他国家对其实施出口导向战略，使美国可通过世界货币地位长期获得低成本的生产要素、产品和资源。第三个特点是美国国内市场的强大吸引力带来了众多成功机会，也使美国成为全球吸收外国直接投资（FDI）和顶尖人才最多的国家。[①]

以内需为基础的经济全球化与出口导向的经济全球化之间，除了实施的前提条件不同、市场需求方向不同、机遇创造的主动性不同外，在基本的战略内容上还有两点根本性的不同。

---

① 刘志彪：“战略理念与实现机制：中国的第二波经济全球化”，《学术月刊》2013 年第 1 期。

第一，出口导向的全球化战略是国内收入水平低、市场狭小，无法形成工业化起飞所必需的基础而不得不采取的被动战略措施。这个时候本国内部的比较优势在于要素价格低廉，因此发展战略的最优特征，应该是既可以充分发挥本国低端要素的比较优势，又能够有效地利用别国的市场。显然，这时在本国加工制造再出口导向，无疑是最好的战略抉择。以内需为基础的全球化战略，是经济成长后的必然逻辑：随着人均收入迈上 10 000 美元的新台阶，国内市场不断强大，经济进入高质量发展阶段，我们不可能再像过去那样依赖别国的市场，但是我们可以利用高水平开放经济体系来更新自己的经济结构，获取高级生产要素。因此，此时我们自己主动的战略选择和作为，就是利用本国的市场虹吸国外的高级创新要素，加速发展我国的创新经济。

第二，出口导向的经济全球化，其主要手段是利用优惠政策创造局部优化的环境，以各种开放区来招商引资、加工生产、“两头在外”“大进大出”。这时，FDI 企业会成为本国出口、进口以及其他经济活动的主体。在以内需为基础的经济全球化中，政策优化的重点为创造吸引技术和人才的环境，目的是鼓励其创新创业，具体的方式主要是：（1）去海外设厂，或通过海外并购等方式，以资本控制力争夺人才、技术、品牌、渠道等价值链高端环节。（2）运用逆向外包手段，吸收国外高级要素为我所用。运用这一手段的基础在于国内市场具有巨大吸引力。（3）搭建各种内需平台，以全球宜居城市为基础广泛吸收海外高科技人员加入我国产业高级化进程的研究开发等。

借鉴发达国家过往的经验，根据我国国情和现实需要，我国经济全球化战略的转变要在下列四个方面进行努力。①

---

① 刘志彪：“基于内需的经济全球化：中国分享第二波全球化红利的战略选择”，《南京大学学报（哲学·人文科学·社会科学版）》2012 年第 2 期。

第一，扬弃出口导向战略，构建以我为主的全球价值链和总部经济平台，以此吸引全球高级要素尤其是各类高级人才。过去，全球市场都是我们企业驰骋的战场；现在，中国的内需是我们吸收全球创新要素的磁场。开放性内需平台建设的具体方向主要包括两方面：一是要把过去融入全球价值链进行国际代工的发展方式，转型为沿“一带一路”构建以我为主的全球价值链的发展方式。中国企业沿“一带一路”走哪儿去？国内丰富的有竞争力的产能怎么才能转移出去？投资和贸易活动与谁联系？这一系列问题的关键，是要沿着“一带一路”的大城市建设全球价值链，尤其是建设价值链总部（平台）与转移出去的工厂之间的治理机制。二是相类似的，要沿着长江经济带构造国内价值链或区域价值链，以长三角区域一体化战略带动国内市场的开放和产业转移，缩小东中西部地区发展差距。这同样要求主要在长三角地区建设总部经济平台。

第二，全力推进结构性改革，努力使居民收入水平和社会保障水平迈上消费现代化的新台阶。基于内需拉动经济成长，难点在于结构性改革和存量的利益结构调整。如果各种利益集团尤其是垄断利益团体的既有格局不打破，社会公共福利无法实现均等化，中等收入阶层没有被培育和厚植，那么实施这一战略的关键点就会被虚置。结构性改革是扩大内需的基本前提，它决定了中国现实市场的规模和潜力，从而决定了中国吸收全球高级生产要素战略的具体实现。结构性改革也是进一步开放的前提，深度的对内改革或对内开放是深度全球化的主要推进力量。结构性改革的一个重要指向，是要培育和形成一个庞大的中等收入阶层，因此要进行分配和再分配的重大改革。

第三，要鼓励民营企业在新一轮全球化舞台上做主角。跨国公司是全球化的组织形式和主要运作载体。上一轮全球化的主角是发达国家的跨国企业，新的经济全球化战略，需要有中国的跨国公司尤其是民营性质的跨国企业来承担，要让其在全球创新链上占据一席地位。为此，关键是要在微观基础上放手让民营企业在国内市场进行兼并重组，使其成为具有一定控制力的产业组织，以便为充分放开国内市场做好准备，还要鼓励民营企业在参与“一带一路”倡议中联合起来“走出去”，把中国在过去发展中的经验运用起来，如在“一带一路”国家中设立各种经济技术开放区。在“走出去”的过程中，民营企业实现以产权融合和资产重组为基础的实质性的一体化、集团化、跨国化的发展。

第四，聚集一大批具有高度国际化视野、可以利用各方面优势的高端人力资本，是新一轮经济全球化战略的重点。引进和培养人才我国过去做的较多，而“利用”这篇文章可做的空间很大。一是指可以利用西方各国经济结构调整、产业升级的机遇，收购它们有技术、品牌或人才的上市公司。可以依靠我们国内的市场来盘活其资产、用活其高级人才资源，如利用它们的高级技能员工培训中国的工人，让它们的高级科技人员为中国企业开拓全球市场进行研发和设计。二是指可以依托中国市场对外国先进企业进行“逆向”的高级生产性服务外包，让其竞争来自中国的订单，让外国的人才为中国创新服务，使中国企业在“干中学”，在学习中模仿、创新和提高。三是指可以以建设“最适宜人类居住城市”为契机，以中国市场发展提供的众多机会为基础，吸收全球一流人才到中国生活、工作、创业和创新。

三、基于国内强大市场建设创新驱动新国家

利用好我国国内市场，还有一个重要的发展战略问题是如何依托于这一重要的比较优势发展创新经济，尽快将我国建设成为创新驱动型国家。

为什么自主创新难以依靠外需而必须基于内需？回答这一问题并不

难。因为，在依靠别国市场出口导向支持经济增长的情况下，本国企业做的都是跨国公司事先研发和设计好的订单，这种国际代工虽然可以让本国企业避开风险很大的前期研发投入阶段，但是从长期看却抑制了本国企业独立自主研发的动力和能力。当企业主动去竞争国内市场的时候，自有品牌和自主技术就成为抢占市场份额、取得高额附加价值的决定性因素。纵观当今世界经济强国，几乎没有一个世界品牌和先进科技是在出口导向中培育出来的，而常见的现象是：它们首先在国内市场中被培育和成长起来，发展出本地著名品牌后，再进行大规模的国际市场开拓，从而逐步成为世界品牌。

强调利用国内强大市场来发展创新经济，并不是说市场向内化了，创新也要向内化。我们应该旗帜鲜明地反对企业关起门来搞自力更生，反对搞过去那种已被实践证明是失败的进口替代。要提倡以中国超级规模的内需为磁场，把全球先进的生产要素尤其是知识资本和人力资本引进来，创造良好的营商环境，让他们在我国进行创新和创业；同时，要鼓励基于超级规模的内需支撑中国企业“走出去”，寻找和利用所在国家的先进生产要素，服务于我国企业提升全球竞争力的需要。[①]

技术创新活动的出发点既可能是发明者或生产者的兴趣驱使，更可能是市场需求信息和盈利信号的激励。市场需求拉动技术创新，需要是发明之母，就是指需求方对产品和技术提出明确或潜在的要求，通过发明和创新活动，创造出适合这一需求倾向的适销产品。统计研究发现，有22% 的创新是由技术推动引起的，而由需求因素引起的创新占78%。[②] 因此可以推论，把这种新型的高水平的开放经济的发展与实施

① 刘志彪：“在新一轮高水平对外开放中实施创新驱动战略”，《南京大学学报（哲学·人文科学·社会科学版）》2015 年第2 期。

② Roberts E. D. , Management of Research, Development and Technology based Innovation, Cambridge: MIT Press, 1999.

创新驱动发展战略结合起来，在这一环境下必将会培育出我国企业参与新一轮国际竞争的动态优势。基于内需的全球化与自主创新战略之间的机制性联系，总结起来主要表现为以下三个方面。

第一，强大的内需将创造无数的商业成功的机会，高强度地吸引全球知识、技术和人才向本国流动。我国不断释放和起飞的内需，不仅对于一般的传统企业，也对于科技创新企业具有巨大的吸引力，对全球人才来说即意味着高水平的就业岗位和巨大的创业机会。在这个比较优势的激励下，如果我们可以不断地推进世界宜居城市建设战略，以优化制度环境为根本，以全球化企业为主体，大力虹吸全球先进的科技、智慧、知识和人才，中国创新驱动战略实施一定可以迅速取得成就。为此，我们要创造更为宽松自由的创业创新环境，让全球具有新理念、新思考、新思想、新知识的人才到中国发展，与中国本土知识、人才和企业交流，与国内创业创新的热情、政策、平台等因素充分地对接，这必将激发国内创业创新的活力动力，激发我国战略性新兴产业兴起的空间和动力。

第二，强大的内需将支持中国企业大规模地“走出去”，一是可以吸收本地的人才和技术；二是可以避开贸易壁垒进行全球竞争。这至少可以从四个层面来增强中国企业的国际竞争优势：一是推动我国具有全球竞争优势的企业转移产能和进行基础设施建设的合作。在这方面，我国高铁、电力、通信、工程机械以及汽车、飞机、电子等中国装备，已经完全具备走向世界、向新兴市场延伸的能力。二是依托强大国内市场的“母市场效应”①，除了提升产业国际分工和出口结构的水平外，还可以据此向发达国家企业外包知识性服务业，借助全球化网络利用国外

① Home Market Effect 中文为本土市场效应，是指在一个存在报酬递增和贸易成本的世界中，那些拥有相对较大国内市场需求的国家将成为净出口国。

各类人才的脑力，服务于国内企业竞争国际市场的需要，或为国内企业提升研发设计能力服务。三是可利用我国巨额的外汇储备，扩大和增强在国外的投资，与当地企业合作开发利用稀缺资源，增强我国企业在全球价值链上的产业控制力。四是我国企业可以有效利用资本纽带，全面嵌入全球创新链，成为这个链条中知识创新的一员，在相互学习中提升国内企业在全球创新网络中的地位。

第三，形成强大的内需市场将倒逼全方位对外对内开放，由此促进创新驱动型经济发展。一是形成强大的内需倒逼进一步高水平对外开放。形成强大的内需市场，对外贸、外资、外经、外智、外包等都形成了超大规模的需求，这些方面的开放不足不仅极大地影响内需市场作用的发挥，而且也制约着内需规模的扩大和结构的提升。二是形成强大的内需将倒逼国内市场的进一步开放，促进结构性改革的深入。内需不足是国内开放和改革不够导致的。扩大内需的各种举措倒逼政府改革，使其加快简政放权、负面清单改革，同时给民营企业松绑，给予其平等的发展机会。三是如果强大国内市场可以与区域经济一体化发展战略结合起来，就会起到更大的促进国内开放和创新驱动发展的作用。例如，长三角高质量一体化发展战略的实施，一个重要内容是要形成国内统一的区域市场格局，打通上海对外开放和对内开放载体之间的联系，形成浦东面向世界与浦西面向国内的联动格局。为此，要在长三角交汇处尽快启动高质量一体化发展示范区建设，并把其定位于为上海建设有世界影响力的科技创新中心服务，从而在对外开放中成为上海对内开放的新高地。

总之，我国新一轮全球化战略，要在高水平对外开放中实施创新驱动。这就要把过去在出口导向中的“模仿学习”方式转变为在“引进来”和“走出去”中的创业创新。创新驱动中的第一资源是人力资源，实质上是受制于人才驱动。全球智慧和资源主要是人力资源。在国内强大市场的背景下，提升我国的开放型经济发展水平，就是要得到更多的全球智慧和资源为我所用。努力促进创新创业型人才、技术、知识向我国集聚、集中、集结，增强他们在中国扎根的意愿，让他们的创新创业活力在国内形成社会氛围，激发国内全民创新创业热潮，这是在开放型经济条件下推进创新驱动发展的首要政策目标。

另外，我们也应该看到，人力资源虽然是生产力中最积极主动的要素，但是其有一种特殊性就是可移动性差。由于受国境线、生活习惯和文化差异等限制，国际人力资源跨国移动性相对不足。国际经济学认为，这种较差的可移动性是国家之间在生产率、产业结构和生活水平等方面存在巨大差异的主要原因。如果人力资本可以像其他生产要素那样快速、低成本地移动，那么国家之间就不会存在产业结构方面的差异，生产率鸿沟和收入差距也很快就会填平。由此可知，中美贸易战的核心不在于贸易，也不在于金融，而在于对全球科技和人才的争夺。阻止技术、人才进入中国市场并为中国创新经济服务，才是美国压制中国崛起的直接手段和目的。因此，在这种背景下，如果我们可以利用内需优势千方百计推进全球优秀人才向中国市场移动，就能够快速提升我国生产率，缩小与发达国家在产业结构、收入和福利水平上的差距。这一点应该成为当前和未来很长时期中发育和壮大国内强大市场、支撑我国创新驱动战略实施的主要政策目标。

四、以制度创新促进形成强大国内市场的主要建议

2019 年，国家发展改革委会同有关部门共同研究制定了促进形成强大国内市场的实施方案。此方案从促进汽车消费、补足城镇消费供给短板、促进农村消费、带动新品消费、扩大优质产品和服务供给、优化消费市场环境六个方面全面细化了促进形成强大国内市场的政策措施。

我们认为在当前条件下，国家有关部门出台的具体政策实施方案已经十分细致。本文则侧重于从制度改革方面，提出一些更为本质性的政策取向方面的思考和建议。

促进形成强大国内市场，关键问题在于供给端，在于提高要素生产率。因为只有生产率提高了，成本降低了，收入扩大了，市场规模才能扩大，需求结构才能升级。但壮大国内市场除了要考察促进生产性努力的制度因素外，我们还需要主要从以下三个方面分析制度创新问题。

第一，以强化竞争和推进区域市场一体化来促进形成强大国内市场。通过引入竞争制度和强化市场导向的改革，消除区域市场的行政壁垒，放大被市场非一体化压抑的潜在市场能量，形成超级市场规模效应。

潜在市场规模不等于现实市场规模。对一个具体的企业来说，中国的超级市场规模对它来说只是一个概念或环境，它要获取的是自己所在产业中能利用的规模经济效应。如果市场是分割的，那么即使产业加总的需求规模很大，但是支持企业达到最小最佳规模的市场需求条件也不一定会被满足。中外企业普遍认为，中国的市场性状是理论上计算的市场规模大，但现实市场规模小。除了人均收入水平和消费水平的限制外，其中的一个重要原因，是中国目前的市场并不是统一市场，不是充分一体化的市场，而是存在着比较严重的区域分割的市场，局部的区域市场经常不足以体现超级市场规模的优越性。这一状况与我国地方政府长期深入地干预市场活动、不惜代价地保护本地市场和本地企业的本位行为有直接的关系。

中国经济实践表明，习近平新时代中国特色社会主义思想在经济发展方面的重要体现之一，就是持续坚定地推动区域经济高质量一体化发展，以全国一盘棋的重要思路建设全国统一协调市场、放大超级市场规模效应。经济理论分析证明，在大国经济中，只有坚决地拆除地方政府出于本位利益动机而建构的各种有形与无形的行政壁垒，逐步减少其经济职能，防止其过度干预市场交易活动，鼓励企业充分竞争，才能在这种区域经济相互开放和一体化的基础上，逐步建设起统一、开放、竞争、有序的强大国内市场。① 强大国内市场是由超级大规模和结构上的复杂性两大因素构成的。其中，结构上的复杂性，就是指市场要素之间不是呈现为各自的独立性（如在行政分割的市场中，市场要素之间就是没有多少联系的），而是建立了比较稳固的有机联系，即市场秩序。因此，只有大规模的市场还不是国内强大市场，形成国内强大市场还必须加上有效率的市场秩序这个不可忽略的硬条件。

有效率的市场秩序往往通过三个途径来创造。一是明确地界定市场竞争领域与公共领域，在此基础上界定好政府和市场的职能，以及各自发挥作用的区间，最理想的条件是形成政府在公共领域强势，以及企业在市场竞争领域强势的“双强”体制机制；二是在市场竞争领域强调相互开放和竞争，以竞争政策作为基本准则或“根本大法”，作为协调和统领其他经济政策的基础，防止其他的经济政策有损市场的公平竞争；三是在公共领域强调政府有所作为，强调地区间制度建设上的协调、协商和协同，强调政府要在公共基础设施建设上的合作，坚决贯彻“成本共担、利益共享”的一体化机制和原则。

第二，以收入分配制度创新和改革促进形成强大国内市场。改善我国不断恶化的资本收益与劳动收益的比率，承认人力资本的剩余索取权，让民众分享国家发展成果，提高民众的支付能力。

目前我国消费类市场规模的扩张能力主要受制于收入分配的严重不均等格局。收入高的阶层边际消费倾向递减，而收入低的阶层虽然消费

① 国内市场统一是实施扩大内需战略的切入点和攻坚点，有学者就此研究了美国的历史经验。参见李黎力：“扩大内需战略下的国内统一市场建设——来自美国19世纪的经验”，《学习与探索》2012年第12期。

的欲望高，却无支付能力，因此扩大消费性的内需，关键在于通过收入分配改革，改善低收入者需求扩张的基本条件。中国在从温饱走向全面小康社会的过程中，收入分配的差距持续扩大，居民收入的基尼系数2000年就超过警戒线（0.4）。2003年至今，该系数从未低于0.46，2015—2017年由0.462升至0.467。[①] 我国收入分配差距的持续扩大，与市场秩序不够完善、城乡差距一直没有缩小、分配政策不力等都有直接的关系，但缺乏对财产收入与工资收入不对称的纠偏机制是其中基础的制度性原因。

其实，世界各国发达程度差别很大，但是往往居民工资性收入占GDP的比重却不会相差很悬殊。如中国人均国民收入只相当于美国的1/6，但是这个工资占比却都在50%上下。不过发展阶段不同的国家，其相对收入的差别主要体现在居民的财产性收入占GDP的比重上。如中国现在仅占3%，而美国达到25%。这个比率的低下，必然导致中国居民总收入占GDP比重要比美国低很多。由此决定了中国居民消费占GDP的比重要大大低于美国。[②]

中国的实际问题是，不仅居民消费占GDP比例较低，而且从中长期看还一直处于下降通道。国家统计局资料显示，这一比例2000年时为46.9%，到了2017年只有38.4%。而发达国家这一指标普遍在60%上下，如美国为68.8%、日本为55.7%、法国为54.1%、德国为53.1%。[③] 过去在高速度经济发展阶段，我国的内需增长主要取决于国民收入的高积累率，即主要来自每年新增加的投资量。当前和未来的相

---

① 刘志彪：“现代化经济体系建设中的重要瓶颈和政策重点”，《中国经济问题》2019年第2期。

② 研究者发现，财产性收入能够明显提高家庭消费支出，因此应该多渠道提高财产性收入。参见易行健、朱力维、杨碧云：“财产性收入对家庭消费的影响——基于CFPS数据的实证研究”，《消费经济》2018年第3期。

③ 刘志彪：“现代化经济体系建设中的重要瓶颈和政策重点”，《中国经济问题》2019年第2期。

当长时期内，我国因地产泡沫、金融系统债务、产能严重过剩等因素制约，政府的投资能力受到了很大的限制，继续依靠政府投资扩张内需的边际能力已非常有限。

因此在进入高质量发展阶段后，经济发展的新动能应该由投资转化为消费，让消费壮大和消费结构升级作为驱动内需增长的主导力量。把中国经济从出口大国、投资大国转变为消费大国，必为制造业转型升级打开新的空间。为此，关键是要提高居民收入占国民收入的比重，提升居民消费在整个 GDP 中的比重。其中，最根本的在于提高居民的财产性收入占比。

一是在理论上承认人力资本对价值创造的贡献。根据马克思主义价值创造理论，只有活劳动才能创造价值，物质资本只转移价值但不创造价值。因此，如果人力资本不能参与所创造的价值的分配，就不能从理论上实现逻辑自洽。

二是在实践中必须打破只有物质资本才拥有剩余索取权的现状，让人力资本也适当地参与利润的分配。这不仅可以缩小日益加剧的收入分配差距，而且可以实现资本所有者与劳动者之间的利益均衡，缓解劳资对立的尖锐矛盾。

三是分配与再分配政策体系要进行重大调整。过去强调生产要讲效率，分配要讲公平；现阶段要努力实现共同富裕，以公平促效率。这就要求不仅再分配要作为公平调节的手段，在初次分配阶段也要讲究公平，尤其是要形成市场主体之间公平竞争的环境和基础。当前，初次分配阶段市场主体之间竞争环境的不公平，是我国收入分配失衡的重要原因之一。

四是要大力完善居民增加财产收入的主要机制。现在居民理财的主要渠道是房地产。居民主要收入都集中到这一渠道，从宏观经济运行的角度看是非常危险的。一旦房地产泡沫破裂，居民财富和国民经济将受到重大损失。根据市场经济国家的经验，建设资本市场强国将有助于完成居民财富积累的任务。中国经济持续增长了四十年，已经到了让人们分享发展的巨大成果的时候了。为此要尽快扭转资本市场单一的融资功能，以增加居民财产收入为中心进行制度创新，改革其内在功能和外在运行形式。

第三，以平等各类所有制企业竞争条件为重点，提高民营企业的投资愿望和投资能力。这是扩大内需、壮大国内市场的重要措施。目前在投资需求方面，下降最快的是民营企业的投资愿望和投资能力。问题的根源是各类所有制企业竞争条件不均等的情况日益严重，民营企业发展遇到了空前的困难。破除各种针对民营经济的歧视，是扩大投资性内需的正确选择。

我国经济结构存在着重大失衡的一个重要表现，是产业间的收益率严重失衡。2009—2018 年，我国工业的平均毛利率一直维持在 12%—15%、房地产业在 30%—40%，金融业 2009—2014 年在 18%—25%，2014 年之后，其毛利率从 22% 左右上升到 2017 年的 60% 左右，目前在 50% 左右。[①] 中国从事制造业的上市公司，净资产收益率普遍在 3%—6%，这种资本收益率甚至连银行贷款利率也难以弥补。因此，实体经济投资不足、产业结构严重失衡就是十分自然的事情。

产业经济学理论告诉我们，如果一个部门长期存在着超额的资本收益率，那么这个部门一定存在着严重垄断因素阻碍要素流入[②]，如牌照管制会成为金融进入的高障碍因素，使其获取高利润。或者，产业中存在着严重的资本退出壁垒，如国有企业云集的煤炭、钢铁、水泥、电力等部门，因企业无法在供给过度的市场中正常退出，出现了产能严重过

① 刘志彪："现代化经济体系建设中的重要瓶颈和政策重点"，《中国经济问题》2019 年第 2 期。

② 张伯超、邸俊鹏、韩清："行业资本收益率、资本流动与经济增长"，《财经问题研究》2018 年第 8 期。

剩、企业严重亏损的问题。因此，平等企业进入和退出条件，就是缓解产业非均衡状态、提高企业投资愿望和投资能力需要考虑的政策重点。

一是要树立按中国法律注册、在中国境内经营的企业都是中国企业的现代观念，取消按所有制分类管理企业的落后做法，平等国有、民营、外资企业等市场主体的竞争条件，打破某些主体享有的超国民待遇，促进利润率趋向平均化的市场信号出现。

二是要加大对内开放尤其是对民营企业开放的力度。现实中存在的各种针对民营企业的“卷帘门”“玻璃门”“旋转门”“弹簧门”等，都是对内开放不足的主要表现。长期对内开放不足，已经影响了对外开放的深入进行，如对外资与本土企业之间开放的严重不均等将抑制民营企业的发展能力。民营企业长期长不大，不仅在打开国门后无法形成与外资企业的竞争态势，而且也难以有能力“走出去”“走进去”和“走上去”；不仅限制了国内市场需求的扩大，也抑制了利用这种内需虹吸外国先进生产要素尤其是科技人才、技术的可能性。打破这些限制，让民营企业能按照盈利信号主动进入需求有前景的产业，实现进入退出市场的自由，将极大地提高民营企业的投资意愿和能力。

三是宏观上不仅要加强总供给与总需求的均衡管理，更要加强资产需求和资产供给之间的均衡管理。当代的中国经济宏观上的特点表现为：总供给与总需求之间的关系将长期呈现供过于求、产能过剩的态势；宏观管理的重点已经从对商品和服务供求关系的调节转向了对资产供求的调节。这个关系处理不好，将导致严重的资产泡沫，并危害实体经济的生存。例如，居民理财上的“资产荒”，导致居民集中投资于房地产。这一行为偏向，一方面广泛地虹吸和压制了居民的消费能力，导致对其他部门的需求一蹶不振；另一方面引发以房价持续过高为特点的房地产泡沫，并引诱实体经济企业纷纷放弃实业投资于房地产。为此需要注重资产供应的管理，加大对居民理财行为的引导，通过金融制度创新为社会提供足够的优质资产供应，以此来平抑社会对资产的旺盛需求。当前和未来一段时期，要高度重视对以房地产炒作、金融为代表的虚拟经济活动的调节，防止其在资产短缺时代出现价格过高的泡沫经济状态。

建设国内统一大市场的重要意义与实现路径[①]

面对复杂多变的国内外形势，国内统一大市场是形成新发展格局的最可靠的战略资源，是可以利用的比较优势甚至是绝对优势。建设国内统一大市场的基本路径是要强化竞争政策的作用，中长期的突破口在于改革和优化地方政府的职能，破除“行政区经济”的形成基础；而短期的突破口，一是要消除政策歧视，提倡公平竞争，二是推进区域高质量一体化发展国家战略。

新发展格局形成需要有国内统一大市场作为基本的支撑条件和机制载体。过去在出口导向型经济全球化战略下，我们的经济增长利用的是国外尤其是西方发达国家的市场。如今在“双循环”新发展格局下，我们既要利用自己的市场来拉动中国经济增长，也要为世界经济复苏和繁荣贡献中国力量。

2020 年 9 月，中央财经委员会第八次会议明确指出，要“加快完善国内统一大市场，形成供需互促、产销并进的良性循环，塑造市场化、法治化、国际化营商环境，强化竞争政策作用”。这给出了建设国

① 本文系国家高端智库建设培育单位长江产业经济研究院 2020 年度课题“提升产业基础能力和产业链现代化水平的思路与对策研究”阶段性成果。本文原载于人民论坛网，2021 年 1 月 25 日。

内统一大市场的战略意义、目标和路径：建设国内统一大市场的目的是促进经济循环；国内统一大市场的建设目标是市场化、法治化、国际化；建设国内统一大市场的基本路径是需要强化竞争政策的作用。

一、国内统一大市场及其特征

国内统一大市场指的是在全国范围内，在充分竞争以及由此形成的社会分工基础上，各地区市场间、各专业市场间形成了相互依存、相互补充、相互开放、相互协调的有机的市场体系。在这种市场体系下，商品和要素能够按照价格体系的调节，在各行业、各地区间自由地、无障碍地流通或流动，市场封锁、地方保护等现象基本消除，从而实现资源在全国范围内顺畅流动和优化配置。这种价格体系既能够调节全国商品和要素的供求关系，反过来这种供求关系也能调节价格体系。

与国内统一大市场相反的状态是“市场分割”，它表现为地区间市场各自为政、相对封闭，跨地区的经济往来等受到阻碍，资源流动不畅，经济效率较低。引起市场分割的因素有很多，主要包括自然和人为两个方面。前者如气候、自然资源、地理地貌特征等，后者如政府权力机构的行政垄断和企业运用市场势力的垄断等。因此，构建国内统一大市场，主要应该规制反垄断行为，尤其是要限制行政垄断行为的行使。

商品和要素在全国范围内流动无障碍，是直接反映国内统一大市场建设要求和水平的基本标准。但是这种直接衡量方法往往比较复杂，因此，经济学家一般用所谓的“一价定律”来简单衡量。它的基本原理是：由于商品和要素可以自由流动，因此地区间通常不可能存在除必要流通成本差异之外的价格差异，反过来可以说，商品或要素在国内各行业、各地区间自由地、无障碍地流通和流动，必将降低地区间的价格差异。因此，同一种商品或要素的地区间价格差异，可以被用来衡量市场的统一或一体化程度，地区间价格差异越小，说明市场摩擦（市场垄断、市场封锁、地方保护等现象）越小，市场的统一或一体化程度越高。

综合来看，统一性、开放性、竞争性和有序性是国内统一大市场的四个显著特征。在社会主义市场经济条件下建设国内统一市场，有四点需要强调：

其一，集中统一领导与形成国内统一大市场之间并不矛盾。有些人认为，统一大市场是独立、分散、自主协调的机制，这与党对经济工作的集中统一领导是有冲突的。其实这恰恰是社会主义市场经济体制的优势和特点。坚持党中央权威和集中统一领导，是中国特色社会主义政治发展道路的历史必然，是推进新时代党和国家各项事业发展的根本原则，是为了宏观调控和协调市场、管理市场秩序，在市场运行中更好地发挥政府作用。建设和维护好国内统一大市场，则是为了发挥市场在资源配置中的决定性作用，这两者是纵横之间的补充关系和依赖关系，而不是替代关系和独立关系。

其二，地方政府职能改革和优化，是形成国内统一大市场的关键。在我国过渡时期的经济发展中，地方政府的职能被塑造为一个“准市场主体”，这是中国经济运行中存在“行政区经济”现象的主要原因。对“行政区经济”妨碍国内统一大市场建设的问题，国内外学界的分析成果很多，但是如何克服这个冲突，却并无来自实践的答案。一般认为，把地方政府的发展功能逐步改造为公共服务功能，是可以选择的重要出路之一。但是这种思路没有解决体制转轨发展中大国的发展动力问题。如果仍然需要依靠地区竞争来解决现代化的赶超问题，那么地方政府的“准市场主体”地位和职能就无法替代，相应地，国内统一大市场的建设也需要有新的思路。

其三，主权国家内部统一市场的建设，也是一件很困难的事情。一般认为，一个主权国家内部在货币制度、市场监管、税收征缴、社会治理等方面都遵循统一的法律制度，因此，市场一体化和统一市场建设的障碍，通常要比国际市场小得多。如一体化程度较高的欧盟，虽然货币也实现了统一，但是由于财政政策的不统一，使欧盟至今仍然处于严重的分离状态。但是从长三角、珠三角以及京津冀等地推进区域经济一体化协调发展的实践看，即使我们在统一的法律制度下实施统一的政策，市场一体化和统一市场的建设也面临一些困境。

其四，国内统一大市场内部不同的专业市场，其发育和发展的进度和难度各不相同。改革开放以来，消费品市场和一般生产资料市场的建设，取得了巨大的成功，目前97% 的商品和服务已由市场定价，这些市场高度开放、充分竞争、通达高效，但是要素市场，尤其是土地市场、资本市场和高级劳动力市场，总体上处于发育不良、功能不完善的滞后状态。按照《中共中央　国务院关于构建更加完善的要素市场化配置体制机制的意见》的部署，下一步改革的方向是，凡是能由市场形成价格的都要交给市场，政府不进行不当干预，通过市场竞争形成价格，进而调节供求关系，优化资源配置。推动政府定价机制从定价格向定规则转变，最大限度发挥市场的决定性作用。

二、国内统一大市场建设的目的和战略意义

国内统一大市场的战略意义和价值，主要从取得规模经济和范围经济的角度来分析。著名的斯密定理揭示了“分工取决于市场规模，而市场规模又取决于分工”的基本原理。统一大市场的功能和作用，除了推动增长、促进分工、虹吸资源、创新激励等，还被现代国际贸易理论用于描述本地市场效应驱使的产业集聚及其相应的促进出口方面：某种产品需求大、属于该产品的大市场，便会吸引追求规模经济的生产者

进入，进而在该产品出口方面营造出一种天然的优势，成为产品出口的有力竞争者。由此不仅从需求方面解释了产业集聚，而且揭示了国际贸易产生的另一个重要基础：特定产品的国内大市场是对外出口的重要依托。引申到实践中就是，工业化国家人均收入高，由此决定国内市场巨大，因此在许多产品制造与出口方面享有本地市场效应。

如今，中国经济进入高质量发展阶段，国内统一大市场是我国发展战略修正和转换的最可靠的战略资源，是我国可以依靠的比较优势甚至绝对优势。过去我们的比较优势是要素的性价比高，现在除了新型举国体制，就是国家的超大规模市场。因此，国内统一大市场是我国实现社会主义现代化目标的最重要的手段和工具。它可以与飞速发展的信息化、网络化结合，成为拉动或推动重大的技术进步、结构变迁和社会演化的主要力量。当前，国内统一大市场具有三项重要的功能和使命：

第一，通过推动统一大市场建设，为中国经济实现长期的高质量发展提供动力。首先，统一大市场建设可以破除要素流动的一切体制机制障碍，推动要素在更大范围内自由流动，使其进入效率最高的企业、地区和行业，这是推动经济发展质量变革、效率变革、动力变革，建设现代化经济体系，增进民生福祉的最重要措施。如近代美国通过铁路网的建设，将东、西海岸连接到一起，促进了商品、资金在地区间的流动，奠定了大国经济循环的基础。其次，统一大市场建设排除了对市场分割的人为歧视因素，限制了市场垄断、行政垄断对企业参与公平竞争的制约，使企业可以以效率而不是其他因素获得竞争优势，这就大大地提高了经济运行的质量。最后，统一大市场建设既可以利用庞大市场能力支撑精细化的社会分工，又可以在分工基础上利用规模经济来降低成本，从而进一步扩大和强化专业化分工并提高生产率。综上所述，在当今全球经济竞争格局日趋复杂和激烈的背景下，中国推动国内统一大市场的建设，必将直接优化资源配置，为中长期经济增长创造巨大动力和良好的市场条件。

第二，通过推动统一大市场建设，我们可以依托这个市场转变经济全球化战略。“双循环”新发展格局的重点在“循环”：只要打通各种人为的、制度的堵点，让市场循环起来，其他都是企业的微观自主选择。在当前全球产业链重组的背景下，利用内需问题就成为能否正常循环起来的核心问题。如果说，过去的经济全球化是利用西方市场进行的客场全球化，那么当前的“双循环”新发展格局就是基于内需的经济全球化，是一场利用自己的市场、在主场进行的经济全球化。简单来说，就是中国下一步的经济全球化，要从利用别人的市场转变为向全球提供和开放自己的市场。这种在主场进行的全球化战略，与过去的基于出口导向的经济全球化之间有很多差异，如后者主要是通过招商引资等手段来实现出口导向，而前者是对全球创新资源的利用，重点是利用本国市场提供的机遇吸收全球人才和技术；后者只需要进行对外开放，把自己打造成出口加工制造生产平台，通过对外开放来倒逼国内改革，前者需要对内开放与对外开放共同进行，而且对内开放的重要性和紧迫性一点也不亚于对外开放。因为对内开放度不足，会极大地限制国内市场转化为全球市场，从而影响战略的实现。可见，主场经济全球化的基本前提是形成一个强大的统一大市场，具有超大市场规模的优势，这个市场才可以给全球的资源和要素提供更多的机会。

第三，通过推动统一大市场建设，加快形成创新型国家。主场经济全球化战略的贯彻落实，将培育出我国企业参与新一轮经济全球化的新的动态竞争优势。它的内涵主要有：一是高水平地“引进来”。“引进来”的主要是由庞大市场提供机遇的人力资本、技术资本和知识资本。这些资本的特性是可移动性弱，由此导致国家间产业结构高低的不同。发达国家人力资本、知识资本密集，因此主要从事高技术知识密集型产业，而发展中国家只能分工于低端的劳动密集型产业。如果可以给这些知识资本和人力资本提供更大的发展机遇，促进其跨国移动，那么机会的提供国将聚集起巨大的创新要素，从而可以迅速拉平与发达国家产业结构和人均收入的差距。二是大规模地“走出去”。“走出去”的目的，既是推动我国品牌企业参与境外基础设施和产能合作，推动中国装备走向世界，也是就地利用所在国的人力资本和知识资本，一方面为其提供就业岗位，另一方面为中国企业发展创新经济服务。总之，在国内强大市场的背景下，主场全球化战略的实施，就是要得到更多的全球智慧和资源为我所用。

三、构建国内统一大市场的主要障碍与破解思路

从各地实践看，具有“行政区经济”总体特征的国家，在构建统一大市场时的主要障碍，一是来自具有“准市场主体”地位的地方政府，它们可以行使分割市场的行政垄断行为；二是来自具有市场势力的垄断企业，它们也具有分割市场的行为能力。

转轨时期具有“准市场主体”地位的地方政府，经常行使三种分割市场的行为：一是各地各自为政、竞相比拼政策优惠，制定一些违反国家法律法规的区域性土地、税收等优惠政策，结果形成了地方性的市场壁垒；二是依据所获得的税收、产值等本地利益，实行地方保护的财政补贴政策和各类优惠政策，结果造成对外地企业的歧视和排斥；三是在本地举行的各种招投标活动中，限制、排斥外地企业参与，规定各种有利于本地企业中标的政策。这些内容本身都是市场分割的重要表现。

具有市场势力的垄断企业行为，当前也主要有三种：一是地方政府借助于国有企业行使行政垄断权力，如或明或暗地规定某类业务必须让具备某种特殊资格的国有企业去做；二是某些在关键技术、品牌或者渠道等方面具有市场势力的企业，尤其是某些外资企业利用市场势力行使

攻击、压榨国内竞争对手和产业链上下游企业的行为；三是利用市场以及相关管理制度的不完善，大肆进行不公平、不公正交易，对消费者行使诈骗、压榨、盘剥等行为。

应对具有市场势力的垄断企业行为，总体看来比较容易。只要各级政府和法院站在全国统一市场的高度，认真贯彻执行国家颁布的《中华人民共和国反垄断法》，各种非法的不当交易、不公平交易、不公正交易，以及利用市场势力行使的各种垄断行为，都会在市场发展过程中逐步减少。问题在于如何保证各级政府和法院能够站在全国统一市场的高度，打破市场分割、地区封锁和利益藩篱？考虑到行政权力对市场的强制是一种超经济因素的力量，只有内在改革动力和外在的倒逼机制相结合，才能真正推动地方政府改革。因此建设国内统一大市场的基本路径，就是要真正地强化竞争政策对各类市场参与主体的作用，使其在市场经济中适当地行使两类与区域协调、一体化发展有关的合法权利：一是就跨区域公共产品和服务的提供问题，如规划、交通、环保、科技创新联合等，加强地方政府间的政策协同和配合；二是贯彻执行国家统一的竞争政策，扫除地区行政和政策壁垒，并用于规制企业组织的市场行为。解决这些问题是今后一个时期我国统一大市场建设的主要方向。

围绕着这一目标，从中长期来看，真正的突破口在于改革和优化地方政府的职能，破除行政区经济的形成基础。这是一个极其复杂的问题，这里只能作简要阐述。总的来看，改革目标是在经济由高速增长阶段转向高质量发展阶段的背景下，淡化地方政府的经济增速目标，强化人民对美好生活向往的目标，使地方政府由目前的承担经济发展职能为主的配置结构，转化为区域性公共产品生产和福利提供者为主的职能配置结构。只有如此，地方政府才会消除市场分割、地区封锁和利益藩篱的内在动机，才能减少对市场活动的直接参与行为，增强建设维护统一大市场的全局意识。为此，必须进行包括政绩评价考核体系、中央与地方财权事权重新划分、机构设置和优化、财政来源以及干部配置和晋升等在内的一系列的系统配套性改革。

围绕这一目标，从短期来看，第一个突破口便是清理包括税收优惠在内的一系列优惠政策，消除政策歧视，提倡公平竞争。针对过去一些地方政府竞相出台优惠政策招商引资进行恶性竞争，造成产能严重过剩等体制性顽疾问题，党中央、国务院积极推进“放管服”改革。其中一个要点，是要清理和废除妨碍全国统一市场和公平竞争的各种规定和做法，实行统一的市场监管，严禁各类违法实行优惠政策行为，反对地方保护和权力支持下的不正当竞争。2014 年 12 月，国务院印发《关于清理规范税收等优惠政策的通知》，全面清理已有的各类税收等优惠政策，要求及时查处并纠正各类违法违规制定税收等优惠政策行为。第二个突破口便是推进区域高质量一体化发展国家战略，鼓励在战略指导下，从过去强调经济竞争走向竞争基础上的合作和协同。这是构建全国统一大市场的重要措施。

参考文献

刘志彪、徐宁：“统一市场建设：长三角一体化的使命、任务与措施”，《现代经济探讨》2020 年第 7 期。

从分割走向整合：推进国内统一大市场建设的阻力与对策[①]

构建统一开放、竞争有序的全国大市场，是重塑大国竞争优势、构建新发展格局、提升产业链现代化水平、实现区域经济协调发展的基础。当前中国的市场分割主要表现为转轨时期政府的各种干预市场的选择性行为，如地方政府主导型产业政策、产权交易市场壁垒、商品和要素市场分割等。“为增长而竞争”的激励机制、区域倾斜政策和不规范的优惠政策、财政分权体制下的地方互动策略、小国贸易条件下的对外贸易偏好、政府合作机制虚化等因素，是形成“行政区经济”现象的直接原因，而更深层次的原因，则与追赶型战略决定的增长体制有密切的联系。本文据此提出，中国现代化战略目标决定了速度型赶超要让位于效率和质量型赶超，地方政府的经济职能和发展的动力机制还需要充分利用。现阶段可先从改造地方政府的目标偏好函数、改革地方政府主导型产业政策的实施方式入手，未来要逐步实现赶超型政府向服务型政府、建设型财政向公共财政的转变。当前要制定地方政府直接干预市场行为的负面清单；要分区域、分层次推进全国统一大市场建设；按照要素的公共性分类，先易后难地推进要素市场建设；要兼顾中央统一集权

① 本文所属基金项目为国家自然科学基金青年项目“我国城市群协同创新网络研究：结构特征、形成机制与绩效评估”（批准号 72003087）。本文原载于《中国工业经济》2021 年第 8 期。合著者孔令池，南京大学长江产业经济研究院助理研究员，经济学博士。

与地方发展积极性，实现央地关系的法治化；要鼓励企业跨地区兼并收购，强化市场一体化的微观基础。

一、引言

国内市场分割现象一直是政产学各方面普遍关注的重要问题，中国改革从冲破计划经济体制的条块分割伊始，就一直在努力地形成市场体系并发挥市场对资源配置的调节作用。1980 年，《国务院关于开展和保护社会主义竞争的暂行规定》就明确提出，开展竞争必须打破地区封锁和部门分割。此后相继制定并实施了《中华人民共和国反不正当竞争法》《中华人民共和国反垄断法》，等等。2013 年，党的十八届三中全会指出，“建设统一开放、竞争有序的市场体系，是使市场在资源配置中起决定性作用的基础”。实践中我们发现，计划体制遗留下来的市场分割问题，尤其是要素市场的建设问题，迄今为止并没有得到根本解决。

进入中国特色社会主义建设的新时代，加快构建统一开放、竞争有序的全国统一大市场的重要性，随着国内外形势的迅速变化而日益凸显。2020 年 9 月，中央财经委员会第八次会议明确指出，要“加快完善国内统一大市场，形成供需互促、产销并进的良性循环，塑造市场化、法治化、国际化营商环境，强化竞争政策作用”。显然，加快建设国内统一大市场是完善社会主义市场经济体制的重要内容，对构建以国内大循环为主体、国内国际双循环相互促进的新发展格局具有基础性的战略意义。这就把建设国内统一大市场的任务，放到了政策选择中最重要的地位。

学术界对中国经济运行中的市场分割和统一大市场建设问题进行了长期研究。如 Young（2000）把中国现阶段存在的市场分割现象，理解为传统计划经济向市场经济转轨过程中的特征性现象。众多学者（银温泉和才婉茹，2001；李善同等，2004；范子英和张军，2010；曹春方等，2017；付强，2017）认为，在体制转轨时期造成市场分割的原因有很多，有纵向政府治理方面的原因，如按行业、企业规模、所有制、地区等标准制定不同的管理政策，导致各市场参与主体的政策不平等，由此造成市场条块分割；也有横向政府治理方面的原因，如突破国家统一政策的规定，按行政边界制定本地利益最大化的“逐底竞争”政策，限制要素和商品流动的政策等，由此造成市场的“块块”割据；还有市场结构方面的原因，如平台型企业行使垄断性市场势力，造成市场非一体化现象，等等。本文将重点考察由横向政府治理方面的原因导致的市场分割问题。这种选择的目的在于篇幅的限制，并不意味着其他问题不重要。

本文认为，中国在统一大市场建设的过程中，将遇到许多与国情相关的特殊问题。过去，中国长期存在的市场分割，与实施增长速度追赶的战略以及与此配套的体制机制有深刻的联系。追赶型增长体制需要充分发挥政府的能动作用，有时甚至替代市场的功能。随着开启全面建设社会主义现代化国家新征程，进入新发展阶段后中国仍然要坚持追赶战略来实现既定目标，但是过去的速度型赶超战略，应该及时地让位于质量型和效率型赶超战略。这将对未来深化经济体制改革，尤其是推进国内统一大市场的建设提出新的更高的要求。在实现新一轮战略赶超的过程中，需要转换政府的发展目标和行为方式。如在现阶段的政府治理上，需要根据市场分割现状对实现高质量发展的阻碍程度，详细列出地方政府直接干预市场行为的负面清单，坚决限制各种分割市场的行为，在实质上推进基于市场驱动的增长方式转型。

鉴于上述考虑，本文将重点研究与国内统一大市场建设相关问题，主要有：国内统一大市场的实质性内涵、特征与作用是什么？当前市场分割的现象，其表现形式和程度如何评估？影响和阻碍国内统一大市场形成的直接和深层次原因究竟是什么？现阶段和未来推进全国统一大市场建设的根本措施是什么？

二、国内统一大市场：概念、特征与作用

国内统一大市场指的是中国国内市场形成了规则统一、竞争充分、高度开放、运行有序的基本格局，具有规模巨大、结构完整、功能强大、机制灵活和环境优化等内在性质，可以依托它顺利地实现国内外经济循环和扩大再生产。

其中，规模巨大，是指市场容量具有超大规模的优势，可以依托于其实现经济目标。疆域广阔、人口众多等是形成国内统一大市场的必要条件，但这只是形成超大规模市场的必要条件，真正形成超大规模市场，还必须具备人均收入不断增长并达到一定阈值的条件。结构完整，是指市场的门类齐全，不仅要有完善的商品市场，更重要的是要有要素市场，由此实现资源、商品和要素的最优联动配置。功能强大，是指市场不仅具有高效率的信号传递功能，还要有引导资源有效配置的激励功能，以及有利于社会稳健发展的收入分配调节功能。机制灵活，是指市场价格机制和供求机制可以实现双向调节，不仅能准确地反映和灵活地调节供求关系，而且供求关系也可以反过来反映和调节价格关系。环境优化，是指市场能够最大限度地为企业降低各种制度性和非制度性交易成本，提高企业国际竞争力。

国内统一大市场具有统一性、开放性、竞争性和有序性四大特征。其中，统一性是指市场的非分割、整体性特征；开放性是指市场的非封闭、与外界可交换能量的特征；竞争性是指市场的非垄断性、公平交易的特征；有序性则是指市场在运行中表现出来的稳定性、规则性、重复

性和因果关联性。

统一性的反面是分割性。它表现为资源和要素的流动被某种力量或势力阻碍，市场关联性弱，经济效率差。导致市场分割的因素主要包括自然和人为两个方面。前者如气候、地理地貌特征等；后者如行政权力和企业市场势力等垄断因素。前者主要构成市场运行中的物流成本，尤其是运输成本；后者则构成市场运行的交易成本，主要是由制度性摩擦引起的。前者可以通过加大基础设施投入等措施来缓和或解决；后者则需要进行制度性改革，尤其是要通过竞争法来限制各种垄断行为。商品和要素在全国流动的障碍因素和摩擦成本，可以衡量国内市场的统一性程度和水平。其中，“一价定律”的衡量方法最为简单。在商品和要素可以自由流动的区域内，各地区间通常不可能存在除必要流通成本差异之外的价格差异；反过来，商品或要素在国内各行业、各地区间自由地、无障碍地流通和流动，必将降低地区间的价格差异。因此，同一种商品或要素的地区间价格差异，可以被用来衡量市场的统一性程度，同类商品和要素的地区间价格差异越小，说明该类市场的摩擦程度越小，市场的统一性或一体化的程度越高。

开放性的反面是封闭性。封闭性是指系统与作为环境的其他系统不进行物质、能量、信息的交换。只有与其他系统不断地进行物质、能量、信息交换，从外部获得的能量大于系统内部消耗散失的能量，系统才能不断发展壮大，才能从低级向高级、从简单到复杂、从无序向有序地不断优化和动态发展。因此，市场体系的对外开放，是系统的生命活力所在。尽快形成新发展格局，不是以利用内需为由反对市场开放，而是要以国内统一大市场的建设进一步推动对外循环，以国内市场潜力、吸引力为全球经济创造新机遇、新动力和新市场。总的来说，现在的中国市场不是对外开放不足，而是对内开放不足，尤其是对民营经济和公民开放不足。形成国内统一大市场，意味着中国不仅要进一步对外开放国内市场，而且要进一步实行高水平的对内开放。

竞争性的反面是垄断性。垄断性是指买卖双方在一种市场势力不对等的状态下进行交易，只有一家或者少数买方或者卖方。它有三种表现形态：自然垄断、经济垄断和行政垄断。其中，自然垄断出现在具有网络性经营特点的行业，如电网、自来水、煤气管道等。这些行业由一个厂商来生产全行业产品，其总成本比由多个厂商生产的总成本低，因此独家生产比多家竞争更有效率。经济垄断是指企业依靠技术、专利以及经营策略等取得垄断地位。这种垄断地位在绝大多数情况下不仅不需要反对，而是需要鼓励，因为它往往是自由竞争、技术进步和经济效率的产物。经济垄断只有当它对市场公平性构成威胁时，才需要用竞争法管制。行政垄断是指采用或借助于行政力量实现的市场垄断，包括地区封锁、地方保护、设立行政性垄断公司、政府限定交易等。中国市场现在的状况是行政垄断与企业经济垄断叠加，而且行政垄断的痼疾难除。

有序性的反面是无序性。无序性是指具有无法重复实验，或重复试验后无法得出相同结果，或无法运用科学手段找到规律性原理的现象或特征，表现为不稳定性、不规则性、随机性和彼此间的无关性。人类对市场经济的理性认知，在于认为市场运行有其内在的必然规律性，由此构成市场经济的本质。人们通过学习和实践，掌握了有关市场经济运行的规律性，如价值规律、供求规律、周期规律等，就可以在尊重市场规律的基础上进行有力的政府干预，从而实现市场的有序运行。目前中国市场运行的现实问题，不是呈现为无序性和混乱性，而是管制过多、政府职能错位等导致的低水准的有序性。

目前，中国建设具有统一性、开放性、竞争性和有序性特征的国内统一大市场，其作用主要体现为：

（1）重塑大国竞争优势。大国优势的形成，主要在于因其“大”而导致的规模经济与分工优势。著名的斯密定理认为，市场的规模与分工的发展相互决定、互为因果（亚当·斯密，1776）。以国内统一大市场重塑地区分工格局，能够促进规模经济效应的实现，提升全球竞争优势。然而，由于存在市场分割效应，长期以来中国虽然是超大规模国家但一直没有形成一个超大规模的统一市场，无法享受到超大规模国家所具有的独特竞争优势（刘志彪，2019a）。因此，促成将中国地区分散狭窄的市场聚合为国内统一大市场，有利于释放大国发展的潜力和规模红利，获取大国内部的知识溢出和知识创新效应，进而对世界经济成长产生巨大的拉动作用，甚至在一定程度上可以左右全球经济贸易关系以及经济运行趋势。

（2）构建新发展格局。过去，中国的经济增长主要依赖于政府投资和出口拉动。表 1 显示，中国的资本形成率偏高，远远高于各类国家平均水平，超出高收入国家平均水平的 1 倍。以政府财政作为保证的大规模投资是难以持续的。2008 年全球金融危机后，中国的外部需求明显回落，外贸依存度已低于各类国家的平均水平。进一步地，从消费率看，中国的家庭消费率偏低，远远低于低收入国家、下中等收入国家和高收入国家的平均水平，仅略高于上中等收入国家的平均水平。由此可见，形成内需经济的稳增长，仍有巨大的发展空间。

表 1　　2010—2019 年中国与各类国家的资本形成率、家庭消费率和外贸依存度

单位：%

国家收入水平	资本形成率	家庭消费率	外贸依存度
低收入国家	24.13	73.00	55.56
下中等收入国家	28.36	64.17	56.82
上中等收入国家	31.80	50.75	49.40
高收入国家	21.59	59.30	62.52
中国	44.56	53.39	41.99

资料来源：根据世界银行统计数据计算。

现在看来，构建新发展格局的前提和基础条件，就是要建立统一的国内大市场，充分发掘内、外两个大市场规模经济效益的潜力，推动以利用他国市场为特征的“客场”经济全球化模式，转变为利用内需为主的“主场”经济全球化模式（刘志彪和凌永辉，2020），使生产、分配、流通、消费各环节更多依托国内市场，实现高水平自立自强，成为经济长期增长的重要动力。

（3）提升产业链现代化水平。过去，中国依托于“客场”经济全球化模式下的出口国际代工，迅速发展成为“两头在外”的“世界工厂”，但难以避免地被锁定在全球价值链的低端环节。近年来的中美贸易摩擦中，美国越来越倾向加大对中国实施封锁、围堵、打压和遏制的力度，使中国部分核心技术缺失的产业领域面临诸多“卡脖子”问题。新冠肺炎疫情的全球蔓延，进一步加剧了全球产业链的重组趋势，各国纷纷采取措施鼓励企业内向化发展，致使全球产业链有可能会出现严重的脱钩与断裂。

实施基于内需的“主场”经济全球化战略，是未来参与全球产业竞争的重要战略选择。2019 年 8 月，中央财经委员会第五次会议指出，要充分发挥集中力量办大事的制度优势和超大规模的市场优势，打好产业基础高级化、产业链现代化的攻坚战。如果说过去低价优质的生产要素是比较优势，那么国内统一大市场将成为新的动态比较优势。国内统一大市场的形成，可以据此“虹吸”全球先进生产要素，促进基础产业的创新发展（刘志彪，2019b），建立门类齐全、竞争力较强的产业体系，培育本土企业的自主技术和自主品牌，实现上下游、产供销有效衔接、高效运转，进而促进产业链现代化水平的提升。

（4）实现区域经济协调发展。当前中国经济发展的失衡，不仅表现为收入不平等，还体现为区域经济发展不平衡。区域经济发展不平衡严重影响资源要素空间配置效率、人民福利以及经济长期增长（刘志彪和张少军，2008；Wilkinson 和 Pickett，2009）。2018 年 11 月发布的《中共中央　国务院关于建立更加有效的区域协调发展新机制的意见》明确提出，要“立足发挥各地区比较优势和缩小区域发展差距，围绕努力实现基本公共服务均等化、基础设施通达程度比较均衡、人民基本生活保障水平大体相当的目标，深化改革开放，坚决破除地区之间利益藩篱和政策壁垒，加快形成统筹有力、竞争有序、绿色协调、共享共赢的区域协调发展新机制，促进区域协调发展”。

推动区域经济协调发展，促使区域经济发展在效率与公平的权衡中由分化转向一元化，是新时代中国拓展经济增长新空间、推动国内统一大市场建设的重要主题。发达国家的实践经验证明，市场整合程度的提高，有助于缩小地区间的收入差距，增进国民福利，实现社会和谐。当存在规模报酬递增和贸易成本的前提下，具有较大市场规模的区域将获得生产和出口的优势，呈现出不同程度的本地市场效应或本地市场放大效应，在累积因果效应的作用下，这一优势得以持续强化，其结果就会表现为地区间差距的扩大（陈健生和李文宇，2010）。从这一角度讲，摒弃本地思维，通过中央和地方政府共同努力来构建全国统一大市场，有助于发挥市场整合的地区经济趋同效应。

三、国内市场分割的现象依然突出

现阶段中国国内市场分割现象是比较突出的，各种分割的形式掺杂在一起出现。不同时期国内市场分割有其特定的形成原因和存在形式。现阶段中国市场分割表现为哪些典型事实？过去呈现的市场分割现象是否消失？还是更隐蔽化？

（一）选择性的地方主导型产业政策

中国经济转型中随着分权改革的推进和地区间竞争的白热化，政府管理经济方式变化的一个最重要的特征，是中央主导型产业政策的弱化和地方主导型产业政策的兴起。这种地方主导型产业政策是选择性的产业政策，对于微观企业的干预更为广泛和直接，体现出很强的以政府选择替代市场机制和限制竞争的特征（刘志彪和孔令池，2021）。

地方主导型产业政策往往更多追求局部的短期利益，是形成中国“行政区经济”的主要决定性因素。它们热衷于一些建设周期短、投资收益大、资金回收快的项目，为争夺相对稀缺的市场和资源而盲目布局和投资，以致重复建设、重复引进、“一哄而上”“一哄而散”的现象相当普遍，未能充分利用自身的比较优势，地区间产业结构趋同化的现象非常突出。地方五年规划对于该地区产业发展一般都有详细的描述，也反映出地方产业政策的重点方向，这里进行了简单梳理（见表2）。从第一产业看，发展现代农业成为许多省份的目标，有28个省份提出要实现农业的现代化。从制造业方面看，食品制造加工业、化学原料和化学制品制造业、医药制造业、生物产业、汽车制造业、航空航天产业、人工智能、（高端）装备制造、新材料、新能源、（节能）环保产业等被超过20个省份列为优势产业或优先发展产业。从服务业方面看，几乎每个省份均提到要优先发展或者大力发展“现代服务业”。其中，物流业（现代物流）、新一代信息技术、金融业、商务服务业、健康产业、旅游业、文化艺术业等，都被写进了20个以上省份的“十四五”规划中。当前中国由地方政府主导的产业政策，可能是重复建设、产能过剩、债务高筑等现象的主因。

表2 各省份“十四五”规划中的产业政策梳理

行业	省份数（个）	行业	省份数（个）
现代农业	28	电力能源	3
食品制造加工业	20	新能源	25
酒、饮料和精制茶制造业	8	（节能）环保产业	26

续表

行业	省份数（个）	行业	省份数（个）
烟草制品业	3	建筑业	7
纺织业	15	物流业（现代物流）	28
煤炭开采和洗选业	15	现代商贸	13
化学原料和化学制品制造业	20	软件和服务外包	8
医药制造业	29	互联网和相关服务	18
生物产业	29	电子信息产业	15
海洋装备	11	新一代信息技术	20
钢铁产业	9	金融业	25
汽车制造业	21	房地产业	2
航天航空产业	21	商务服务业	28
工业互联网	13	家政服务业	16
计算机、通信和其他电子设备制造业	16	电子商务	6
人工智能	25	教育	12
（高端）装备制造	22	健康产业	27
物联网	15	旅游业	23
新材料	27	文化艺术业	24
建材	13	体育	15

资料来源：根据各省份发布的“十四五”规划整理。

（二）产权交易的市场壁垒

各级地方政府管理着规模庞大的地方国有企业，本意是为区域内市场的外部性提供纠偏服务。但是在“行政区经济”的竞争格局下，地方政府的本位主义动机可能使其变成分割市场的现实工具和手段，并使其功能强化。一是地方政府利用直接管理国有企业的优势地位，借助于国有企业实施行政垄断，如公共采购招投标时，设置有利于本地国有企业的竞标条件和门槛，对与本地主导产业构成竞争的外来企业设置更高的进入壁垒。二是地方政府有动机重组本地国有资产尤其是公共服务类资产，组建各种投融资平台，利用其进行招商引资，或直接投资那些产值税收高的项目，导致其承担巨额的债务。三是地方国有企业在产权交易中，经常受到严重的行政干预，使得企业通过横向一体化和纵向一体化构造产业内市场结构的微观决策，受到人为因素的干扰，市场竞争被各地区行政权力和垄断势力扭曲。主要体现在：出于增加本地 GDP 和税收的动机，要求优势国有企业只能在当地投资，干预和限制其以跨地区、跨行业的企业兼并形式向外地发展扩张；为了摆脱亏损企业的包袱，以牺牲效率为代价，采取“拉郎配”式兼并或“劫富济贫”式兼并，使得产权流动的市场规则受到破坏，变相保护当地的劣势企业；政府作为改组的主体或国有产权再配置的主体，往往缺乏对并购成本与收益，特别是机会成本、动态收益进行准确计算的能力，甚至还会考虑一些非经济因素，在中介机构进行资产价格评估过程中助长了寻租腐败行为。

（三）商品市场分割

经过 40 多年的改革，中国已经形成了较为健全的商品市场。从图 1 中可以非常直观地看到，1998—2019 年，全国 30 个省份商品相对价格方差的波动幅度呈现明显收窄趋势，商品市场一体化程度显著提升。但是应该承认，目前国内商品市场的分割状态并未完全消除，具体表现为：①设法禁止或数量限制对本地有冲击的外地产品进入本地市场，主要发生在地方可以垄断经营的领域。②以出台文件的形式，变相要求本地消费者消费本地产品。例如，某些地方政府出台相关文件，要求政府机关、事业单位、国有企业的接待用品和办公用品等原则上使用本地产品。③动用价格杠杆，对外地商品设定歧视性收费项目、实行歧视性收费标准，削弱外地产品在本地市场的竞争力；通过规定歧视性价格、实行歧视性补贴政策，提高本地产品的竞争力。④用一些超经济手段，如以加强市场管理和质量监督为名，针对同类商品实行不同的技术要求、检验标准，或者对外地商品采取重复检验、重复认证等措施，控制其流入本地市场。

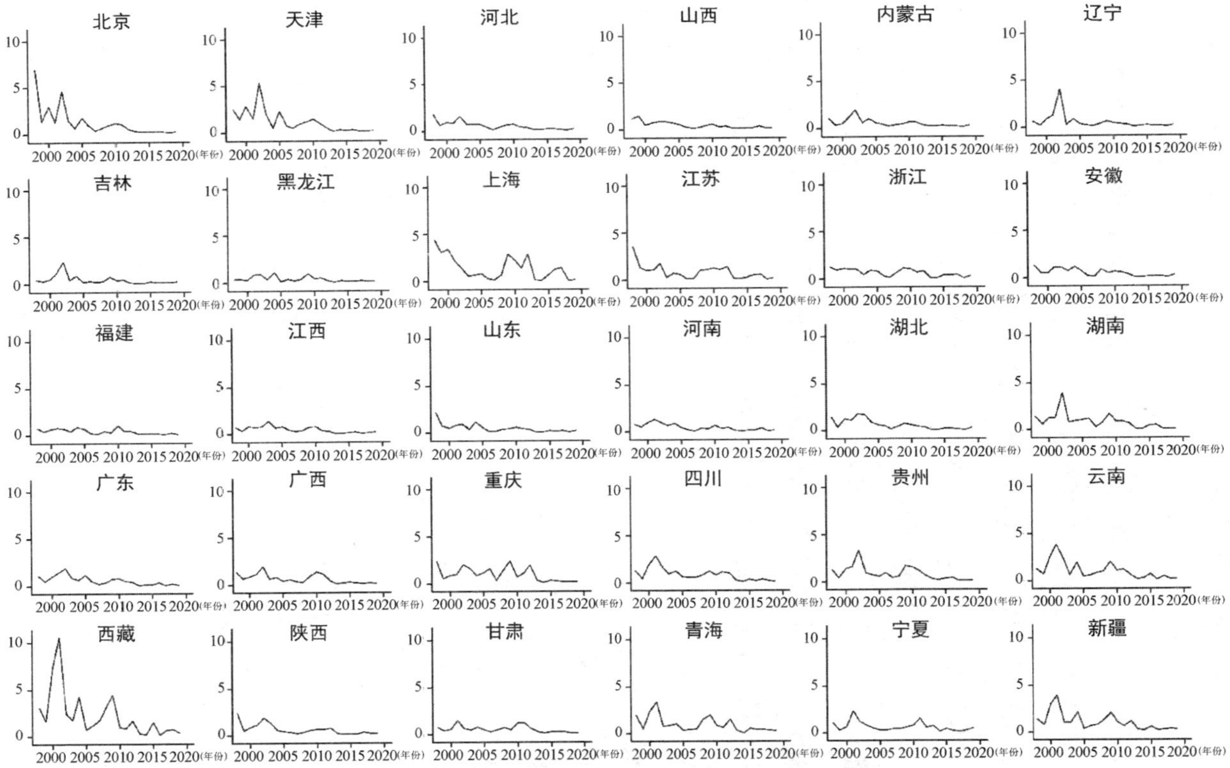

图1　全国30个省份商品相对价格方差均值走势

注：使用价格法测算中国省级地区商品市场分割程度，数据来自历年《中国统计年鉴》各省份的环比价格指数数据。出于统计口径一致性和数据连续性的考虑，一共选取了10类商品进行研究，分别为粮食类、食品类、纺织品类、化妆品类、书报杂志类、中西药品类、家用电器及音像器材类、服装鞋帽类、建筑建材类、饮料烟酒类。

（四）要素市场分割

中国要素市场分割程度显然高于商品市场的分割程度，要素市场一体化成为当前更为迫切的问题。从图 2 中可以非常直观地看到，1998—2019 年，全国劳动力市场和资本市场相对价格方差的波动幅度尚未出现显著的收敛趋势，近年来甚至出现“翘尾”现象。可见，劳动力市场和资本市场分割状况尚未出现明显的改善。2020 年印发的《中共中央 国务院关于构建更加完善的要素市场化配置体制机制的意见》中明确提出，“充分发挥市场配置资源的决定性作用，畅通要素流动渠道，保障不同市场主体平等获取生产要素，推动要素配置依据市场规则、市场价格、市场竞争实现效益最大化和效率最优化”。有鉴于此，本文主要从劳动力市场、资本市场、技术市场和数据市场进行简要分析。

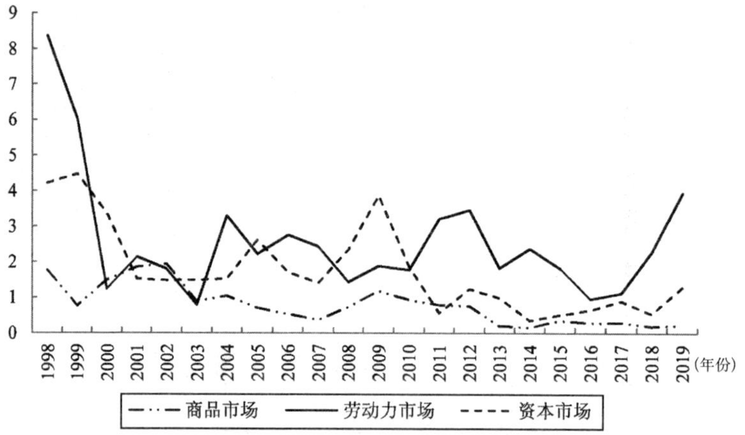

图 2 1998—2019 年中国商品、劳动力、资本市场相对价格方差均值走势

注：①使用价格法测算中国省级地区劳动力市场分割程度，以历年《中国统计年鉴》各省份的环比工资指数为基础数据，测算职工平均实际工资指数。其中，职工平均实际工资包括国有单位职工平均工资、城镇集体单位职工平均工资、其他单位职工平均工资三项。②使用价格法测算中国省级地区资本市场分割程度。固定资产投资环比价格指数数据来自中经网统计数据库。出于统计口径一致性和数据连续性的考虑，一共选取了 3 类固定资产进行研究，分别为建筑安装工程、设备工器具购置，以及其他费用。

（1）劳动力市场分割。改革开放以来，中国劳动力市场的行政分割，以对流动人口的管理为标志而存在。首先，实践中劳动力流动方向以从内地农村向东南沿海城市为主，但仍然受到户籍制度的严重约束，中国的劳动力市场被分割为城镇居民劳动力市场（又分为特大城市、大城市、中小城市劳动力市场）、城镇外来务工劳动力市场、农村劳动力市场等，导致中国劳动力流动呈现出“候鸟型”的短期流动而非举家迁移的特点。其次，普通劳动力市场正在建立和完善，但是技能型和高级劳动力流动被行政关系严重分割，主要表现在科研技术人员、国有企业高级经理人员、政府公务员等流动基本上只受行政命令调动，市场机制基本不起作用。最后，受档案、工资人事关系、组织关系、行政级别、考核体制、户籍等诸多限制，企业和社会组织等“体制外”人员进入党政机关、国有企事业单位的渠道仍然不畅，扭曲了人力资源的合理配置，不利于人才的自由进入与流出。

（2）资本市场分割。金融抑制是发展中国家的普遍特征，其本质是行政力量控制资本的配置。中国银行信贷市场是一种垄断竞争型的市场，进入限制、存贷款数量和利率限制等形式表现的金融抑制，使得本地国有企业更易享受到低息贷款，其他企业的融资成本则相对较高。此外，“银政壁垒”限制了资本的跨区域流动，许多商业银行实行属地管理制度，明文规定禁止对异地客户授信。受市场准入限制，外资和民营资本进入金融服务市场的门槛依然偏高。从证券市场看，中国证券交易所归属地方政府和中央证券主管部门双重管辖，上海证券交易所和深圳证券交易所实行不同的制度、办法和运行规则，是一种相对独立的、非统一的市场。中国的区域性股权交易市场，目前只为特定区域内的企业提供股权、债券转让和融资服务，由省级人民政府监管，原则上不得跨区域设立营业性分支机构，不得接受跨区域公司挂牌，省际资本流动受到限制。

（3）技术市场分割。中国技术市场分割主要表现为政产学研相脱节，军民分割、部门分割、地区分割等状况。具体表现为：①中国的研发机构大多隶属于政府部门，科研任务与经费几乎全部由政府包揽，经常出现科研项目的选题与市场实际需求相脱节的情况，一些科技成果难以转化为现实生产力，科技成果商品化率低。②民营企业的研发机构较少有机会参与到国家重大科技项目中，致使一些前沿的科研成果长期被束之高阁，科技成果转化网络很不健全。比较典型的是，过去中国在国防工业部分通过投入大量研发经费，产生了一批先进技术，其中，有很大一部分军用技术成果可以向民用部门转移。但是，目前军用技术市场与民用技术市场相互封锁的局面并未完全消除。③研究开发体系基本依附于行政管理体系，容易造成条块分割、相互封锁，难以解决研究与开发机构的分流重组问题，致使研发目标过于分散，无法形成规模性的开发优势，集中人力与物力生产出产业急需的关键性技术成果，难以满足产业结构调整和技术进步的需要。

（4）数据市场分割。数据作为网络经济时代的生产要素之一，是第四次科技革命浪潮的“石油”，是基础性、战略性资源。由于数据成为财富的重要来源，近年来地区间、部门间、企业间围绕数据的竞争呈现出愈演愈烈的态势。中国数据要素市场分割主要表现为：①各地区政府和部门之间的数据缺乏整体联系，封闭性、盲目性、分散性与不协调性明显。当前，各级政府、各部门纷纷建立独立数据中心，单位与单位之间，甚至同一个单位内的许多数据相互封锁，存在诸多“数据孤岛”和“数据烟囱”。此外，数据采集还没有实现标准化，重复存在与相互对峙等问题严重，数据资源应用场景不够丰富、价值发挥严重不足与数据资源利用的严重浪费形成明显的矛盾性。②数据垄断问题愈加明显，并催生了“堰塞湖”。例如，数据要素市场存在“杀熟”、平台“二选一”、“寡头市场共同支配”等特有的垄断行为，形成了巨大数据集聚隐患。

四、国内市场分割的深层次原因

从中国构建统一市场的实践看，造成国内市场分割的深层次原因，既有利益驱动的制度安排方面的原因①，也有更深层次的国家战略方面的原因。

（一）“为增长而竞争”的激励机制

如图3所示，1978年以来，除个别年份，中国的经济增长速度显著高于各类国家的年增长率。中国经济高速发展的背后，与中国地方政府承担“企业化政府”的角色密不可分。因此，理解“中国经济高速增长之谜”的关键，在于剖析地方政府发展经济的动力机制，在于理解地方政府官员的动力机制。

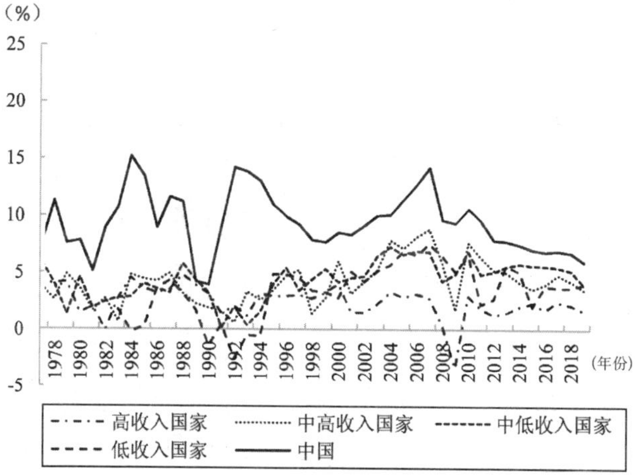

图3　1978—2019年中国与各类国家的年增长率

资料来源：根据世界银行统计数据计算。

---

① 导致地区间市场分割的因素有很多，其中，诸如气候、自然资源、地理地貌特征等，构成市场运行中的物流成本，尤其是运输成本，是引起地区间市场分割的一个不容忽视的因素，可以通过加大基础设施投入等措施来解决。在这一方面，中国以高速铁路为代表的基础设施建设战略已经取得重大成就。可以推断的是，中国市场分割并不会因为基础设施建设的完善而根本性消除。因此本文对此不再赘述。

中国地方政府官员的升迁考核标准以经济绩效为主。特别是将地方干部的政绩与所辖地区的经济发展成就进行直接挂钩，主要从上了多少项目、交了多少税、经济增长速度多少等指标来进行量化和比较。在这种基于“标尺竞争”原理而设计的“锦标赛”式的晋升模式下，地方政府官员为了提升执政期内工作业绩和个人职业回报的需求，承担了促进当地经济增长的重大责任和巨大压力，这强化了地方市场分割的动机和行为。为了谋求更大的晋升空间或者避免被降级，本着有利于本地经济发展、实现社会就业等目标，官员们有强烈的动机去采取干预企业的投融资活动和日常经营活动等市场分割行为，进而妨碍商品和生产要素的自由流动。

（二）区域倾斜政策和不规范的优惠政策

新中国成立 70 年，中国区域经济发展战略经历了由注重均衡发展到不平衡发展，再到协调发展的两次转变。例如，在对外开放方面，为了抓住机遇，按照从沿海到内陆的顺序，先后建立了深圳、珠海、汕头、厦门和海南 5 个经济特区，开放了 14 个沿海城市和一大批内陆省会城市。这种效率优先的由沿海地区先行先试的思路，为全国范围内实行全面的经济体制改革奠定了基础，但由此造成地区间经济差距扩大也是不争的事实。如图 4 所示，按照人口加权调整后的 GDP 计算，东部地区占全国经济的比重最大，始终维持在 50% 以上，而中西部地区区域辽阔但其占全国经济的比重却很小，不及东部地区。

地区间经济发展所处阶段不一，地区差距明显，从全国看，难以为地区间的政府合作提供公平竞争的基础。此外，通过在财政、税收、金融、贸易、引进外资、人事制度等方面实施不同的优惠政策，形成各种区域性的政策“洼地”，获得政策上的先发优势。但是，与其他无政策优惠或缺少政策优惠的地区相比，区际之间的制度安排的差异，事实上就是区域的政策歧视，客观上导致了许多隐形的“市场分割”，为寻租提供了肥沃的“土壤”。

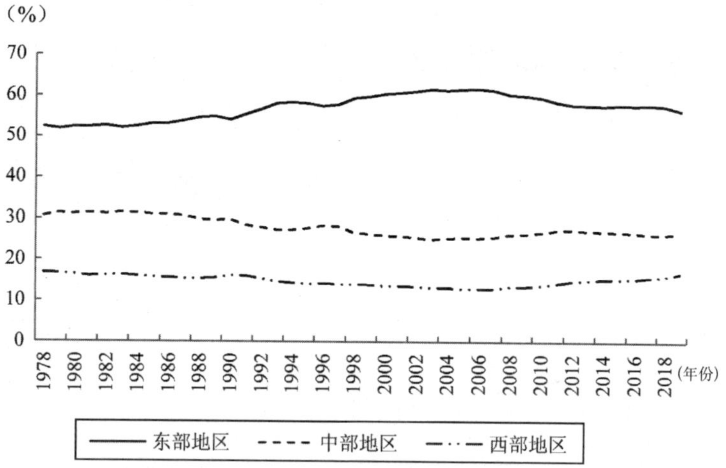

图 4　1978—2019 年中国东中西部地区按人口加权的 GDP 占比

资料来源：根据国家统计局统计数据计算。下图同。

（三）财政分权体制下的地方互动策略

20 世纪 80 年代以来，以简政放权为核心的分权改革，有效激发了地方政府的活力。但是这种分权式改革主要是在政府内部进行的，不是与企业进行市场化的经济性分权，因而并没有完全跳出把生产要素及企业禁锢于条块分割的行政隶属关系之中的传统制度格局，这就为地方政府分割国内市场埋下了制度隐患。

中国的分权式改革，因中央与地方在事权、财权、调控权等方面的动态匹配不够完善，使地方政府的财政收支格局出现严重窘境，这是后来“土地财政”现象和地方政府企业化运作现象出现并持续的重要成因。如图 5 所示，以地方财政收支比（地方财政支出/地方财政收入）看，这一指标相对较高，说明地方政府财政拮据，分税制改革并不彻底，支出端的改革滞后于收入端改革。在此情形下，为了保护税基和增加本级财政收入，地方政府利用行政权力来干预甚至直接控制当地的经济活动，倾向于多办“自己的企业”，多搞那些投资少、见效快、预期价高利大产品的项目，搞低水平重复建设，“以邻为壑”现象愈演愈烈，成为地方市场分割的催化剂。

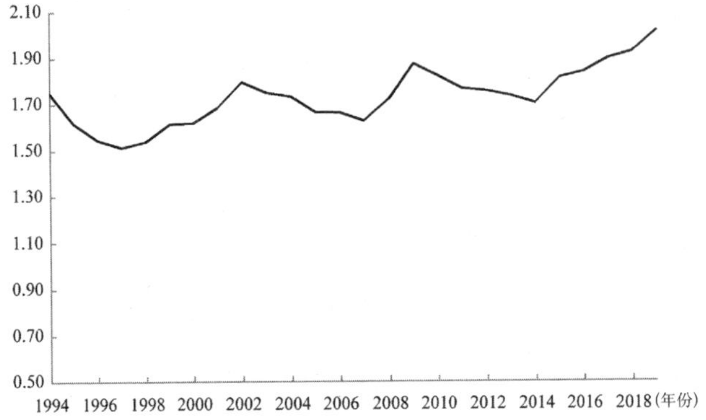

图 5　1994—2019 年中国地方政府财政收支比

（四）小国贸易条件下的对外贸易偏好

改革开放初期，通过“三来一补”（来料加工、来件装配、来样加工、补偿贸易）以及其他形式的对外合作，中国形成了市场和资源“两头在外，大进大出”的“世界工厂”发展模式。随着经济全球化的深入发展，中国的对外贸易越来越呈现出大国规模和“小国贸易条件”的特征。其中，一个重要的原因在于，中国的对外贸易发展很大程度上不是国内市场自然扩张的延伸，而是地区间市场分割导致国内贸易严重滞后的产物（钟昌标，2002）。改革开放以来，中国出口额以年均 18% 的速度迅猛增长，而省际贸易额的年均增长率仅为 4.8%（张学良等，2021）。中国区域性的市场分割，意味着无法实现理论上的要素价格均等化的国内资源配置效率，从而使得国际资源配置过程缺乏国内资源配置最优化的支持，致使各区域更多将注意力转向对外贸易，不同程度地形成了“对外贸易偏好”，替代国内贸易，从而加深国内市场的分割程度（Poncet，2003；黄玖立和李坤望，2006；陆铭和陈钊，2009）。

（五）政府间合作机制的虚化

针对严重的市场分割问题，地方政府也通过一些合作尝试突破“行政区经济”的藩篱。例如，长三角区域一体化历经三十多年的努力于2018年才上升为国家战略，这一期间经历了上海经济协作区、长江三角洲经济协调会、长三角地区主要领导座谈会、长三角区域合作办公室、长三角一体化合作示范区等，地区间合作机制不断升级。

地方政府的合作共识，是消除国内市场分割的前提，而制度层面的整合，则是消除国内市场分割的关键。但是目前这种合作机制大多比较“虚”，主要体现为：一是缺少一个超脱于地方利益的、跨区域、法律化的统一有效的多元协调机制，难以达成全方位、多层次和有效益的全面合作；二是缺乏成本共担、利益共享的机制，局部利益与整体目标难以深度融合，无法形成各地区主动突破行政壁垒的内在驱动力；三是在跨地区的经济纠纷判决与执行上，往往存在司法上的“主客场”，为地方保护主义存在提供了“法律”基础。

综上所述，在转轨经济中能够阻碍国内统一市场建设的因素或力量，主要来自纵向与横向的政府治理机制。因为，只有政府才天然地拥有强大的超经济强制力，才可以长期大幅度地扭曲和严重地分割市场，而其他主体是不可能具备这种力量的，如企业的市场势力虽然也是阻碍市场一体化的因素，但其往往是暂时的，在严厉的反垄断法制约下，政府破除这种垄断力量相对比较容易。

然而，政府作为改革开放的发动者和推动者，为什么会在经济转轨中妨碍统一市场的形成？一种解释是，政府也是一个利益主体，追求经济利益是其具有经济职能后的必然现象，同时市场取向的改革是政府的自觉变革，当市场取向的改革涉及官员的利益时，就会自觉或不自觉地阻止这一进程（周黎安，2007）。这种说法有一定的道理。很多人据此认为，中国的市场化转轨，必须分拆政府的经济职能，把它们逐步交给市场主体，让政府专司非盈利性的社会公共职能。这样，政府就没有阻碍和分割市场的动机和动力。对此，本文认为：首先，政府具有经济职能，并不意味着它一定会产生具有分割市场的现实行为，这主要取决于对地方政府的激励约束机制的设计。如果激励机制是鼓励其从分割市场的行为中受益，同时对这种行为又缺少约束机制，那么地方政府官员理性的反应当然是分割市场的行为；反之，则又可能完全不同。其次，反对地方政府分割市场的行为，不能把通过地方政府间的竞争来实现有效率增长的动力机制给丢弃了。从过去几十年的经验看，如果中国学习和照搬西方发达国家的发展模式，完全忽视地方政府在经济发展中的作用，那么就不可能有当代中国经济成长的成就。中国目前进入了发展新阶段，在赶超西方发达国家、实现基本现代化的伟大征程中，还要充分发挥政府与企业各自的不同作用，发挥中央和地方的两个积极性。如果过早地把地方政府这台马力十足的增长发动机拆除，其结果无疑是自废武功。

目标决定战略，战略决定体制。由于中国把经济转轨与经济赶超压缩在同一个时空中进行，因此中国经济体制的格局在某种程度要服从于增长追赶战略，需要更加注意发挥政府“有形的手”的能动作用。这自然会对统一市场的形成产生一定的阻力作用。首先，赶超型的增长战略要集中有限的资源投入重点部门，实施非均衡战略去突出主导部门的带动作用。这种纵向决策必然要通过“条条”和“块块”系统去实施，因而天然地与市场横向决策方式相对立，必然会从纵向上产生割裂统一的市场的效应。其次，赶超型的增长战略往往担心市场驱动型增长的速度太慢，会认为与其让市场自我调节，不如让“有形的手”直接出击效果更好，因此这种情形下的政府就会在一定程度上替代企业进行市场决策，也会把较多的资源投放于有利于经济增长的领域，而把较少的资源投放在维护市场公平竞争的环境上。此外，赶超型的增长战略往往在资源约束条件下，对地区、产业和企业进行差别对待，试图通过优先发展某类地区和产业带动其他地区和产业的发展。在这种协调方式下，出现按所有制性质、按企业规模等标准管理企业、按地区倾斜方式管理经济等现象就是必然的，结果可能会造成企业间、地区间的不公平，从而市场竞争可能演变成争夺政策优惠的竞争。在经济活动相对简单的领域，赶超型政府的决策结构确实可以迅速发挥较大的作用。

随着新发展阶段的到来，为了在新发展理念下尽快形成新发展格局，需要对政府的目标和行为方式做出一系列既有利于统一市场形成，又能够更好地发挥政府作用的调整。从全面实现小康社会转向启动实现现代化战略阶段，一方面，赶超战略目标要继续实施，但是赶超的内涵发生了本质的变化，速度型赶超要逐步让位于效率型和质量型赶超；另一方面，随着社会经济活动越来越复杂，统一市场构建已经成为实现经济协调的主要资源、手段和工具，完全有必要也有可能使宏观决策机制转向利用市场进行总量、间接决策为主，让全国统一市场承担起对复杂经济运行的调节任务，以提高经济运行的质量。从动力结构上看，新时代由社会基本矛盾决定的人民对美好生活的向往和追求，将成为党和政府的基本动机和动力，那么这种动力变革决定的效率变革和质量变革的趋势，将弱化政府直接干预市场的决策动机，弱化政府分割市场的动力，更多地利用一体化的统一市场追求高质量发展。从协调结构上看，在以竞争政策为基础的宏观协调方式下，总的趋势是无论属于什么行业、处于什么地区、是哪类性质的企业，只要是“中国企业”，所有的企业将分享同样的经济政策，处于同一种竞争环境。毫无疑问，在这种宏观经济管理协调方式下，竞争的绩效将主要取决于企业效率，取决于由技术能力、管理能力和市场能力决定的企业能力。这是解决经济运行中长期存在的“重大结构性失衡”问题的关键。

五、中国国内统一大市场建设的特殊问题与推进策略

在一个发展中的大国经济中，先需要强调建设国内统一大市场有一些显著的特殊性：

第一，一个大国内部的统一市场的建设，不见得比国家间形成统一市场协议来得更容易。很多人拿欧盟共同体市场建设的历史来比较中国地区间市场一体化的特殊性（钟昌标，2005）。普遍认为，超大规模国家内部因为在货币制度、市场监管、税收征缴、社会治理等方面都遵循着统一的法律制度，所以统一市场建设的障碍通常要比国际市场小得多，尤其是中央集权的国家，更具有这种举国体制的优势。现实是，经济一体化程度较高的欧盟，虽然货币政策只有一个，是高度统一的，但是其财政政策却由各国自己行使，因各有各的利益诉求，故欧盟经济政策至今仍然处于严重的分离状态。从实践看，即使在统一的法律制度、相似的文化背景下实施了统一的财政货币政策，大国内部统一市场的建设，也面临各地方政府相对独立的利益诉求而难以协调、市场一体化难以真正实现的困境。不仅市场经济高度发达的国家在这方面有各种各样的问题①，从计划体制走出来的中国更是如此，如长三角地区一体化发展问题，已经讲了几十年，各种省际协调机制也建设了，国家战略也开始推动了，但是实质性的效果，事实上还需要进一步评估。

第二，中央的集中统一领导与建设并形成国内统一大市场之间，并不存在什么根本的矛盾。有些人认为，统一大市场是独立、分散、自主、横向协调的体制机制，这与以纵向协调为基本特点的中央对全国经

---

① 美国的国内市场也不是在所有方面都是一体化的，例如，美国的电力市场，就是公用事业企业垄断加地方政府利益的作用，导致其市场分割，不但缺少像中国这种跨区域、远距离特高压输变电系统，使州际电力市场协调困难，而且还存在电力市场的高度垄断。

济工作的集中统一领导是有冲突的，因此纵向治理特征明显的大国经济，很难顺利地建设并形成国内统一大市场。其实，有效的纵向治理，恰恰是社会主义市场经济体制的特点和优势所在。坚持党中央权威和集中统一领导，可以为形成国内统一大市场创造政治条件和保障体系，可以在这个统一市场的基础上更好地实现宏观间接调控，在市场运行中更好地发挥政府作用。当然，如果纵向的治理是以直接对市场的替代和排斥而存在的，那么可能就不需要统一大市场来协调。因此，这两者之间不是替代关系和独立关系，而是互补关系和依赖关系。

第三，现阶段中国生产力结构的特征，决定了中国必须在多阶段一体化发展中，同时培育和建设各要素市场，不能顾此失彼。农业文明时代土地、劳动力是最重要的生产要素；工业化时代，资本和技术是最重要的要素；后工业化时代，知识、人才、企业家才能、管理等要素地位突出。如今进入了数字经济时代，数据资源是生产力的重要来源，是基础性战略性资源。这些决定了在不同的发展阶段，发展要素市场的重点不同。但是作为发展中的大国，中国生产力结构呈现出多阶段一体化发展的结构特征，农村工业化、后工业化社会、经济服务化、网络信息化等数个发展阶段同时交织混合在一起，各要素市场发育并不均衡。因此，必须强调生产要素市场门类的均衡发展，否则就会使某类要素市场与某个发展阶段不匹配、不协调，从而拖累经济发展阶段的转换。在新发展阶段，为了实现赶超现代化国家的战略目标，可以把某几个发展阶段压缩在一个时间、空间中一体化推进，如可以积极有效地利用网络经济和数据资源改造农业和传统产业，加速形成新发展格局，实现高质量发展。

第四，形成国内统一大市场的关键，现阶段可能并不在于急于要去掉地方政府的经济职能，而在于改革地方政府的目标函数、动力结构和行为方式，改变地方政府主导型产业政策的实施方法。中国在过去的增长赶超时期，通过分权、改革把地方政府塑造成了一个“准市场主体”。这是中国经济运行中存在“行政区经济”现象的主要原因。“行政区经济”对国内统一大市场建设的弊端如何克服？目前并无来自实践的答案。过去认为，把地方政府的发展功能逐步改造为纯公共服务功能，是可以选择的重要出路之一。但如上所述，这种思路并没有很好解决转轨发展中国家发展动力如何持续的问题。如果在新发展阶段中，仍然需要依靠地区间竞争来解决中国现代化的质量和效率赶超问题，那么地方政府的“准市场主体”地位和职能就无法替代。其实，当前影响国内统一大市场建设的主要障碍，并不完全在于地方政府具有较多的经济职能，而是其目标函数、动力结构和行为方式都是对应过去发展阶段下的速度型赶超战略，具体来说在于其主导的产业政策的行使方式，以及把其作为地区市场分割的工具的做法。

根据以上对国内统一市场建设的特殊问题的分析，本文在以下几方面提出加快推进国内统一大市场建设的策略建议：

（一）经济发展阶段与政府转型

新发展阶段的政府转型，要以改变地方政府目标函数、动力结构和行为方式为主。具体来讲，一是要改变地方政府官员政绩的目标函数结构，在现有的对地方政府的考核评价体系中，不断增加偏重经济发展的质量、效率的内涵，从而规范其行为取向，把追求高质量发展作为行为准则。二是要把激励搞对，推进财税体制的纵向改革，着力解决各级政府事权与财权不对称的问题。构建横向财政协调机制和区际利益补偿机制，实现财政资金在地方政府间的再分配，降低地区间为争取流动性税基而进行的无序竞争，从而弱化地方政府的策略性分工行为。三是要根据地方政府行为妨碍统一市场建设的具体表现和后果，制定地方政府直接干预市场行为的负面清单，给地方政府行为定底线和高压线。

中国地区间经济发展不同步，东部沿海地区总体进入高质量发展阶段，中西部部分地区仍然处于追赶阶段，短期内要从全国范围实现统一大市场有着不小的难度。因此，推进全国统一大市场建设，需要分层推进。首先是省内全域一体化；再通过省际的相互开放竞争，形成区域统一大市场；最后通过全国各主要区域的开放，逐步形成全国统一大市场。此外，推进全国统一大市场，还需要按照要素的公共性分类对待，先易后难。

（二）产业政策转型与竞争机制

在建设国内统一大市场的进程中，过去那种“增长主义”导向的地方产业政策，应该让位于追求增长效率和创新发展的功能性产业政策。例如，借力“链长制”培育“链主”企业和各类“隐形冠军”，扭转地方政府实施产业政策的内涵和方式，把努力转向解决产业关键要素供求协调、创新突破、“卡脖子”问题解决等产业发展外部性上来。再如，为加速新发展格局的形成，地方政府主导性产业应该致力于建设开放的国内价值链，实现国内地区间发展协调以及与全球价值链的对接。另外，考虑到当今全球产业链纵向缩短、横向集聚和供应链多元化的重组趋势，未来全球产业的竞争，将由过去发展中国家供应商竞争跨国公司订单的方式，逐步转向产业链之间、产业集群之间以及全球产业链集群之间的竞争，因此，地方政府主导型产业政策应该致力于培育和建设全球产业链集群。

欧盟的实践表明，市场竞争规则的统一是市场一体化发展的关键，有利于在区域市场范围内协调各个地方政府的干预行为，营造公平竞争的市场环境。企业是产业竞争政策实施和产业组织创新的主体，应加快国有企业改革和企业制度及组织创新步伐，放弃政府对市场的事前控制行为，以竞争性垄断代替行政性垄断，为企业展开公平竞争提供均等机会。进一步完善公平竞争审查制度，尝试引入竞争支付报偿机制（丁茂中，2018），通过正向评价和激励，促使行政机构促进竞争的动机更加强烈。进一步形成以产业链为纽带的区域产业协调机制，发挥区域主导产业链的前向推动和后向拉动效应，不断拉伸延长产业链，提升资源利用率，形成主导产业与关联产业之间合理分工协作的关系。

（三）央地关系与法制化

如何处理好央地关系，是构建全国统一大市场需要面对的核心难题。中央高度集权严重抑制地方治理的自主性与创造性，走向僵化的“大一统”和“全国一刀切”，但是没有中央的集中统领和主导，就会出现地方主义过度膨胀，形成地方治理碎片化的局面。

长期以来，中国央地关系的调整主要是通过政策手段而非法律手段来实现，导致央地之间、地方上下级政府间的博弈无序化。为此，应当实现央地关系的法治化和制度化，构建中央集权和地方分权的制衡机制。首先，在条件成熟的情况下，在法律制度层面确立央地关系调整的权责对等、公平效率、权力划分的“溢出范围”等标准和措施。其次，对现有法律进行必要的修补和完善，将与央地关系相关的法律法规内容进行必要的清理、统一和整合。最后，考虑设立中央与地方关系仲裁委员会、中央与地方关系司法委员会，构建“仲裁（调解）、司法（裁决）”的双重纠纷解决体制。

（四）横向一体化与跨地区并购

企业的兼并和收购强化了区域市场一体化的微观基础。市场一体化的最终目标和标准，应该是生产要素价格的均等化或自由流动。实现这一目标，仅靠体制改革实现市场机制的自发过程是有一定的难度和周期性的，还必须有超越市场机制的组织，这种组织在微观上看就是企业。某种程度上，可以把是否形成一种统一的“跨地区公司”，看成能否真正实现地区一体化的重要标志。从广泛意义上看，“跨地区公司”在国内其他省份建立公司具有和区际贸易与要素流动相同的效应，这也是一种区域市场一体化的行为。因为企业跨地区的兼并收购不仅表现在资本、劳动力、科技资源及无形资产的移动和扩散，促进一体化地区内资源配置效率的改善，扩大市场范围，而且容易形成足以左右市场尤其是国际市场的超级企业。

地方政府层面，应降低对企业跨地区并购的准入门槛，积极鼓励和欢迎外地企业通过并购进入本地区。同时，将竞争重点放在基础设施建设、社会公共产品和服务等环境“硬实力”方面，为企业跨地区并购的开展塑造良好的外部生存环境。坚持对国有经济和民营经济一视同仁、对大中小企业平等对待，不干预地方国有企业内部具体的投资决策，充分激发民营企业跨地区并购的积极性和开拓性。企业层面，理性使用企业的政治关联，加强企业与政府之间的有效沟通，降低跨地区并购中的政策风险、政府限制等障碍因素的不利影响。综合考量被并购企业资源的异质性，充分发挥本地区和目标地区的资源互补优势，提高并购绩效水平，实现规模效应。

（五）区域合作与制度整合

推进区域经济一体化发展，是习近平总书记长期坚持的治国理政的基本主张和战略措施。新时代中国区域协调发展战略不仅强调东中西部以及西北地区经济带间的协调发展，更加注重城市群内部的协同和一体化发展；不仅追求地区间经济发展差距的缩小，也追求在建立区域战略统筹机制、健全市场一体化发展机制、深化区域合作机制、优化区域互助机制、健全区际利益补偿机制、完善基本公共服务均等化机制、创新区域政策调控机制以及健全区域发展保障机制等方面取得新进展。

打破现有体制机制障碍，加快制度创新，积极探索制度化的区域合作机制，构建地方政府间的利益协调和平衡的制度框架。一是废除已经存在的限制地区间要素自由流动的政策及规定，从根本上破除传统的行政垄断型资源配置的束缚，同时建立一系列由地方政府之间共同执行的政府行为准则和市场游戏规则，加强地区间联系，促成区域合作，实现优势互补。二是建立和完善包括决策、执行、监督、仲裁等功能的跨区域协调机构，实现多层次协调互动。重点打造地区经济协作和技术、人才合作的多平台的政府合作载体，为正确处理地区间的竞争关系，建立完善统一的市场体系等创造条件。三是进一步完善区域综合政策体系，保证各层次、各类别政策间的统一性与协调性以及政策实施过程中的权威性、有效性。在分层次、分类别推出各地区相关产业发展政策、人才引进政策、财政与金融支持政策等基础上，科学合理地划分各层次、各类别政策的空间尺度，避免出现因尺度过大导致的政策普惠性偏差或因尺度过小造成的政策碎片化问题。四是推动建立区域一体化战略的实施、监督、评价和考核体系，在一体化意义上实现可操作。如将完成统一规划布局情况、一体化基础设施与平台建设情况、人才流动与引进情况、创新要素开放共享情况等指标，纳入当前政府的行动、激励和考评体系，真正从施政层面促进区域高质量一体化发展。

参考文献

［1］曹春方、张婷婷、范子英："地区偏袒下的市场整合"，《经济研究》2017 年第 12 期，第 91—104 页。

［2］陈健生、李文宇："本地市场效应及其对邻近省区的影响——基于中国省份生产数据的验证"，《财经问题研究》2010 年第 9 期，第 21—27 页。

［3］丁茂中："公平竞争审查的激励机制研究"，《法学杂志》2018 年第 6 期，第 95—104 页。

［4］范子英、张军："财政分权、转移支付与国内市场整合"，《经济研究》2010 年第 3 期，第 53—64 页。

［5］付强："市场分割促进区域经济增长的实现机制与经验辨识"，

《经济研究》2017 年第 3 期，第 47—60 页。

[6] 黄玖立、李坤望："出口开放、地区市场规模和经济增长"，《经济研究》2006 年第 6 期，第 27—38 页。

[7] 李善同、侯永志、刘云中、陈波："中国国内地方保护问题的调查与分析"，《经济研究》2004 年第 11 期，第 78—84 页。

[8] 刘志彪："长三角区域市场一体化与治理机制创新"，《学术月刊》2019 年第 10 期，第 31—38 页。

[9] 刘志彪："产业链现代化的产业经济学分析"，《经济学家》2019 年第 12 期，第 5—13 页。

[10] 刘志彪、孔令池："双循环格局下的链长制：地方主导型产业政策的新形态和功能探索"，《山东大学学报（哲学社会科学版）》2021 年第 1 期，第 110—118 页。

[11] 刘志彪、凌永辉："中国经济：从客场到主场的全球化发展新格局"，《重庆大学学报（社会科学版）》2020 年第 6 期，第 1—9 页。

[12] 刘志彪、张少军："中国地区差距及其纠偏：全球价值链和国内价值链的视角"，《学术月刊》2008 年第 5 期，第 49—55 页。

[13] 陆铭、陈钊："分割市场的经济增长——为什么经济开放可能加剧地方保护"，《经济研究》2009 年第 3 期，第 42—52 页。

[14] ［英］亚当·斯密：《国民财富的性质和原因的研究(1776)》，郭大力，王亚南译，商务印书馆 1983 年版。

[15] 银温泉、才婉茹："我国地方市场分割的成因和治理"，《经济研究》2001 年第 6 期，第 3—12 页。

[16] 张学良、程玲、刘晴："国内市场一体化与企业内外销"，《财贸经济》2021 年第 1 期，第 136—150 页。

[17] 钟昌标："国内区际分工和贸易与国际竞争力"，《中国社会科学》2002 年第 1 期，第 94—100 页。

[18] 钟昌标：《转型期中国市场分割对国际竞争力的影响研究》，上海人民出版社2005年版。

[19] 周黎安："中国地方官员的晋升锦标赛模式研究"，《经济研究》2007年第7期，第36—50页。

[20] Poncet, S. Measuring Chinese Domestic and International Integration [J]. China Economic Review, 2003, 14 (1): 1—21.

[21] Wilkinson, R. G., and K. E. Picktt. Income Inequality and Social Dysfunction [J]. Annual Review of Socialogy, 2009, (35): 493—511.

[22] Young, A. The Razor's Edge: Distortions and Incremental Reform in the People's Republic of China [J]. Quarterly Journal of Economics, 2000, 115 (4): 1901—1135.

建设国内统一大市场：影响因素与政策选择[①]

尽快形成统一、开放、竞争和有序的国内大市场，是构建双循环新发展格局的基础和前提。当前要素市场发育程度大大落后于商品市场，阻碍因素主要有纵向政府治理、横向政府治理和企业市场势力等三方面。其中，纵向政府治理阻碍统一市场形成的深层次原因，主要在于中国以赶超西方国家为目标的现代化进程还在进行中，赶超型体制中的增长追赶战略，需要更多地发挥政府“有形的手”的作用；而横向地方政府治理阻碍国内统一大市场形成的原因，则在于中国地方政府在市场化取向改革中，形成了较为严重的公司化倾向，地方政府主导性产业政策成为了分割市场的手段和工具。为此，需要从规模建设、结构建设、功能建设、机制建设、组织建设、空间建设以及环境建设等七个方面，探索国内统一大市场建设的路径和政策选择。

国内统一大市场指的是中国国内市场形成了一体化、高度开放、充分竞争和运行有序的格局，具有市场规模巨大、结构完整、功能强大、机制完善和环境优化等显著特征，可以依托它顺利地实现社会扩大再生

---

① 本文为国家社会科学基金项目“专业农户崛起与典型农区乡村治理现代化研究”（19CZZ030）的阶段性成果。本文原载于《学术月刊》2021 年第 9 期。

产。当前中国统一大市场建设随着市场取向改革的深入已经取得了巨大的成就，但是还存在着一系列急需解决的现实的、重要的问题，如潜在市场与现实市场的差距、商品市场与要素市场建设上的不均衡、交易功能与激励分配功能发育不同步、制度成本过高等。

国内统一大市场是加快完善社会主义市场经济体制的重要内容，不仅对推进高质量发展、建设创新驱动国家等目标实现有重要的战略意义，而且对构建双循环新发展格局也具有基础性的意义。2020 年 9 月，中央财经委员会第八次会议明确指出，要“塑造市场化、法治化、国际化营商环境，强化竞争政策作用”。这给出了建设国内统一大市场的战略意义、目标和具体的路径：建设国内统一大市场的目的是促进经济循环；建设目标是市场化、法治化、国际化；建设的基本路径是需要强化竞争政策的作用。

一、当前阻碍国内统一大市场形成的因素

当前阻碍国内统一大市场形成的因素，主要表现在要素市场领域。首先需要说明的是，要素市场与商品市场属性不完全相同，两者的建设机制不能完全画等号，如大数据、技术、货币、土地等要素天然地带有某些较强的公共性或外部性特点，一旦市场调节失灵会引发经济社会的较大的震荡；劳动力要素则附着于自然人身上，区域和国别特征明显，其流动性并不充分。由此可知，市场决定要素配置的范围和程度是受到一定因素的限制的，要素市场化改革更容易受制于体制机制的障碍。

概括来看，当前阻碍国内统一大市场形成的因素主要有三大类，它们的表现形式、形成原因、造成后果各不相同，需要分类改革和突破。

（一）阻碍统一市场形成的纵向政府治理因素

1. 直接控制土地要素的配置。当前政府不仅全面控制农村土地征

用权和城市土地分配权，以及使用者选择权、期限和用途等，而且在土地交易、管理等方面缺乏足够的灵活性。一是在产业用地方式方面的制度“僵硬”，在租赁方式、使用年限、作价入股等方面无法变通。二是土地计划管理方面的制度“僵硬”，不仅没有建立起全国性建设用地、耕地指标跨区域的交易机制，而且城乡之间用地供应指标的使用，也缺少一定的制度弹性。土地市场功能的残缺和制度的刚硬，极大地限制了自身以及其他生产要素市场的利用效率。其实，坚持土地公有制和使用数量、使用方向的控制，并不意味着不可以大力推进土地的市场化利用。这是建设国内统一大市场、提高生产要素使用效率的基础性机制之一。

2. 直接控制劳动力要素的流动和配置。当前阻碍劳动力要素合理畅通有序流动的因素，总体来说主要表现在：一是还没有正式建立按常住地登记户籍的制度。除了少数特大、超大城市落户严格限制外，一般的城市也存在各种政策限制。二是户籍与本地公共福利挂钩的制度设计，天然地排斥劳动力要素进入和退出，推动公共资源和福利按缴税的常住人口配置，才能真正鼓励劳动力要素流动、鼓励农民市民化。三是高级劳动力如国企经营管理者、事业单位技术技能型劳动者按市场原则配置的比例越来越少，按行政机制配置的权重越来越大。四是在户籍、地域、身份、档案、人事关系、职称评审、人才选拔等方面，非公经济单位与公有企业、政府机构之间存在着难以逾越的制度障碍。

3. 直接或间接控制资本要素的配置。与实物运动对应的资本运动，是纵向政府治理中控制的重点，也是影响国内统一大市场建设的最重要因素。主要体现在：一是通过几大国有商业银行系统控制货币资本的运动，这些银行依据行政垄断力量实施的市场经营行为，是中国实体经济企业盈利能力微弱的主要因素之一。[①] 二是纵向的行政力量限制资本市场的发展。如，就多层次资本市场建设问题来说，目前每个省、直辖市都限定可办一个股权交易市场，这些市场的跨区域经营都受到纵向严格限制，都只能接受本地企业而不能接受外地企业来本地交易市场挂牌。显然，阻碍这个市场一体化的因素，是金融主管部门限制跨地区经营的政策。[②] 三是金融业对内外开放进展缓慢，尤其对民营企业开放力度甚小。

4. 技术要素的制度性分割。当前阻碍技术要素供给活力和使用效率的因素，不是行政直接控制配置过程，而是要素的制度分割格局没有打破。具体是指：一是科研人员职务科技成果所有权或长期使用权与处置权、收益权的制度分割，使科研人员对职务发明的科技成果推广使用缺少激励的动力。二是科技成果的学术评价与市场评价之间的制度分割，片面强调发论文、拿项目、获奖励的体制机制，脱离市场评价体系，长期处于自我循环、自我游戏的轨道中。三是高等院校、科研机构与高技术使用企业之间的制度分割，缺乏把其连接起来的中介市场和机制，不仅缺少一大批有利于技术转移的技术经纪人员，而且更难以通过资产联合进行纵向的紧密联合。四是技术要素与资本要素的制度分割，中国商业银行形态的间接融资占据主导地位，而间接融资制度天然地不适合支持具有高风险特征的高科技产业发展。大力发展多层次资本市场，严刑峻法并加快不符合要求的上市企业的退市力度，是通过资本市场支持高科技产业发展的必由之路。

---

① 刘志彪、凌永辉："对商业银行反垄断有利于金融更好地服务实体经济：基于十九大报告关于'加快完善社会主义市场经济体制'的思考"，《南京审计大学学报》2018 年第 1 期。

② 允许符合条件的股权交易市场开展跨区域经营，如允许上海股权交易市场与江浙皖股权交易所在长三角区域率先实施一体化挂牌交易，这将除了有利于缓解中小企业的融资难、融资贵难题，还有利于在长三角区域金融市场一体化中，通过促进资本市场化配置来协调地区间发展的不均衡问题。参见刘志彪："长三角区域市场一体化与治理机制创新"，《学术月刊》2019 年第 10 期。

5. 数据要素市场缺乏治理规则。当前中国数据要素市场化配置尚处于起步阶段，在数据权界定、开放、交易、监管等方面，存在着一系列治理瓶颈和制约。一是缺少数据管理综合部门，无法统筹推进数据要素配置管理和监管工作。二是缺少为数据要素高效配置的基础性法律法规，由此在涉及数据产权界定、数据开放共享、市场体系建设、个人信息保护、数据安全和跨境流动等方面，没有具有可操作性的实施细则和办法。三是缺少通过数据清单化管理提升数据开放共享水平的办法。数据清单化管理，为数据市场运行划定底线、细化规则，强化信息保护和数据安全，将推动数据资源在国内外的安全高效配置。四是数据要素市场体系功能残缺。当前急需培育更多合格数据要素市场主体、大数据交易所、数据经纪商等市场中介。要加强数据资产核算，创新估值办法和交易定价方式。五是多元共治的数据要素市场治理体系不够完善。[①] 目前主要是政府和某些平台企业垄断数据资产，社会各界参与数据要素市场治理的机制并不完善。未来需要强化数据要素市场监管和反垄断执法，确保市场公平竞争和健康运行。

6. 以纵向权力制造横向政策特区，成为优惠政策“洼地”，人为造成地区间竞争条件的不平等。现实中，上级政府部门行使对区域的调控权力，总是习惯于通过给予局部地区优惠政策的方法，如各种高新产业区、经济技术开发区、自贸区、政策特区、试验区、示范区等，试图通过给部分地区创造政策的“洼地效应”，吸收周边区域更多资源来加快这地区发展。这实际上会制造出许多区域不平等和市场不统一的现实样本。国内统一市场建设的真正含义是，消除地区间因政策造成的不平等，给市场主体留下效率竞争的空间。

---

① 王磊：“推进数据要素市场化配置，推进数据要素市场化配置”，http：//www. ce - xz. cn/show. asp？strID = 2681.

7. 对企业进行分类管理。按所有制、规模、地区分类管理思路，对企业进行分类管理，形成了针对具体企业的严重歧视和不平等竞争条件，是市场不统一、竞争不公平的根本性来源。[①] 尤其是针对不同所有制企业的分类管理方法，人为地形成了许多高进入障碍，或者难以逾越的行政“门槛”。

（二）阻碍统一市场形成的横向政府治理因素

从改革四十多年来各地实践看，具有“行政区经济”总体特征的国家，在构建统一大市场时的主要障碍，是来自具有“准市场主体”地位的地方政府。当前地方政府的行为特点已经发生了巨大的变化，过去经常用来进行地区封锁和限制市场的手段，如，限制本地商业机构销售外地某些产品、设置关卡堵截外地产品进入本地市场、增加对外地企业和产品的歧视性收费项目、阻止本地紧缺产品和要素流出本地市场等现象，不能说已经完全消失，但是现实中却罕见，“行政区经济”的表现形式发生了很大的变化。

在改革开放中，“行政区经济”的表现形式，主要是财政“分灶吃饭”的体制和地方政府主导型产业政策的制定和实施。过去，中国一直是中央主导性产业政策表现较为弱势，而真正作用强大、覆盖面极其之广的，是在分权体制下由雄厚财力支撑的地方政府主导型的产业政策。这方面的政策类型名目繁多、五花八门，在发展效应上存在很多的瑕疵，如严重的产能过剩、过度投资、政府债务、高企的房价等。在各种以产业政策名义主导的地区间竞争中，阻碍统一市场形成的横向政府治理因素，主要表现为以下几种行为：

1. 在“分灶吃饭”的财政体制激励下，地方政府通过竭力扭曲经济政策，奋力拼抢“价高税大”的重大投资项目。在抢夺各种重大项目中

---

① 刘志彪：“以产业活动原则规范市场与完善宏观管理”，《中国社会科学》1995 年第 4 期。

竞相拼比优惠政策的力度，或者制定一些违反国家法律法规的区域性土地、税收等优惠政策，或者通过各种“先收后返”的补贴方式给予政策优惠，结果造成区域间竞争的严重不公平结果，形成了地方性的市场壁垒。

2. 在政绩考核和晋升的“指挥棒”下，以行政区内领导任期中政绩最大化为目标，直接或间接地干预区域内投资决策。地方政府往往把扭曲市场机制作为实现这一目标的工具，如“一窝蜂”地追求本地根本没有比较优势的高新技术产业，不顾本地财力约束大搞各种脱离实际、没有什么实用价值的形象工程，等等。如果说这一表现行为与上述第 1 条所描述的行为有所差别的话，主要在于：第 2 类行为一般不考虑经济效益，同时多发于显示经济强大或具有新闻价值的公共领域。

3. 在保护本地企业生存发展的名义下，滥用行政权力排除、限制外地企业竞争。表现为在本地举行的各种业务尤其是招投标和政府采购活动中，限制、排斥外地企业参与，规定各种有利于本地企业中标的政策。[①] 主要特点：一是违法行为以限定或变相限定交易为主，指定含有排除、限制竞争的内容规定。二是这类行为大多聚焦在交通、建筑、医药、教育等公共和民生领域。三是涉案主体主要是市一级政府或所属的具有管理公共事务的部门。[②]

4. 在维护本地企业利益的旗号下，以行政权力干预地方司法为本地企业谋取利益。禁止运用司法权力为本地财政和企业谋利益，是司法公正的基本要求。但是，实践中并不是完全的令行禁止。主要有：（1）阻挠、干涉行政执法机关对经济违法行为的查处工作。为了突出

---

① 国办督查室通报深圳市有关部门涉嫌违法设置市场准入条件增设行政许可和相关协会违规收费搞行业垄断等问题，中国政府网，2021 年 4 月 15 日。

② 国家市场监督总局编：《中国反垄断执法年度报告》，法律出版社 2019 年版，第 26—30 页。

本地区利益，将一些地方重点企业和外商投资企业列为重点保护对象，规定执法人员不得涉足检查和执法。（2）对经济违法行为迁就姑息。主要是指当地领导对有关经济违法行为大事化小、小事化了，从轻象征性地处罚。（3）偏袒保护本地企业。甚至把本地司法当作地方保护的工具，往往以保护“利税大户”等为由，命令本地司法跨地区拘押与本地区企业有纠纷的当事人，这方面典型的是“鸿茅药酒”案。对当地经济利益有利就予以立案和受理，不利就推诿拒绝、设置障碍并阻止执法，是这些问题的主要表现。

（三）阻碍统一市场形成的垄断企业因素

在向市场经济的转轨过程中，一些具有市场势力的垄断企业行使垄断性行为，也可以使统一市场分割化。当前阻碍国内统一大市场形成的企业垄断因素主要有三种：

一是地方公用事业行业企业借助于政府授予的行政垄断权力，不断提高行业的市场集中度，滥用市场支配地位，经常行使排除、限制竞争行为，如排斥非本系统、本区域的供应商，或明或暗地规定某类业务必须让具备某种特殊资格的企业去做；强制客户或消费者购买其提供的设备和材料；强制用户接受其指定的经营者提供的设计、安装、施工等配套工程服务；向用户滥收各种费用，如强制收取最低用水、电、气、热费用，押金、保证金、预付款，等等；向用户搭配销售某种设备和产品。这些行为不仅使用户无法获得优质的公共资源和服务，而且剥夺了用户的选择权，限制了相关市场经营者的有效竞争，损害了市场公平竞争的秩序。

二是某些在关键技术、品牌或者渠道等方面具有市场势力的企业，尤其是某些外资企业利用技术优势或市场势力行使攻击、压榨国内竞争对手和产业链上下游企业的行为。

三是一些具有网络平台控制能力的平台型双边垄断企业，利用其市场地位以及相关管理制度的不完善，大肆进行有损于中小企业、消费者的不公平交易，对消费者行使各种压榨和盘剥等行为。

从这些年中国反垄断实践案例看，后两种垄断行为在内容上主要是三种：（1）垄断协议。中国转轨经济中，围绕燃气、药品、汽车零部件、乳粉等消费和企业竞争领域中的垄断协议性质的案件频发，对公平竞争损害严重，也是反垄断执法的重点。其中，价格垄断协议是普遍和基本的垄断行为。在一些产能过剩的领域，如建材等，则频繁爆发生产数量和销售数量的垄断协议行为，目的是控制市场和排除、限制竞争。（2）滥用市场支配地位。2008 年以来，中国在半导体、通信、化工、医药、交通、公用事业等几十个行业和领域，查处了一系列企业滥用市场支配地位的垄断案例，著名的如高通、利乐、三星、海力士、美光、爱立信公司等滥用市场支配地位案等。（3）经营者集中。现实的经营者集中现象的主要特点：集中的交易主体，内外资企业都有所增加，其中境内外企业之间的集中减少，国有企业参与的集中增加，民营企业参与的集中减少。兼并集中多发于汽车及其零部件业、交通运输和仓储业、房地产业三大行业，其他行业极少；从交易类型和模式看，横向兼并形态最多，纵向兼并形态其次，混合兼并形态最少但是增长较快，股权收购是主要的集中模式。①

二、阻碍国内统一大市场形成的深层次原因

在市场经济运行中，只有政府这种具有强大的超经济强制的力量，才可以长期、大幅度地干预和分割市场，而企业的市场势力往往是暂时

① 国家市场监督总局编：《中国反垄断执法年度报告》，法律出版社 2019 年版，第 7—25 页。

的，破除企业的垄断势力，应该是政府相对容易做到的事情。因此，本部分我们重点剖析来自政府的阻碍统一市场建设的动机和行为。

为什么转轨经济中纵向的政府治理会阻碍统一市场形成？表面上看，是中国市场化取向的改革不彻底导致的，还没有真正形成市场机制在资源配置中起决定性作用以及更好地发挥政府作用的体制机制模式。其实深层次的原因，主要在于中国以赶超西方国家为目标的现代化进程还在进行中，赶超型体制中的增长追赶战略，需要更加注意发挥政府“有形的手”的作用。

第一，追赶战略的决策结构，往往要集中资源突出实施非均衡战略。这种纵向的决策天然地与市场分散的决策方式相对立，必然会从纵向上撕裂统一的市场体系，造成条条、块块之间的人为分割。在经济活动相对简单、信息传输比较有效率、需要迅速做出决策反应的领域，赶超型政府的决策结构确实可以发挥出十分明显的、较大的作用。中国从全面建成小康社会转向启动基本现代化，随着社会经济活动越来越复杂，在统一市场构建已经成为实现经济协调的主要资源、手段和工具的条件下，完全有必要也有可能全面推进决策结构转向以宏观、总量、间接决策为主，给全国统一市场的建设留下成长空间。

第二，追赶战略的动力结构，往往会嫌市场驱动型增长的速度太慢，经常会认为与其让市场自我调节，不如让“有形的手”直接出击效果更好，因此这种情形下的政府就会在一定程度上替代企业进行盈利项目的决策，也会把较多的资源投放于有利于经济增长的领域，而把较少的资源投放在维护市场秩序、优化市场环境和创造市场公平竞争的机会上。如果赶超不再是政府的主要目标，那么政府的角色将发生比较大的变化。在新时代社会基本矛盾发生根本性转变、人民对美好生活的向往已经成为我们党和政府追求的主要目标的情况下，适时进行政府在发展问题上的动力变革、效率变革、质量变革，把追求高速度转向追求高质量，将是迫在眉睫的任务。

第三，追赶战略的协调结构往往在资源约束下，对产业和企业进行差别对待、突出重点和优先发展某类产业和企业，因此在这种协调方式下，出现按所有制性质管理企业、按地区倾斜方式管理经济等现象就是必然的。结果必然造成企业间、地区间严重的不公平，获取市场竞争优势的效率竞争，经常可能演变成争夺政策优惠的“跑步进京”竞争。在以竞争政策为基础的宏观协调方式下，总的趋势是无论你属于什么行业、处于什么地区、是哪类性质的企业，只要你是“中国企业”，所有的企业将分享同样的经济政策，处于同一种竞争环境。毫无疑问的是，在这种宏观经济管理协调方式下，竞争的绩效将主要取决于企业效率，取决于由技术能力、管理能力和市场能力决定的企业能力。这是解决经济运行中长期存在的“重大结构性失衡”问题的关键。

为什么转轨经济中横向的地方政府治理，会成为阻碍国内统一大市场形成的重要因素？说到底，这是由于中国地方政府在市场化取向改革中，形成了较为严重的公司化倾向，即“行政区经济”现象。这一特性叠加地方政府主导型产业政策的实施，加剧了中国统一市场的分割。具体原因有以下几点：

一是中央与地方纵向分权改革使地方政府成为具有双重职能的角色。中国在市场化取向改革过程中，长期偏向于在中央政府与地方政府之间进行纵向的行政分权改革，向市场横向分权的改革推进步伐相对缓慢。这种改革思路和举措塑造了地方政府这个具有特殊身份和职能的主体，使其具有了双重功能，既可以行使政府的公共行政管理职能，又能直接参与企业的市场活动。这虽然为中国经济增长增强了地区间竞争的动力机制，但是其中的一个副作用是容易导致较为严重的公司化倾向。这是分割统一市场、阻碍超大规模市场在双循环发展新格局中发挥作用的主要力量。我们经常可以观察到，地方政府可以为了增加自身的利益而倾向于利用手中的行政权力，运用产业政策追求市场盈利，而不是追求公共服务，以在短期中获取最有利于己的产值和财政等收入，如在流通、融通、交通、通信、电力等部门，都不同程度地存在此类问题。

二是中央政府与地方政府在利益分享方面的特殊机制设计，使其有必要和可能去干预特定市场行为。地方政府过度地参与或干预市场活动和盈利性项目，其利益方面的动机直接跟中央与地方的经济关系有关，或直接说跟中央政府与各级地方政府之间的财税“分灶吃饭”的体制设计有关。一旦各级政府间的财权划分与责任之间不够均衡，让地方政府承担了许多不在其财力范围的事权，就会迫使其在分税制外寻求新的“财路”。这是地方政府热衷于插手土地市场、推高地价和房价、花大价钱一窝蜂投资战略性新兴产业等现象出现的内在动机，也是巧立名目设置某些不合理收费项目的内在动力。再如，在以间接税为主的财政收入结构机制设计下，地方政府不得不把主要精力放在争取产业重大项目有关的努力上，轻视市场环境建设和监管，忽视公共服务发展。如果未来中国政府的税收可以主要来自直接税的形式，并以此重新设计增值税、消费税、所得税等财税政策，那么为企业和居民创造优良的市场和生活环境，将会成为地方政府的合理的行为选择。这样企业将获得发展实体经济的充分自由的选择权。

三是对地方政府官员政绩的考核评价方式，使其具有行使地方保护主义行动的外在压力。过去在高速度经济发展阶段，长期的增长主义倾向影响着对地方政府官员政绩的考核评价，产值和财政收入的不断增长，是干部使用和晋升的主要标准。以此发展理念设计的标准体系、统计体系、评价体系、绩效考核体系等长期运行，必将直接引导地方政府官员过度重视本地区行政边界内的经济增长，而较少关注区域内的公共服务、市场环境和居民福利等问题。因此，加快构建适应中国经济高质量发展的指标体系、财税政策支持体系、统计体系、业绩考核评价体系，构建有利于支持国内统一大市场建设和双循环高质量发展的机制格局，就显得非常急迫。

四是地方政府对现有法治机制进行干预的可能性，使其可能动用司法力量割裂市场。要在党的坚强统一领导下，保持法治机制的相对独立。(1) 在现有的《中华人民共和国反垄断法》中，要旗帜鲜明地规定禁止地方政府行使行政垄断行为的一般条款，包括行政垄断行为的具体形式、法律责任和处罚措施等，修改竞争法等法律法规，增强可操作性。(2) 以竞争政策为基础，统领其他经济政策。任何地方经济政策的出台，都必须经过竞争法的审查审核机制，与竞争政策有冲突的地方经济政策和行政法规条例，都要打回去重新制定或修正，清理、废除各地区、各部门制定的与国家法律、法规相抵触的地方性、行政性法规与规章。(3) 建立与完善不受地方政府随意干涉的、相对独立的司法制度和执法体制。在推进经济一体化高质量发展的一些重要区域，如长三角、京津冀、粤港澳大湾区等，为了使国家战略能够顺利贯彻落实和大力推进，建议在现有法院机构的基础上，新设立区域上诉巡回法院机制，统一处理区域内垄断事务和不正当竞争案例，摆脱地方政府对非一体化行为的司法保护。

三、加快建设国内统一大市场的主要内容和政策建议

（一）市场规模建设

市场规模建设的核心内容和突破口有两个：一是实施全面提升生产率的战略行动；二是在生产领域要推进以共同富裕为导向的分配体系改革。做大市场规模的重点不在于如何进行收入分配，而在于如何激励生产性努力、创造更多的可供分配的财富，在于激励创新、提升技术进步速率和劳动生产率。(1) 始终保持劳动生产率增长大于平均工资增长

的态势，才能在稳定宏观经济稳定运行、实现较低通货膨胀水平的前提下，不断地提高人民收入水平、消费水平、福利水平，不断地扩大市场总需求规模。（2）生产端的创新和分工水平的提升，将降低企业单位产品成本，从而使企业可能用较低的市场价格去扩大销售，扩张市场规模。（3）分配的公平，不能仅仅从再分配领域着手，而必须从生产领域的初次分配就要开始。生产领域也要讲公平，以公平促效率。不能把生产领域的初次分配悬殊的问题，全部留到再分配领域去解决。如果这样，则不仅会大幅度提高带有强制性特征的再分配过程的成本（如税收、政府转移收支等），而且往往难以达到公平取向的目的。因此，建议未来推进国内统一大市场建设的政策措施，要与推进共同富裕的目标联系起来，重点从生产领域而不是单独从再分配领域入手。后者将可能会无形中损害政府的控制能力，增加底层民众的税收负担，并对生产领域的财富创造能力产生实质性的负面效应。① 具体就是承认和界定人力资本、技术资本、知识资本和数据资本等的产权，让其与物资资本一样可以分享对剩余的索取权，真正实现劳动力创造价值的同时，也可以按要素贡献参与剩余的分配，从而刺激先进生产要素参与财富创造的积极性，实现效率变革、质量变革和动力变革。

（二）市场组织建设

市场组织建设的核心内容和突破口是要在强化竞争的过程中，建设与市场体系相适应的产业组织结构。从微观看，就是要通过现代企业制度改革，不断完善企业法人治理结构。当前现代企业制度和法人治理结构建设面临许多新情况、新问题和新挑战。核心问题是要解决产权不明晰、权责不清、政企不分、管理不科学等问题，在此基础上建设约束机

---

① 如，在流转税、增值税、个人所得税为主的税收体系下，实践中个人所得税演变为“工薪税”，而富人则能有效逃避的事实，就是一个有力的证据。加税往往增加的是底层民众的负担，而富人往往可以把对个人的税负隐含在企业成本中。

制、激励机制和协调机制，让其能够真正行使作为市场主体的行为决策。从市场看，就是要构建垄断竞争的现代市场结构，让大中小企业之间建立一种由产业链“链主”主导的市场治理结构，由此形成全球产业链集群形态的竞争结构。同时，要花大力气解决中国地方政府公司化的倾向，改变地方政府产业政策实施方法，如可以推进实施主要产业的“链长制”，由政府负责人充当“链长”帮助“链主”协调产业链中重大的要素供求关系，以及应对突发事件的冲击。此外，还需要建立和完善服务于各类专业市场的组织机构，如根据树立新型政商关系的要求，重点建设去除行政化职能的商会和行业协会；根据数字经济发展的进展和要求，解决现实中数据散乱、数据孤岛、数据封闭、数据流动性差等问题，有效利用、共享开放并充分挖掘数据价值，可以试行建立首席数据官（CDO）制度。2019 年，特朗普政府签署《开放政府数据法》，规定每个政府机构都应该任命首席数据官。2021 年 5 月，广东省发布《首席数据官制度试点方案》，标志着广东数据要素市场化配置改革进一步深化，这具有开创性意义。

（三）市场结构建设

市场结构建设的核心内容和突破口是要坚持市场取向改革，根据先易后难的原则，重点推进按要素分类市场化改革的进程，促进要素有序流动。自 2001 年中国加入 WTO 以来，多次重申要加大市场取向改革的力度，十八届三中全会的经济改革宣言，首次强调市场对资源配置的决定性作用，大幅度减少和改善政府干预。如今中国改革开放已经走过了四十多年的辉煌历史，2020 年《中共中央　国务院关于构建更加完善的要素市场化配置体制机制的意见》的发布，标志着中国建设高标准市场体系的工作迈出了关键的步骤。实践中，我们可以根据先易后难的原则分类推进。如与新经济有关的数据市场、技术市场等，因社会具有广泛而一致的认识，因此推进起来相对容易；涉及政府管理的某些要素的市场化交易，如关于环境的污染排放权交易等，也可以加快推进。而某些关系国计民生和区域福利的要素市场化，如土地、大城市户籍等，则需要等待时机。

（四）市场空间建设

市场空间建设的核心内容和突破口是推进国内各主要区域高质量一体化发展战略，鼓励在国家战略指导下，从过去强调经济竞争走向竞争基础上的协调、协作和协同，这是构建全国统一大市场的重要措施。实践证明，破除行政区经济建设强大国内市场的任务需要分区域、分阶段推进。推进思路应该从具体的一体化措施做起，如拆除要素和资源自由流动的壁垒、清理妨碍公平竞争的各种土政策、鼓励区域内国家优惠政策的复制、放开区域内的企业收购兼并、实施产业协作分工的区域“链长制”、在竞争性资源中建设国内价值链等，必须有先行区为全国统一市场建设的实现机制探路。如长三角地区，因为自古地域联通、文化相通、习性相同，具有经济发展水平高、人民生活水平高、对外开放程度高、深化改革意识强等基础和优势，就完全有条件和能力试点以国家战略推动区域统一市场建设的使命与任务。如果能在区域统一市场建设的基础上，再通过鼓励各区域市场的竞相开放，那就完全有可能形成全国统一市场体系。

（五）市场功能建设

市场功能建设的核心内容和突破口主要是矫正激励功能。市场作为资源分配的决定性机制，具有交换价值、传递信息、平衡供求、提供激励、收入分配等多种功能。未来推进市场功能建设的根本和关键，在于“搞对”激励，以驱动中国经济高质量发展。具体是指：一是要在市场取向改革不足的领域，大幅度减少政府职能，充分放手让市场机制去竞争，择优汰劣；二是要在市场取向改革过度的领域，大幅度增加政府职能，让政府“有形的手”发挥更大的作用。其中第一个方面是指市场调节不出现外部性或很少有外部性发生的盈利性领域，这些领域市场取向改革不足，将会抑制竞争和效率；第二个方面是指基础教育、医疗卫生、养老、基本住宅等公共性很强的领域，以及其他一些可能发生市场失败的领域，如重大科学技术研究、重大基础设施建设、市场监管等，这些领域的市场取向改革过度，将会丧失政府职能、损害人民群众的根本利益。另外，随着国家基本现代化目标的实现，要逐步退出赶超型增长体制和战略，减少政府的经济增长职能，也是降低政府追求市场利益的激励动机，破除地方保护、行业分割和市场壁垒的根本性举措。为此，现阶段对地方政府的政绩和干部晋升，要减少GDP、财政收入增长等指标的考核，增加区域内民众满意度、幸福度、获得感的考核。要改变地方政府的收入结构，建立以直接税为主的收入结构，减少其对土地财政和盈利性大项目的依赖，由此将引导地方政府优化生活环境，而不是热衷于保护本地企业。

（六）市场机制建设

市场机制建设的核心内容和突破口是以竞争机制为基础的统领机制体系改革。建设国内统一大市场的基本路径，要使地方政府在市场经济中适当地行使两类与区域协调、一体化发展有关的合法权力：一是就跨区域公共产品和服务的提供问题，如规划、交通、环保、科技创新联合等，加强地方政府间的政策协同和配合；二是贯彻执行国家统一的竞争政策，扫除地区行政和政策壁垒，并用于规制企业组织的市场行为。围绕改革路径，从短期来看，第一个突破口是要清理包括税收优惠在内的一系列优惠政策。主要针对过去一些地方政府竞相出台优惠政策招商引资进行恶性竞争，造成产能严重过剩等体制性顽疾问题，实行统一的市场监管，及时查处并纠正各类违法违规制定税收等优惠政策行为。为此建议各主要经济区都可以设立区域上诉巡回法院，不仅要按照竞争法和反不正当竞争法来清理各类区域可能的歧视性政策，而且也要按照竞争法来统一管理区域内企业。第二个突破口是要在政策上平等对待市场主体，提倡公平竞争。其关键点：一是破除等级制管理，市场主体只有大小规模之分，没有行政等级和高低之分；二是取消把企业按照所有制分类管理的办法，统一按照“中国企业”概念进行管理；三是坚持竞争法的精髓，即行为上坚持保护竞争而不是保护竞争者，在竞争面前一视同仁。第三个突破口是要实现自然垄断、公用事业竞争性环节的市场化。其关键点：一是从增加这些自然垄断、公用事业竞争性环节的财务和竞争压力入手，让其主动选择让这些环节进入市场，或按市场化原则去经营；二是要实施自由进入政策，放开这些环节的进入竞争。

（七）市场环境建设

市场环境建设的核心内容和突破口是以降低市场主体的交易成本为目标，大力发展各种能够提升生产效率、促进制度创新的现代生产性服务业。交易成本可分为制度性交易成本与非制度性交易成本两种，前者指企业因遵循政府制定的一系列规章制度条例而必须付出的成本，如生产经营和投资等活动中支付的各种税费、融资成本等；后者是指因地理条件阻隔和信息交流限制等给企业增加的交易成本。上述两类成本的降低，都可以通过大力发展现代生产性服务业的途径来实现。(1) 大力发展现代服务业，有利于供给侧的创新发展。现代服务业尤其是生产性服务业是产业价值链中增值最大、最具竞争优势，也是最具战略性的高级环节。在现代生产性服务业中，密集地隐含着巨大的技术资本、知识资本和人力资本投入，因而其产出也是一种差异化极强的无形产品，这直接决定了使用这些产出的企业产生的市场竞争力。现代生产性服务业是把日益专业化的知识技术引入商品和服务生产过程中的飞轮，同时也是这些资本进入生产过程的重要通道。服务形式的投入占生产总投入的比例，反映了产业结构的“软化”，以及产业结构升级和竞争力水平的上升。因此发展现代生产者服务业，可以从多方面提升中国产业的附加值率，提升产业技术水平，实现制造业高质量发展。[①]（2）实践证明，大力发展高铁网、高速公路网、通信网络等，可以大大提高信息传递和物流的效率，降低企业外生的交易成本。（3）现代服务业是制度敏感性很强的产业，大力发展现代服务业，有利于推动体制和机制的全面深化改革和创新，有利于降低制度性交易成本。无论是现代企业的产权体系和治理结构，还是现代市场体系的秩序和运作规则，或者是政府公共服务职能的法制化和现代化，都与现代服务业的发展有直接的关系。另外，服务业对制度供给和供给质量的高度依赖的特性，也决定通过制度创新，不仅可以迅速推进现代服务业发展，而且可以进一步释放中国的经济增长的潜能。[②]

---

① 刘志彪：“发展现代生产者服务业与调整优化制造业结构”，《南京大学学报（哲学·人文·社会科学版）》2006 年第 5 期。

② 刘志彪：“现代服务业发展与供给侧结构改革”，《南京社会科学》2016 年第 5 期。

国内统一大市场助力构建新发展格局[①]

当前，世界百年变局和新冠肺炎疫情交织，单边主义、保护主义抬头，经济全球化遭遇逆流，建立健全国内统一大市场，不仅是让市场在资源配置中起决定性作用的改革目标的具体化和深化，还与国际市场风云突变、必须重视利用超大规模国内市场优势密切相关，是加快构建新发展格局的基础性要求。

国内统一大市场建设的中国特色

国内统一大市场是我国社会主义市场经济体制改革的重要目标之一，特指我国国内市场形成一体化、开放化、竞争化和有序化等内在运行特征，具有规模巨大、结构完整、功能强大、机制完善和环境优化等显著的外在特征，从而顺利构建以国内大循环为主体、国内国际双循环相互促进的新发展格局。

在上述界定中，国内统一大市场的内在特征，是指其内生或内含的本质规定性。其中，所谓一体化指市场的非制度分割特性，国内各区域市场之间形成日益紧密的联系和协调，彼此相互影响、相互促进，逐步

① 本文系研究阐释党的十九届五中全会精神国家社科基金重大项目“内需主导型全球价值链视角下构建‘双循环’新发展格局研究”（21ZDA007）阶段性成果。本文原载于《中国社会科学报》2021 年 11 月 26 日。

走向由广义价格体系统一调节商品和要素市场配置的状态和趋势；开放化指市场的非封闭特性，国内市场主体要与外部世界充分地交换信息和能量，由此不断地降低内耗，增强自身实力；竞争化指市场的非垄断特性，任何市场主体都不能独立或合谋决定市场价格，它们只能是价格的接收者，公平竞争是市场主体生存发展的唯一准则；有序化指市场的非无序性特性，市场运行并非混乱无序，而是呈现出一定的稳定性、规则性、相关性和大概率性。

国内统一大市场的外在特征，是指具有上述内在特性的市场在运行时的外在表现形式。其中，规模巨大指市场容量的超大规模性。这种对市场规模的判断，依据的不是简单的需求加总，而是企业可以实现规模经济的程度。也就是说，如果国内市场规模因为市场分割的原因，本身不足以为企业实现规模经济提供空间，那么即使来自本国的需求总规模再大，也不属于统一市场。同理，市场规模巨大，并不是指潜在市场规模大，而是要求现实市场具有较大规模，因此疆土辽阔、人口众多等因素，只能说明潜在市场规模，并不等同于现实市场规模。结构完整指市场的门类齐全，如所有权市场和使用权市场等发育完整，商品市场和要素市场配合，现货市场和期货市场齐全，区域中心市场地位突出，可以实现资源、商品和要素的最优联动配置。功能强大指市场机制可以最大限度地发挥资源配置的决定性作用，不仅有信号传递功能，还有资源配置的激励功能，以及收入分配调节功能。机制灵活，一方面指市场价格机制和供求机制是调节商品和要素配置的主要工具，广义的价格机制调节商品和要素的供求关系，后者反过来也调节价格关系；另一方面指市场主体具有强大的动力、活力和应变能力，不仅能够根据市场信号变化快速地进行自我决策、自我扩张，还能够有效地实现自我约束和自我收缩，独立地承担决策责任。环境优化指市场活动能够最大限度地为企业降低各种制度性和非制度性交易成本，提高本土企业的国际竞争力。

上述所描述的国内统一大市场，都是市场经济体制中的一般性特征。但在这个现实世界中，因为历史、文化、政治、经济基础等决定的国情各不相同，各国市场经济的运作模式也各有特点。总体来看，从计划体制向社会主义市场体制转型中的中国，国内统一大市场的建设和完善过程更具中国文化和中国体制的特色。

一是强劲有力的纵向治理。在市场取向的改革中，无论行政管理体系如何变动，我国中央政府通过各种方法管理市场经济的力度、程度和强度都要高于一般的市场经济国家。就国内统一大市场的形成来看，中央政府实施的产业政策和竞争政策，是影响市场竞争的两种主要方式。其中，中央主导型产业政策是在资源有限的情况下，根据不同时期的国家发展战略确定重点产业部门，是国家实施整体赶超战略的重要组成部分。但是，如果这种产业政策数量过多、实施方式过于依赖行政命令，也会在某种程度上阻碍国内统一市场建设的进程；在强调发挥市场机制对资源配置决定性作用的同时更好发挥政府作用的社会主义市场经济体制下，竞争政策在宏观经济政策中的基础性地位得以进一步突出，其与建立健全国内统一大市场的基本要求也高度一致。

二是竞争主导的横向治理。在市场取向的改革中，随着放权让利和各种责任主体的塑造，地方政府成为经济运行中的“准市场主体”，由此中国经济出现了一个与世界各市场经济国家发展不同的演化特征，就是“行政区经济”的竞争占据主导地位。地方政府以其行政边界为利益单位和竞争单元，追求自身域内的利益最大化，导致行政区内资源高度集中，行政区之间高度竞争。因此，与横向协调职能主要是由市场机制和企业主体承担的绝大多数市场经济国家不同，中国区域间的市场协调并不完全是市场机制，而是高于其上的地方政府的行政机制。这就给区域间的市场运行和经济竞争带来许多特点，如发展动力极其强大，由此带来中国经济超高速增长，但由于这种增长与发展机制缺少一定的预算约束，地方政府容易形成投资冲动和增长第一的偏向，由此形成盲目重复投资、高债务风险以及投资效益低等问题，也会在某些问题上形成地方政府分割市场和保护本地利益的倾向。

国内统一大市场：新发展格局的构建基础

建设国内统一大市场是一项基础性的制度改革，但其迫切性更多体现在，它是构建新发展格局的基础支撑。

一是建立健全国内统一大市场是把握未来发展主动权的战略性布局和先手棋。近年来，经济全球化进程发生逆转，新冠肺炎疫情蔓延也加剧了逆全球化的趋势，发达国家内顾倾向上升，全球产业链供应链发生局部断裂，对我国经济循环产生重大影响。过去我们针对西方市场实施出口导向的发展战略的环境条件已经发生重大变化，必须根据形势的变化，提出引领发展的新战略和新思路。这就要开始重视和利用我国日益强大的国内市场。随着中国经济实力的不断加强以及国内购买力的增长，中国市场不仅可以为自身经济增长提供有力支撑，还可以为带动世界经济增长做出中国贡献。因此，建立健全国内统一大市场是为构建新发展格局而做出的全面部署和先手棋，是在新发展阶段着力推动完成的重大历史任务，也是贯彻新发展理念的重大举措。

二是建立健全国内统一大市场是畅通经济循环的关键所在。构建新发展格局的关键是实现经济循环，而且要以国内循环带动促进国际循环。经济活动需要产业链上各种商品和要素的无缝链接，再生产各环节实现正常循环。如果链接或循环过程中出现堵点、断点，微观层面表现为企业的停产、限产甚至破产等，宏观层面会出现增速下降、失业增加、风险积累、国际收支失衡等问题。面对当前复杂的国际国内形势，畅通经济循环最主要的任务是保证产业链供应链的安全性、稳定性和有效性，消除关键技术、原材料等瓶颈制约，增强供给体系的韧性。显然，健全的国内统一大市场尤其是要素市场，将在其中发挥极其重要的机制和载体功能，有利于促进国内供需有效对接。如国内近来的拉闸限电现象，表面上看是电力不足导致，而其内在的根本原因，除“能源双控”指标约束外，主要还是煤电价格联动机制出了问题，电力市场与煤炭市场未能实现有序循环。

三是建立健全国内统一大市场是实现产业高水平自立自强的内在要求。当前，一方面，我国生产要素的相对优势出现变化，劳动力成本不断上升，资源环境承载能力逐渐走向瓶颈，利用技术创新消化高成本的重要性日益明显。“十四五”规划提出的重大举措就包括科技创新和突破产业瓶颈。另一方面，近年来美国不断加大对中国的科技封锁力度，我国急需在关键领域核心技术方面破解“卡脖子”难题。因此，高水平自立自强的科技创新成为我国能否更好生存和发展的关键问题。只有立足于国内强大的统一大市场，切实畅通国内大循环，加快壮大自身高技术产业，才能在各种狂风暴雨、惊涛骇浪中，增强我国的生存力、竞争力、发展力、持续力。建设国内统一大市场，对激励企业技术创新、形成高水平自立自强的产业体系具有重大的推动作用，主要体现在诱发技术创新、降低技术创新成本和集聚创新人才与资源等方面，尤其是来自消费者日益提高的多样化消费需求，可以激发企业形成持续性的技术创新。

四是建立健全国内统一大市场是实行高水平对外开放的重要基础。强大的国内统一大市场是稳定经济循环体系的基本盘，具有“向内集聚资源”和“向外集聚资源”的双重作用。它不仅可以形成对全球要素资源的强大吸引力，发展本国的创新经济，也可以助推中国企业在激烈的国际竞争中“走出去”，增强在全球配置资源的能力，进而塑造我国参与国际合作和竞争新优势。

正如习近平总书记指出的那样，“当今世界，最稀缺的资源是市场。市场资源是我国的巨大优势，必须充分利用和发挥这个优势，不断巩固和增强这个优势，形成构建新发展格局的雄厚支撑”。为此，我们要根据我国经济发展实际，通过建立起扩大内需的有效制度，释放我国强大的内需潜力，使建设超大规模的国内统一大市场成为一个可持续的发展过程。

切实加快国内统一大市场建设

一是加快市场规模建设。我国具有庞大的潜在市场规模，现实市场规模还有待进一步扩大。这就要求在实施全面生产率提升战略行动的基础上，推进以共同富裕为目标的分配体系改革。做大市场规模的关键，在于如何激励人们创造更多的财富。只有生产率不断增长，才能不断提高人民收入水平、消费水平、福利水平，才能不断地扩大市场总需求规模。同时，由于不同收入水平的人群具有不同的消费需求，收入分配的改善可以直接推动市场总需求规模的扩大。但是，分配的公平问题，应该从初次分配领域就开始重视并采取积极措施，而不能把生产领域初次分配的问题留到再分配领域去解决。如果这样，不仅会大幅提高再分配过程的成本，进一步提高税收水平，还会对生产领域的财富创造能力产生实质性影响，难以达到公平分配的目的。因此，推进国内统一大市场建设的政策措施，要与推进共同富裕的目标联系起来，重点从生产领域而不是单独从再分配领域入手。

二是加快市场结构建设。我国商品市场与要素市场之间发育不均衡，要素市场发展相对滞后。这就要求大力推进按具体要素分类的市场化改革进程，促进各种要素有序流动。2020 年《关于构建更加完善的要素市场化配置体制机制的意见》的出台，标志着我国高标准统一大市场建设工作迈出了关键一步。在深化改革的实践中，我们可以根据要素的特性，按照先易后难的原则，分类推进各市场门类的发育、改革和发展。如因关系到发展质量的提升并具有广泛的社会认知，那些与创新经济发展直接相关的数据市场、技术市场、人力资本市场等，可以放在改革的优先位置加速推进；对涉及政府管制的某些要素的市场化交易，如关于碳排放、排污权的交易等，也可加快推进。

三是加快市场功能建设。我国市场取向改革不足与市场取向改革过度的领域并存，由此造成一定的混乱。这就要求充分发挥市场在资源配置中的决定性作用，更好发挥政府作用，以此促进中国经济高质量发展。一方面，在当前市场取向改革不足的领域，如人才、技术、资本、土地等要素市场化方面，进一步增加政府简政放权力度，放心、放手、放活市场竞争；另一方面，在过去市场取向改革出现过度化的领域，如基础科研、教育、医疗、养老、基本住宅等方面奋力纠偏，让政府“有形的手”更多、更好地发挥作用。前一个问题关系到充分竞争和提高效率；后一个问题则关系到公平正义，关系到政府职能和信誉，关系到人民群众的根本利益。

四是加快市场机制建设。我国在经济转轨中形成了“行政区经济”的格局，在一定程度上加剧了区域分割和非一体化，抑制了有效竞争。这就要求贯彻执行国家统一的竞争政策，并以竞争政策引领政策体系改革。当前，第一，要针对一些地方政府竞相出台优惠政策招商引资进行恶性竞争，造成产能严重过剩等体制性顽疾，实行统一的市场监管，及时查处并纠正各类违法违规制定税收等优惠政策行为，按照竞争法和反不正当竞争法，及时清理各类区域可能存在的歧视性政策。第二，要在政策上取消按照所有制、企业规模、行业、地区等分类管理企业的做法，破除企业的等级制管理，统一按照“中国企业”的范畴进行管理。坚持竞争法的根本要求，即行为上坚持保护竞争而不是保护竞争者，在竞争面前所有企业一视同仁、条件均等。第三，要逐步实现自然垄断、公用事业竞争性环节的市场化，实施自由进入政策，放开这些环节的进入竞争。

五是加快市场环境建设。我国企业市场运营仍面临较高的交易成本。这就要求大力发展各种能够提升生产效率、促进制度创新的现代生产性服务业。实践证明，交易越频繁，活动越复杂，其交易成本就会呈指数级上升。作为体现经济运行交易成本的产业，现代生产性服务业对制度变化十分敏感、依赖性强，可以通过实现其专业化、规模化、智能化发展，大力降低这种交易相对成本。无论是现代企业的产权体系和治理结构，还是现代市场体系的秩序和运作规则，或者是政府服务职能的法制化和现代化，都与现代服务业的发展直接相关。同时，大力发展高铁网、高速公路网、通信网络、跨境或国内交易网络等生产性服务业，可以极大提升信息传递和物流效率，从而显著降低企业的非制度性交易成本。

全国统一大市场为高水平社会主义市场经济体制提供坚强支撑①

什么是全国统一大市场

《中共中央 国务院关于加快建设全国统一大市场的意见》（以下简称《意见》）公布后，有不少人士产生了如下困惑：统一市场是不是那种在大数据支撑下，以国家统一计划管理或主导的市场，是不是市场中的一切事务都要由中央政府来进行管理和决策？这种理解是完全误读了统一市场的概念，更谈不上对《意见》重要价值的深入把握。

“统一市场”的英语名称是 integrated market，欧盟、东盟、区域全面经济伙伴关系协定（RCEP）的统一市场或一体化市场，用的都是这个词，都是指由市场机制作为资源配置的决定性机制或者主要机制的一种经济体系。根据我国建立社会主义市场经济体制的目标要求，全国统一大市场是由市场主体根据竞争性价格信号进行分散决策，同时便于政府进行宏观管理的大市场。按照《意见》的提法，这里的“统一”，指的是国家层面的政策、规则和执行上的统一，所谓统一大市场，是指在

---

① 本文系国家社科基金重大项目（21ZDA007）阶段性成果。本文原载于《光明日报》2022年4月9日。

提高政策的统一性、规则的一致性、执行的协同性的基础上，由更加充分的市场竞争所形成的无歧视、公平竞争的大市场。这是对统一大市场这个范畴最重要、最基本的理解。很明显，如果政策、规则、执行都不统一，市场何来公平和正义？营商环境怎么能降低企业的交易成本？另外，政府在政策、规则、执行等方面的统一性和一致性，正是其弥补市场外部性的主要职能，体现了“更好发挥政府作用”的改革要求。

全国统一大市场与国际大循环的关系

有人提出，提倡搞全国统一大市场或建设国内强大市场，是不是对外循环就不重要了？其实，建设全国统一大市场，就是为了助力在新发展阶段实现新一轮高水平开放，促进基于内需的经济全球化。建设这个统一大市场，必然涉及对外开放、参与外循环、进入国际市场、嵌入全球产品内分工等问题。

《意见》依据全国统一大市场的要求，提出了立足内需、畅通循环的谋划。过去我国参与经济全球化，主要立足于外需，采取的是出口导向战略，以外循环带动内循环。在当时，中国主要是加工制造出口平台，国内市场是不是统一大市场对于扩大出口并不是十分重要。但是，进入新发展阶段，加快形成新发展格局战略目标的提出，使建设国内统一大市场成为亟待解决的现实而重要的问题，因为进一步建立和完善国内统一大市场，有助于我们以庞大的内需市场引领和推动外循环，积聚资源培育国际竞争合作的新优势。总之，以国内大循环和统一大市场为支撑，有效利用全球要素和市场资源，使国内市场与国际市场更好联通，推动世界经济增长，进而增强中国在全球产业链、供应链、创新链的影响力，提升国际经济治理话语权。

建设全国统一大市场对深化改革提出了更高要求

从实践看，全国统一大市场建设的障碍来自纵横两个维度。横向维度，一是来自地方政府，因为其可以行使分割市场的行政垄断行为；二是来自具有市场势力的垄断企业。纵向维度，主要是一些政府部门如果实施有违竞争政策的条例、规定、措施等，可能对统一大市场产生分割效应。

此次《意见》的公布，就是要求深化改革，提出的基本原则是从完善市场的基础制度做起，立破并举。所谓“破”，就是加快清理妨碍统一市场和公平竞争的各种规定和做法，破除各种封闭小市场、自我小循环，如地方保护和区域壁垒、妨碍依法平等准入和退出的规定和做法等。所谓“立”，就是建设统一市场的基础制度、高标准联通的市场设施、统一的商品与服务市场、公平监管体系，以及对不正当市场行为进行干预。这些制度的落实、落地和落细，需要进行实质性的政府职能改革。从中长期来看，重点在于改革和优化地方政府职能，以实现高质量发展、更好满足人民美好生活需求为目标，淡化地方政府的经济增速目标，消除市场分割、地区封锁和利益藩篱。为此，必须进行包括政绩评价考核体系、中央与地方财权事权重新划分、机构设置和优化等在内的一系列的系统性、配套性改革。

改革开放以来，地方政府竞争是中国经济增长的动力来源之一，是中国体制优势的体现。利用政策优惠和各种补贴来吸引投资是地方政府获取竞争力的主要手段。应该看到，这些手段在强化地方政府发展主体地位、给中国经济发展注入巨大动力的同时，也带来了债务风险加大、产能过剩、发展粗放等副作用。尤其是，原本应该是一体化的大市场，出现了一些政策“洼地”，不仅庞大国内市场的优势如规模经济、范围经济没有得以充分发挥，而且企业面对的竞争环境也不能完全均等。如果按照《意见》所提出的那样，建设全国统一市场，强化统一的基础制度、建设高标准联通的市场设施、形成统一的商品与服务市场、进行公平监管、规范不正当竞争行为，那么随着全国统一大市场的建设，各地竞争政策的条件将趋于均等，地方政府间的增长竞争也会逐步转向高质量发展竞争。从这个意义上看，《意见》将重塑中国经济基本格局，是中国经济发展的巨大政策红利。

把握好中央政策与地方政策、产业政策与竞争政策的关系

依据建设全国统一大市场的要求，中央政府必然要实施中央主导性产业政策。全国统一大市场既是中央主导性产业政策实施的前提，也是它实施的结果。在实施中央主导性产业政策的条件下，产业内所有企业的竞争条件是平等的，但由于不同产业的企业在竞争条件方面存在重要差别，由此会诱导或推动资源在产业间进行转移，进而促进经济结构转型升级。改革开放以来很长一段时间，地方政府的经济功能在放权让利改革中不断做大，从而产业政策的实施主体主要是地方政府。这种各地相互竞争的产业政策，在促进经济发展的同时，会导致出现市场分割现象，如竞相比拼政策优惠。未来在中央主导性产业政策的条件下，地方政府运用优惠政策的空间将受到一定抑制，但是其改善营商环境、提供市场公共品、执行竞争政策和反不正当竞争政策等方面的动力会增强。如《意见》提出，要结合区域重大战略、区域协调发展战略的实施，鼓励京津冀、长三角、粤港澳大湾区以及成渝地区双城经济圈、长江中游城市群等区域，在维护全国统一大市场前提下，优先开展区域市场一体化建设工作，建立健全区域合作机制。积极总结并复制推广各地政府推进市场一体化发展的典型经验和做法，将有助于形成区域统一大市

场，并在此基础上通过区域间开放最终形成全国统一大市场。

在全国统一大市场下，产业政策与竞争政策或反垄断政策是什么样的关系？其实，通览《意见》全文，从头至尾就是一份确立竞争政策在国家经济政策体系中的基础地位的宣言书，表明中国将以更加健全的公平竞争制度框架和政策实施机制，建立起公平竞争政策与产业政策相协调的保障机制，同时优化完善产业政策的实施方式。众所周知，产业政策讲究效率、追求经济增长，而竞争政策追求公平、讲究平等竞争，是市场经济体制健康运行的最基本规则。进入高质量发展阶段，贯彻落实新发展理念，要求我们以公平竞争来纠正经济失衡。只有坚持在政策、规则和执行上对各类市场主体一视同仁，才能做到优胜劣汰、鼓励先进，不断优化市场营商环境。

区域统一大市场建设：长三角的案例

协调竞争规则：长三角地区经济一体化的重要基石①

尽管长江三角洲地区的经济竞争是主权国家内的区域经济竞争，但在我国体制转轨时期，由于市场利益主体和竞争主体的特殊性，导致竞争的行政行为扭曲和资源配置、使用的社会高成本。必须借鉴欧共体创建和欧盟运行的经验，在中央政府的统一指导下，协调相关地区的竞争规则，促进长江三角洲地区经济一体化进程。

一

长江三角洲地区经济一体化的问题提出已经有 20 多年的历史。在这 20 多年的发展中，绝大部分人都认为，该地区经济中竞争内耗问题和发展的外部性问题在程度上不是降低了，而是随着经济总量的扩大越来越严重了。为什么文化上如此丰富、资源禀赋上如此相同、历史上具有如此多的密切联系、经济结构上如此互补的长江三角洲地区，却在现实经济发展中未能形成一种一体化发展的格局？这个疑问随着 1993 年 11 月 1 日欧共体马斯特里赫特条约的生效，中国加入 WTO 而更为加深

---

① 本文原载于《南京政治学院学报》2002 年第 4 期。

了。人们越来越深入地发问：主权独立的若干欧洲国家尚能在某些重要的经济领域将某些国家主权交给一个跨国机构，在某个条约的基础上建立一个一体化发展组织和发行统一的欧洲货币，而在一个主权国家的某个经济区域内部，却难以形成一体化协调发展的格局？这种分散主义导向的地方经济发展格局究竟要或者究竟能持续多久？

全面回答这些复杂的问题不是本文的任务，也不是一篇短文能够回答得了的。主权国家之间的经济联合与一个主权国家内部的区域经济联合其实完全不同，从理论上看，在中央政府的主导下，一个主权国家内部的区域经济联合应该更加容易操作，所涉及的问题也应该简单得多。但从实际操作上说，目前在长江三角洲地区建立一体化协调发展机制受到地方政府行政边界利益的强力制约，在地方政府主导发展的格局中，缺乏一个统一协调的有效的竞争规则。

根据欧共体创建和欧盟运行的实际经验，一个统一协调的有效的竞争规则，对建立长江三角洲地区一体化发展的机制相当重要。如果没有它的支撑，就无法在长江三角洲地区大市场范围内，协调各地区政府的行为，无法使区域内的市场主体进行充分的、有效的、公平的市场竞争，也无法防止市场竞争被各地区行政权力和垄断势力扭曲进而影响大市场范围内的资源有效配置。

虽然目前长江三角洲地区的经济竞争，在性质上是在一个主权国家内部的区域经济竞争，但是由于中国经济体制转轨时期的特殊性，在市场利益主体和市场竞争主体方面形成了两个独特的层面：一是企业主体，其中包含大量参与竞争的国有企业和国有控股企业，主要受制于地方政府的行政决策；二是地方政府主体，目前其职能权限被界定过宽，市场功能依然十分强大，在一定程度上也是市场的利益主体和竞争主体。因此在体制转轨时期，地方政府主体经常代替企业主体进行决策。由于地方政府机构的行为并不必然是国家的行为，而在许多情况下是一种具有行政垄断特征的企业行为，或者是一种“准市场化”行为，因此，在这种制度结构下的市场竞争，其目的必然是寻求地方行政区域边界内的垄断利益最大化，或地方行政区域边界内的垄断成本最小化：一方面要防止区域内利益“外溢”，另一方面最好是由其他主体承担区域内发展成本。这必然会导致利益独立决策前提下的区域之间的盲目竞争，必然是市场竞争的行政扭曲和资源配置的高社会成本。例如，在涉及长江三角洲各地区资源利用和市场建设的经济决策时，仅仅考虑自己的利益边界而使必要的经济合作难以进行；全面进占外地市场而对本地市场进行各种人为的保护和限制；在生态环境方面不考虑或较少考虑对临近地区的外部性影响，等等。

二

改革开放20多年来的实践中，我们一方面在地方分散主义的体制格局中取得骄人的经济增长业绩，另一方面也为这种分散主义的竞争付出重大的发展成本。官方和学术界越来越清晰地认识到，长江三角洲地区的一体化协调发展，必须在中央政府的统一指导下，建立一个区域共同市场，逐步协调地区政府的经济政策，推动区域共同市场内部经济生活的协调发展，推动持续、平衡的经济增长和提高生活水准，并增进在区域共同市场联合基础上的地区之间的密切关系。根据欧共体建立的经验，避免高发展成本和发挥区域共同市场的优越性只能在一定的条件下得以实现的局限性，其中最重要的条件就是要推动在长江三角洲地区大市场范围内实现有效的竞争。

本文论及的在长江三角洲地区大市场范围内推动实现有效竞争的目标，是指在中央政府的统一指导下，通过协调各地区的竞争规则和经济发展战略，建立一个不被行政关系和垄断力量扭曲的区域共同市场，使区域内真正的市场主体进行充分的、有效的、公平的市场竞争，实现区域共同市场内资源的高效率配置。

根据欧共体创建和欧盟运行的经验，要全面地实现这一目标，必须分成若干个阶段。除了必须在经济体制改革和转轨过程中有效地限制地方政府参与市场竞争的行为之外，还必须通过某些具体的协议，达成对各地区竞争规则的协调，并在这些具体协议的基础上，最终达成全面的经济合作和发展的协议或规章。例如，从 1951 年 4 月 18 日建立的欧洲煤钢共同体，到 1957 年 3 月 25 日欧洲经济共同体条约和欧洲原子能共同体条约的签署，再到 1993 年 11 月 1 日欧共体马斯特里赫特条约的生效，以及 21 世纪初欧洲货币联盟的建立，欧洲联盟的创建经过了半个世纪的艰难历程。

当然，长江三角洲区域共同市场的创建不能与欧洲各个主权国家之间的联合进行简单的类比。但是，在中国，如果没有强有力的中央政府的主导作用，不对现行的行政关系和地方政府权力结构做出一定的调整，那么可以肯定，在现有行政格局条件下推进地区经济一体化可能并不比欧盟经济容易整合。长江三角洲地区是不可能通过一些简单的行政会议和宣言就可以一下子全面联合起来的，而必须通过某些具体的和现实的行动进行实实在在的联合，在这些以市场为导向的活动中，逐步产生出各地区企业主体的自我联合、自我协调和自我发展机制，具体包括：

1. 建设统一的、具体门类的专业市场体系。为发挥上海的国际贸易中心功能，以及江苏的制造优势和浙江的销售优势，三地要本着先易后难的原则，引导有实力的企业特别是民间资本联手共同投资培育、建设并竞相开放面向本区、全国和全球的大型商品、生产要素市场。在上海、南京、杭州、苏州、无锡、绍兴、宁波等中心城市，建立、完善由跨地区的企业集团负责运作的各类生产要素市场，发展不同类型和规模的商品交易市场，运用国际统一标准规范市场行为，重构统一的商业信誉体系，以促进区域统一市场的形成、完善和发展。

2. 建立统一的农业产业化基地。长江三角洲地区的中心城市都要以各地大城市市场和国际市场为导向，推动第一产业向都市型农业转型，发挥上海的市场容量和市场信息优势，以及苏浙两地农业科技水平较高和资源及加工能力强的优势，重点培育一批具有一定规模、技术含量和附加值高的种子、种畜、种苗基地和农产品产、加、销或贸、工、农一体化龙头企业，采取多种灵活的微观企业组织形式，扶持建设绿色的、无污染的农副产品生产、加工及创汇农业、生态农业、观光休闲农业，以及面向全国和国际市场的农产品交易市场体系。

3. 建立大的工业技术创新项目的联合体。要集中三地的资源优势和管理优势，以股份制投入为基本着眼点，重点对以电子信息、生命生化科学和新材料为代表的高新技术产业进行合作创新和攻关，建设并重点支持这些产业的优秀品牌。在技术创新上，要以企业特别是三地上市公司为主体，对国际上成熟的产业实施“动态跟随式引进”战略，改造传统产业，以促进产业升级和产品创新，瞄准国际尖端的先进技术领域进行自主创新。同时，三地政府要通过制定一体化的配套政策，确保研究和发展基金及财政金融部门对企业技术创新的投入，特别是在支柱产业、高新技术产业及环保产业上实现技术创新的突破，从而大大缩小长江三角洲地区的技术水平与世界先进水平的差距。

4. 综合性旅游金三角项目建设。发挥上海国际大都市与江、浙、皖旅游景点多、文化内涵深、地方特色强和都市、山水风光互补的优势，进一步开展多方位合作，建设形成苏、浙、沪、皖大旅游圈。一是利用宁沪杭甬沿线快速、便利的交通条件，在上海及江、浙两省各大城市建立旅游散客服务中心，并开通旅游热线和散客班线。二是相互允许大的旅行社在对方设立业务代办销售点，并可合作建立旅行社。三是共同探索实施跨地区旅游连锁经营。四是联合各地积极筹办各种综合品牌的旅游活动，构造大旅游购物环境，形成新一轮旅游消费热点。五是苏浙沪甚至联合安徽共同协调和参与本区旅游资源的规划和开发，突出各地的发展重点和特色，形成旅游消费“套餐”。

5. 综合交通体系建设。在沪宁、沪杭、杭甬高速公路通车、铁路列车提速的基础上，完善长江三角洲地区的综合交通体系建设，并向运输网络优化发展。建设完善特大城市、大中城市和中小城市之间的现代化交通运输网络。在建设上海国际航运中心集装箱深水港的同时，发挥浙江沿海、江苏沿江港口群体的副中心作用，把一些国际上的大的船运公司适当引进长江内河，缓解上海港日益增长的运输压力。为此要改造提升沿江港口的运转功能，协调好三地沿海沿江岸线资源的合理开发及科学管理。

6. 某些制造业项目的分工与合作。根据发挥优势和共同发展的指导思想，打破行政区划界限，统筹规划和积极提高本区制造业的竞争能力，重点实现汽车、电站和精密机械设备、家电和现代通信设备等制造行业的合理分工和优势的有效互补。其中，汽车工业要实现企业和地区的分工，以上海通用和大众的轿车、南京跃进的轻型车、扬州亚星的大客车、浙江的重要零部件等分工与协作为基础，组建若干大型的汽车企业集团，增强汽车系列产品和重要零部件的生产能力；电站和精密机械设备制造要增强地区协作和提高技术水平，使部分重点产品的质量达到国际优质标准；家电和现代通信设备要实现各企业的产品主导方向合理分工，进行必要的资产兼并和重组，集中攻关重要家电和通信设备的关键零部件技术，积极生产程控交换机、移动通信设备等。

三

根据欧盟创建的经验，一个重要的具体经济领域中的合作和统一市场的建立，要在签署共同条约的基础上，将这项国家主权交给一个跨国机构行使，其目的是制定和执行共同体市场的政策和法律，及时解决涉及共同体市场的法律争议。为此还要建立部长理事会、欧洲委员会、欧洲法院和欧洲议会。而主权国家内部的地区经济一体化，不需要复杂的行政和法律程序、高昂的管理成本，只要在全国统一的法律和政策体系下，在中央政府的支持和协调下，通过协调各地方法规和经济发展战略计划，制定以全国统一的法律和政策体系为基础的、适合长江三角洲地区经济一体化需要的统一协议，就可以顺利实现。在制定和执行统一协议的必要的协调组织机构方面，既可以设置在中央政府的综合机构内部，也可以由中央政府授权、各地主要领导参与，设置在龙头地区（如上海）。为此要在全国统一的法律和政策体系的指导下，逐步修订和统一各成员地区的地区性政策和法规，废除与一体化有冲突的地区性政策和法规，协调各地既有的经济社会发展战略，有意识地适应区域经济一体化的需要。

制定以全国统一的法律和政策体系为基础的、适合长江三角洲地区经济一体化的统一协议，以此规范长江三角洲地区共同市场的竞争政策，其目标之一是提高经济效率，同时也有两个大的辅助性目标：提高区域内部消费者福利和加速地区经济的一体化进程。

1. 校正竞争秩序。该协议要在长江三角洲地区建立一种以市场竞争为基础、非行政扭曲和垄断势力扭曲的竞争体系，逐步限制地方政府参与市场运作的市场主体功能，充分发挥企业或企业集团的资源配置功能。正如欧共体所描述的那样，建立统一的欧共体竞争政策是为了从功能性市场制度中获得收益：竞争是对经济活动的最好的刺激，因为它可以保证对所有人行动的最大自由度。一种充分自由的竞争政策，可以使供给和需求的结构持续地向着技术发展的方向进行调整，通过分散决策机制的相互作用，竞争可以使企业持续地改进效率。竞争政策的本质意义是为了满足我们社会中个人和集体的需要。[1]

2. 提高消费者福利。统一的协议之所以需要，是因为长江三角洲地区的消费者可以从竞争性市场中获得利益。正如欧共体委员会就建立欧共体竞争法的目的所说的那样，通过对私人和公共企业实施规制的方法，竞争政策力图维护和创造有效的竞争条件。为了获取最大可能的整体经济利益，特别是为了消费者的利益．这一政策鼓励尽可能好地使用生产资源。[1]

降低各种市场垄断特别是目前的地方行政力量对市场的垄断，也应该是长江三角洲地区制定统一竞争规则的具体目标之一。因为根据发达国家市场经济的经验，竞争政策是保持市场统一的基本方法，其目的是能够让企业沿着竞争的路线去经营，通过商品和服务以尽可能有利于消费者的形式来保护消费者。因此，削减各种形式的垄断和垄断利润，就可以保证经济运行的良好环境和激励企业在公平竞争基础上的创新。

必须认识到，长江三角洲地区经济一体化的运行，可能要付出一定的非意愿的社会成本。在目前的中国经济运行格局中，无论是政府权力对市场所形成的行政性垄断，还是由竞争所形成的市场势力，对于经济进步都是一种难以完全替代的因素，也是保证生产要素最优分配中必须付出的代价。地方和企业追求自身利益所进行的独立决策难以避免社会成本的发生，因此有限的中央政府的干预是必需的，其目的是让这种直接决策与最优的经济和社会目标相一致。在这种思想指导下，长江三角洲地区的竞争规则要在成员地区的授权下，建立部门和地区委员会来调整援助地方政府参与市场竞争的规制，如可以共同投资组建结构调整基金，对所确定的部门和地区的特定的、具有跨地区的、公共性质的援助项目进行管理。

3. 经济一体化。之所以要校正竞争秩序，是因为对竞争的扭曲会阻碍经济一体化的进程。如果各个地区所有商品的供给者都想方设法以不同的条件留住自己的客户，特别是其成员地区的地方政府都按其所在地区为边界制定市场竞争规则，那么一体化的市场就不可能自动产生具有经济理性的利益边界，相反会导致大量的经济歧视和进入市场的障碍问题。因此，实施统一竞争规则的根本目的，就是要阻止单个企业、企业群体或者成员地区的地方政府在一体化市场内部的有损于经济一体化的行为和壁垒，如行政垄断和地区封锁政策等。

为了加速长江三角洲地区经济一体化的进程，还要大力鼓励在共同市场中进行跨地区的企业兼并活动。这是长江三角洲地区经济一体化的制度设计中，最需要学习欧共体的地方。

跨地区的企业兼并活动，可以在本区域内产生以市场为导向的自我联合效应，加速长江三角洲地区产业发展一体化机制的形成。正是因为看中这一兼并的一体化效应，1957 年 3 月 25 日欧共体成员国签订的《罗马协议》中就没有包含一个西方国家通常所重视的具体的兼并控制方法。按照班克斯的说法，这不是一种轻率的做法或失误，而是欧共体深思熟虑的结果，其本来的愿望是要利用兼并许可政策加速欧洲经济的一体化进程：假如我们考虑到欧洲经济所处的时代背景，那么在《罗马协议》中省略兼并控制的条款，就不是令人惊奇的事情了。欧共体的主要目标之一是要通过扩大欧洲市场，来尽可能实现更大范围内的规模经济。兼并特别是跨国界的兼并活动被看成是欧洲经济一体化的一部分，看作是能够让欧洲的产业部门采用共同市场的新容量的方法，看作是与大型的外国企业（特别是美国的企业）进行有效竞争的方法。很清楚，成员国家并不希望在该协定中包括任何可能限制这种发展的条款。另外，欧共体委员会强调需要考虑开放条件下的全球竞争，以及非欧共体企业的竞争。依据独立的国家法律，创建欧洲的产业基础意味着各类跨国公司形态的企业集团是十分必要的，这可能需要集中大量的资产，以便同美国和日本的企业进行必要的竞争。[2]

另外，欧共体委员会继续强调兼并对共同体内部市场竞争的有益影响：在开放共同体内部市场的过程中，竞争规则作为一种由公司采取的防御性和消极性的反应，其本质是阻止个别厂商的主导性市场地位的强化和出现。这种作用在那些高度集中的市场中尤其重要，因为在同一地理范围内的市场中，公司之间的兼并会进一步加强这种寡头垄断效应。另外，兼并也可以成为一种重要的公司对共同体内部市场运行的积极的反应方式。只要不是强化和创造厂商的主导性市场地位，兼并就可能更容易地服务于对地理市场的更大渗透，而这种充分竞争的效应在以前成员国竞争时是不可能出现的。[1]

因此，学习和借鉴欧共体的经验，就要大力鼓励在长江三角洲地区的共同市场中进行跨地区的企业兼并活动，而不是像某些学者现在鼓吹的那样，要尽早推出反垄断法制约企业之间的兼并活动。因为，过早提出反垄断的兼并，并不符合中国当前发展阶段的国情，也不符合整合长江三角洲地区区域经济发展的需要。由于过去分散主义导向的盲目重复建设在长江三角洲地区遗留下了大量的无效企业和无效项目，造成区域经济结构和产业发展的高度低水平同构趋势，同时又面临着西方发达国家巨型跨国公司集中进入长江三角洲地区市场的竞争威胁，因此，为创造该地区更大的市场容量和建设中国的能与国际巨型跨国公司抗衡的巨型企业，长江三角洲地区建立协调性的竞争规则，就要把大力鼓励和积极推动该地区企业特别是上市公司的兼并活动，作为目前经济一体化的重要手段和基础。

在这一点上，美国著名经济学家施马兰茨就处于经济转型期的国家的产业政策的言论最具有代表性。他认为，当发展中国家经济发展到某一阶段之后才应该开始把反垄断放到议事日程上来，而在此以前，完全没有必要在这上面花太多精力。他在回顾美国经济发展的历史时指出，美国从 19 世纪下半叶一直到 20 世纪的前二三十年，至少到 1920 年为止，美国大多数的市场都被垄断了。那时几乎人人都在谈论组建托拉斯，铁路的发展带动了全国性市场的形成，托拉斯也随之产生了。所以一开始是垄断化了的当地市场，后来随着全国性的市场形成，各地的垄断企业也就相互合并形成了全国垄断。这虽然并不是什么好事，但那时美国并没有进行太多的反垄断。在美国，真正的反垄断始于 20 世纪 30 年代。尽管如此，美国的经济运转得还是相当好的。施马兰茨虽然赞成执法严厉，但同时认为事实上大多数的企业几乎总是在向反垄断机构抱怨其竞争者有不正当行为，如果反垄断机构不是独立的，在政治上具有倾向性，而且缺乏经济知识，那么它很有可能会阻碍竞争。施马兰茨的观点．对加快推进长江三角洲地区经济一体化进程有重要启示。

参考文献

[1] 欧共体委员会："竞争政策报告：第 1—20 号（1972—1990）"[R]。

[2] Banks，Karen. "Mergers and partial mergers under EEC law，" in Barry E. Hawk. ed.，Annual Proceedings of the Fordham corporate Law Institute. pp. 373 – 428. New York：Matthew Bender，1988.

[3] 王晓晔：《欧共体竞争法》，中国法制出版社 2001 年版。

[4] 刘志彪：《西方产业经济学》，高等教育出版社 2002 年版。

[5] Stephen Martin，Industrial Economics，Prentice – Hall Inc. 1994.

长三角统一市场的内外开放与有序竞争①

构建长三角统一市场是实现长三角区域经济一体化，并在全国范围内先行先试，完善现代市场体系的重要途径。长三角统一市场的构建需要围绕内外开放和有序竞争这两条主线展开。内外开放要求长三角以竞相开放的态度推行更深层次的对内开放，以行政审批事项取消和调整为主要手段减少政府对经济活动的行政干预，并且推行更高水平的对外开放，以庞大内需市场虹吸国际高端资源和创新要素，推进长三角创新能力提升。有序竞争要求长三角在积极配合国家治理经济垄断的同时，积极尝试减少发展导向的地方层面产业政策，推行负面清单管理制度，有效治理行政垄断行为。

统一市场建设是全面深化改革背景下长三角先行先试的核心任务。中共十八届三中全会《中共中央关于全面深化改革若干重大问题的决定》中提出，经济体制改革是全面深化改革的重点，其核心是处理好

① 本文系全国优秀博士学位论文作者专项资金资助项目“基于中国企业出口行为研究的国际贸易理论体系构建”（项目编号：201101）、江苏省第四期“333 工程”资助科研项目、教育部“新世纪优秀人才支持计划”、国家自然科学基金项目“企业家能力、企业家创业导向对天生全球化企业国际扩张行为特征的作用机制研究”（项目编号：71102033）和江苏高校优势学科建设工程资助项目的中间研究成果之一。本文原载于《现代经济探讨》2014 年第 12 期。合著者巫强，南京大学经济学院副教授、博士。

政府和市场的关系，使市场在资源配置中起决定性作用和更好发挥政府作用。在纷繁复杂的改革任务中，长三角统一市场建设能直接面对全面深化改革的核心，即通过建设并完善统一开放、竞争有序的现代市场体系来发挥市场在资源配置中的决定性作用。同时，在长三角区域经济一体化走过 30 多年的今天，统一市场建设是进一步推进长三角区域经济一体化进程，提高其一体化水平的必然要求。统一市场建设需要长三角各级政府在更深层次推进对内开放，在更高水平推进对外开放，并加强有序竞争，尤其是弱化并减少发展导向的地区产业政策，以消除广泛存在的行政垄断壁垒。

一、全面深化改革先行先试下的长三角统一市场建设

长三角区域要在全面深化改革的原则指引下先行先试，要在全国范围内走在全面深化改革实践的前列，必须以统一市场建设来促进区域经济一体化。其理由在于，在全面深化改革框架下，长三角区域经济体制改革的核心必然也是处理好政府和市场的关系，尤其是率先全国，让市场能在长三角区域内部资源配置中真正起到决定性作用，以区域内现代市场体系建设来引领、示范和推动全国范围现代市场体系建设。这就意味着长三角区域必须首要考虑进一步构建完善的区域内现代市场体系，以市场原则来引导区域内资源配置，在市场自由运行过程中实现资源的最优配置，从而真正让市场在资源配置中起决定性作用。从历史来看，长三角区域市场体系是在长三角区域经济一体化过程中逐步建立起来的。目前作为我国东部沿海经济最发达地区，长三角区域是我国市场体系发育最为完善的区域之一。但是长三角内部由于行政地域界限和地方利益的限制，还存在着对商品服务流动和要素资源流动的有形或无形壁垒，与真正的现代市场体系相比还有一定差距。未来长三角区域市场体

系的建设就是要进一步推动长三角区域经济一体化进程，以此整合实现长三角范围内区域大市场。所以在全面深化改革先行先试的条件下，长三角经济体制改革的重心就落实在区域经济一体化上。

统一市场建设是现代市场体系的基本要求和应有内涵。洪银兴（2004）认为，现代市场体系中统一市场特征要求竞争和开放，竞争有序则依赖于统一市场，所以建设统一市场是建设现代市场体系的关键环节。同时区域经济理论表明，统一市场建设是区域经济一体化的基础，是实现区域经济一体化的必然路径。经过30多年改革开放，有形的市场分割已经在长三角逐步消失，但是各类无形的、隐性的市场分割还在长三角内部普遍存在（李善山，2005）。商品流动的自由程度高于要素流动的自由程度，地方利益导致地方政府对外开放过程中过度竞争，整体缺乏有力的区域内协调机制，这些都是长三角统一市场建设需要面对的难题。总体看来，当前长三角区域经济一体化需要以统一市场建设为抓手，通过进一步大规模的对内开放和对外开放来积极探索统一市场建设的具体思路步骤，并逐步推进统一市场建设的重点方向（刘志彪，2013）。这不仅能为该区域经济一体化提供现实基础，而且将为在全国范围内推行统一开放、竞争有序的现代市场体系建设提供可供参考的模板，在全国范围内有非常重大的现实示范效应。

二、长三角统一市场要构建对内开放与对外开放大格局

我国市场既存在政府主管部门从上到下的“条条分割”，又有各个地方政府的“块块分割”，长三角区域内也是如此。针对这一普遍情况，早期学界普遍认为长三角要建设统一市场，除了要求政府之间加强合作外，企业应该是长三角统一市场建设主体；企业要通过产权链即企业总部和生产基地或营销体系跨地区分布和跨地区并购以及供应链即上

下游企业之间按原料、投入品、生产、销售生产链条在更大范围内合作两种途径来推进长三角一体化（洪银兴，2004）。

随着商品市场上“划地为牢”的市场分割行政手段逐步减少，长三角建设和完善统一市场的内涵已经发生了变化，尤其是在中共十八届三中全会提出全面深化改革的条件下，长三角统一市场建设体现出更深层次的含义（刘志彪，2013），需要从更深层次的改革角度来推进当前长三角统一市场建设。其中包括：从商品市场开放到要素市场开放的深入改革，涵盖信息、技术、人力和资本等市场的开放；长三角地方政府职能改革，改革阻碍统一市场建立的行政权力；围绕上海自贸区的建立，长三角统一市场建设要从制造业开放深入现代服务业开放；消除改革中普遍实施的双轨制导致的利益群体固化和社会歧视等问题。

尤其在要素市场中，长三角至少面对以下 3 种市场分割现象。首先，要消除劳动力生产要素流动的社会分割，由于身份、户籍不同导致劳动者在收入消费水平、社会公共福利方面的巨大差异，这阻碍了劳动力要素流动。其次，要消除资本等要素流动的区域分割。GDP 导向下的政绩观使得地方利益主导了长三角内部的行政管理体系，阻碍了资本要素在长三角内部的流动，同时长三角内部基础设施跨地区不配套、不衔接，信息要素也存在跨地区流动不畅通的问题。再次，要消除文化习俗、地方法规条例等制度因素对生产要素跨地区流动的阻碍作用。

面对当前长三角统一市场建设的更深内涵，长三角内部各地区的市场主体要以竞相开放的态度来深化统一市场建设。长三角统一市场不是一蹴而就，需要区域内市场主体尤其是各级地方政府逐步清理造成市场壁垒的社会、区域和制度因素，相互对别人开放，这样就能形成长三角统一市场的基础和前提。如果长三角内各地区能彼此竞相开放，这就形成了长三角统一市场。

（一）更深层次的对内开放推动长三角统一市场构建

长三角内市场主体的竞相开放还要把握住大规模对内开放和进一步对外开放的双重要求。30 多年改革开放过程中，长三角走在对外开放的全国前沿，外向型经济发展水平高，区域内对外开放程度普遍较高，其主要表现形式就是以国际代工方式积极融入全球价值链，通过吸引外商直接投资并实现对外出口增长。但是长三角内部的对内开放水平还落后于其对外开放水平，所以市场主体的竞相开放更多是要强调对内开放，在长三角区域内率先全国实现统一的大市场，形成各类资源要素顺畅流动的环境，并实现各类资源要素在区域内最优配置的机制。长三角内部市场主体的对内开放不仅是区域内各类市场主体彼此开放，还应该包括区域内各类市场主体向国内的长三角区域外地区开放。这是长三角作为全国经济发达地区之一，率先在区域内实现统一市场过程中必须承担的对内开放的另一层含义。这是以长三角的主动行动来打破长三角与其他区域间彼此开放僵局的必要举措。长三角对内开放的第二层含义能保证长三角区域内统一市场逐步成形的同时，长三角与其他区域之间的统一市场也在积极推进，从而为中远期内全国统一大市场的建立奠定坚实的基础。

长三角对内开放的本质是要求在处理政府与市场关系时，政府要减少行政权力对市场活动的干预。政府行政权力对市场活动干扰的具体形式包括政府行政审批、投资管理、专项资金使用等诸多方面。例如政府行政审批往往采用许可方式给予企业或个人从事相应活动的资质，限定了企业等微观市场主体从事相应生产、经营活动的资格，甚至影响了其投资运营等重大决策。大量烦琐的行政审批分布在各级政府的不同部门，往往还伴有相应的行政事业收费。这些程序和收费增大了微观市场主体从事相应经济活动的起始成本，相当于在进入不同环节设置了相应的行政壁垒。这类在进入不同环节的行政壁垒如果不取消，长三角统一市场建设就不可能建成。近年来长三角各级政府已经在积极取消调整行政审批事项，例如2014年5月上海公布了第七批取消行政审批事项113项，调整行政审批事项614项。尽管如此，取消调整行政审批的空间依然很大，例如江苏在2013年取消下放行政审批项目126项，目前在省级层面上依然有审批事项600多项、非行政许可审批事项200多项。

以长三角为代表的我国各地现在推进的各项简政放权措施，行政审批事项的取消是以横向分权的方式将政府的经济管理职能转移给非政府的社会主体，行政审批事项的调整是以纵向分权的方式在政府内部将经济活动管理权力从上向下进行配置。这种横向分权和纵向分权将贯穿我国全面深化改革中处理好政府和市场关系、建立现代市场体系的全过程。随着目前行政审批事项的取消调整进程，未来还需要着力解决以下问题：一是事前审批被取消后如何加强事中和事后监督管理。简政放权不意味着政府不发挥作用，而是要求政府改变简单的审批管理模式，尤其需要取消事前审批的行政机关建立全新的事中和事后监管模式。二是审批事项下放给下级政府机关后如何提高后者的审批能力和效率。审批事项下放不是撂挑子，而是要发挥下级政府机关贴近基层、贴近企业的优势，发挥其对基层实际情况掌握更为全面、更为透彻的优势，在减轻企业等市场主体办事难的前提下更科学合理地完成审批。审批事项下放尤其要避免陷入一放就乱、一乱就收的恶性循环。三是如何建立长效机制保证行政审批事项不会反弹。这需要限制地方政府机关的自身利益冲动，防止部门利益作祟导致新的行政审批事项出现，这样才能保证各级政府有所为有所不为，放开不该管的事，管好该管的事。

（二）更高水平的对外开放推动长三角统一市场构建

长三角对外开放是要在现有外向型经济发展的较高水平上，改变单一的出口导向格局，通过扩大内需来实现更高水平下的对外开放。过去30多年的对外开放充分利用了外部市场的庞大空间，发挥了我国低端要素丰裕的禀赋优势，建立了完善的制造业产业体系，使得包括长三角在内的我国东部沿海地区成为世界加工厂。但是全球经济危机后世界经济再均衡的需要使得出口导向的对外开放道路难以为继，对外开放不能完全依赖外部市场，而需要通过挖掘内部市场来保持持续增长。扩大内需下的对外开放水平提升不是国内经济的封闭化或内部循环化，而是要充分利用本国国内市场的潜在庞大规模来虹吸全球先进的创新要素，通过创新来实现从世界加工厂向世界工厂乃至世界总部的转变，实现从中国制造向中国智造的转变。

长三角统一市场的建设与扩大内需下对外开放水平提升的要求内在统一。只有在长三角内部实现统一市场，长三角区域内部市场的潜在需求才能被充分释放出来。长三角区域作为我国经济最为发达、最为富庶的地区，其市场潜力被充分挖掘后：

首先，会产生对国外创新产品的进口需求，这将直接改变我国开放型经济发展中单一出口导向的不足，向进口和出口的协调发展转变。一方面，这种改变有助于缓解我国持续贸易顺差导致外汇占款过多，有助于减轻国内由于外汇占款过多导致的被动货币发行；另一方面，国外创新产品的大量进口会对本土制造业和企业家提供强烈的市场需求信号，激励后者从事模仿创新活动。而且，本土制造业企业通过模仿创新切入创新产品的行业后，往往可以充分发挥制造业配套网络齐全、熟悉本土市场需求特征、劳动力成本相对较低等众多优势，构建在创新产品行业的竞争优势。最终本土制造业企业不仅可能在国内市场上实现对进口产品的替代，还有可能长期内实现走出国门，通过出口或对外直接投资走向占领国际市场。我国个人电脑、智能手机和平板电脑等行业近些年来的快速发展态势充分验证了这条路径的可行性。目前，我国在消费类电子产品上已经从纯粹的进口国发展为部分出口的国家，本土企业在与国外跨国公司的竞争中逐步成长，通过模仿创新等各种手段先在低端细分市场上建立自身的竞争优势，然后积累实力向中高端市场逐步渗透。在这一过程中，本土消费类电子企业中涌现了一批拥有自身技术专利、具备一定品牌效应的知名企业；本土品牌已经部分开始出口国外，收入水平类似的发展中国家是其主要的出口目的地。这种从进口创新产品向出口的转变过程可以界定为在消费品领域的进口引致型出口。

其次，出口导向下我国对外开放是利用本国低端的要素资源生产制造出口后占领外国的需求市场。与此相对应，扩大内需下我国对外开放需要转变为吸引国际高端的要素资源投入生产制造业，在满足国内需求市场的基础上实现更高层次的出口。长三角内需市场潜力的挖掘将产生对全世界各类高端要素和人才资源的巨大吸引力，吸引其向长三角集聚。大量全球高端要素和人才的集聚将为长三角制造业的转型升级提供有利条件，有利于长三角本土制造业从模仿创新转变为原始创新，一方面是提升产品质量和开发新产品，另一方面是促进传统制造业通过信息化、自动化向现代制造业转型，从而构筑本土制造业的全新国际竞争力，而不是简单依赖低成本低价的价格优势。从这个角度分析，这些全球高端要素和人才资源的集聚为本国市场效应或母国市场效应真正在我国出口增长和升级中发挥重要作用。

三、长三角统一市场构建和有序竞争

经济学基本理论表明，竞争是实现资源有效配置的必需手段，竞争实现资源有效配置的关键在于价格信号。价格信号引导企业的供给与消费者的需求相等。在现代市场体系下，统一的市场运行机制决定资源配置的领域和数量，并实现统一市场均衡的过程。而价格信号是否准确的关键在于竞争是否充分、有效和规范，所以长三角统一市场的建设也需要从竞争入手，以竞争为手段促进统一市场的形成。

所谓竞争是否充分是指竞争激烈程度是否足够高，是否能保证价格信号真实反映了企业的供给成本和消费者的需求效用，从而价格信号能否真正引导社会资源配置的过程。所谓竞争是否有效是指价格机制运行是否有效率，是否市场机制本身的运行和维持耗费了大量的社会资源。所谓竞争是否规范是指竞争机制是否符合社会公众的普遍价值准则，是否符合社会公共的价值准则的规范性要求，其中关键在于竞争是否公平。概括起来，竞争充分、有效和规范的根本保障应该是竞争要有秩序，即竞争有序。金碚和刘戒骄（2003）就强调建立有效竞争秩序会强化市场在资源配置中发挥基础性的促进作用，并且提出政府需要在形成有效竞争秩序的过程中发挥重要作用，即在市场自身形成有效竞争秩序的基础外，政府需要因势利导地培育有效的市场竞争秩序，主要包括产权制度建立、应对市场失灵和反垄断等众多方面。总体看来，长三角统一市场的建设需要的不仅是竞争，且应该是有序竞争。

现实中长三角内部竞争也体现出一定程度的无序特征，例如长三角内部地区间的恶性竞争（张彩娟，2004），具体表现在招商引资政策恶性竞争、港口等基础设施重复建设、支柱产业高度同构、商品和要素自由流动受阻、环境治理以邻为壑等诸多方面。长三角内部的恶性竞争需要地区间政府协调制度的强化，要进一步做实“长三角地区主要领导座谈会”“长三角地区经济合作与发展座谈会”和“长三角城市经济协调会”等现有的多层次协调机制，通过配套相应的利益分享和补偿制度来落实这些协调机制的成果。

长三角有序竞争更要重视的问题在于垄断，这是市场经济运行到当前阶段必须解决的主要问题。西方成熟经济体的产业发展规律表明，市场经济发展到一定阶段，在技术、营销等环节具备核心竞争力的企业自然会拥有垄断地位，企业垄断地位是随着市场经济发展而自然产生的现象。企业垄断地位并不可怕，令人担心的是这些具有垄断地位的企业有可能会滥用其垄断行为导致消费者福利和社会福利的损失，这就需要竞争政策或反垄断法发挥作用。所以竞争政策或反垄断法反的并不是"垄断地位"，而是"垄断行为"。

西方成熟经济体中的企业垄断行为都属于市场经济自然发展过程中产生的经济垄断，是企业等市场主体凭借其垄断地位，在生产、流通或服务领域限制和妨碍市场竞争而形成的以经济为内容和目的的垄断行为。而我国的情况则更为复杂，不仅有经济垄断，而且还有行政垄断，后者比前者更为广泛。行政垄断是各级政府的经济主管部门凭借其行政权力，排斥、限制或妨碍市场竞争的行为，其实质是行政权力的滥用（刘奕，2008）。这种行政垄断体现为政府按照其倾向，偏好某些企业而以行政规定来排斥特定企业，或者偏好某些行业而限制其他行业，从而对本来市场地位平等的主体人为造成不平等待遇，扭曲或排除了竞争。行政垄断企业的垄断地位获得就源自政府的行政规定条例，当其获得垄断地位后又有可能产生损害社会福利的垄断行为。例如部分行业内国有企业的垄断表面上看起来是经济垄断，但实际上这种经济垄断是以行政垄断为基础，是行政垄断在背后主导国有企业的经济垄断。所以经济垄断和行政垄断是目前长三角反垄断的两大挑战，部分情况下这两种垄断还交织在一起，增大了反垄断的难度。

长三角有序竞争要解决经济垄断，这有赖于国家发改委、工商总局和商务部等中央政府层面上竞争政策执行部门加大反垄断力度。以2013年对我国奶粉企业、三星和LG等外资企业的处罚为开端，这些竞争政策当局已经显著加快加大竞争政策执行力度。2014年以来竞争政策当局对进口汽车行业、微软、高通等企业的反垄断调查持续了这一趋势。有理由相信，国家层面上对反垄断法这一经济"宪法"执法力度的加强会逐步有效治理经济垄断现象。

在有序竞争方面，长三角能更有所作为的领域在于消除行政垄断。事实上行政垄断应当成为我国当前反垄断的重心，其涉及范围比经济垄断更为广泛。行政垄断的产生与普遍化有其路径依赖，在计划经济时代政企不分，政府对经济运行的指令直接代替市场机制运行，这些是我国目前行政垄断的制度起源。30 多年改革开放后市场经济的发育还不足以全面抵消这种路径依赖的影响。

长三角消除行政垄断的重要途径就是减少地方层面上的产业政策。产业政策是政府指向性选择重点发展的行业，并试图引导企业投资行为，从而人为决定行业竞争的赢家和输家。这在一定条件下满足了地方经济发展的需要，实现了地方 GDP 的增长，长三角各级地方政府也因此对产业规划和产业政策情有独钟，频繁使用这类发展导向的产业政策。但是产业政策实施带来的严重问题就是地方政府要按照所有制、规模和地区等非市场化原则来差别化对待企业，导致不同行业享受不同的政策待遇，同行业内的不同企业享受不同的政策待遇，企业之间无法真正有序竞争。

发展导向的产业政策还导致长三角内出现明显的产业过剩现象。其内在逻辑在于，当地方政府通过指向性产业规划提出特定产业的发展目标，并选择符合若干特定条件的企业给予财税、土地、资金等方面一系列优惠条件时，当地企业就会为了追逐这些优惠条件而积极游说地方政府，在获得优惠条件后通过迅速扩张规模来实现产业规划的增长目标。这就直接导致短期内这些地区的产业生产能力迅速扩张。同时，地方政府还会在产业规划实施过程中设定较多的行政审批手续，行政壁垒很高，这就进一步刺激了当地企业对突破该壁垒后未来利润的预期。加之行政壁垒条件下，即使发生产能过剩，经营不善，企业也难以顺利破产重组，进一步导致产业过剩在长三角地区难以消化。

长三角地区减少内部各级政府层面的产业政策，需要大力推行“负面清单”管理方式。地方政府不扮演挑选竞争赢家和输家的角色，而是放开行政权力对市场竞争的限制；按照“只要法律没有规定不能放开，那就全部放开”的原则，大幅度减少政府的行政管理范围，精简政府的行政管理机构，缩减现有行政管理机构的行政管理权力。通过政府放开权力，就能减少政府对微观市场主体竞争决策的扭曲，为微观市场主体决定自身的竞争决策提供公平的环境，由此释放企业和民间主体的活力和创新能力。这一过程中，长三角可能遭遇的最大阻力在于地方利益。为了提高地方政府发展经济的积极性，中央政府设计了让地方政府分散竞争，以 GDP、财政收入等经济增长指标考核地方政府官员并决定其晋升的机制。这种机制运行导致长三角各级地方政府企业化，地方政府官员企业家化，地方利益成为地方政府行为决策的首要因素。要让地方政府行为模式脱离地方利益的束缚，还需要长三角地区在下级地方政府官员考核制度、财税制度改革等方面先行先试。

参考文献

[1] 洪银兴：“论我国转型阶段的统一市场建设——兼论区域经济一体化的路径”，《学术月刊》2004 年第 6 期。

[2] 金碚、刘戒骄：“构建现代市场体系有效竞争秩序若干问题探讨”，《东南学术》2003 年第 5 期。

[3] 刘志彪：“建设统一市场是中国经济‘开放的第二季’”，《学习与探索》2013 年第 12 期。

[4] 刘奕：“打破行政垄断是健全现代市场体系的前提”，《探索与争鸣》2008 年第 7 期。

[5] 李善山：“以科学发展观为指导推进长三角区域经济一体化”，《现代经济探讨》2005 年第 11 期。

[6] 张彩娟：“论内部恶性竞争对‘长三角’一体化发展的影响”，《河海大学学报（哲学社会科学版）》2004 年第 2 期。

长三角区域一体化发展的示范价值与动力机制[①]

更高质量地推进长三角区域一体化发展，关键是要在体制机制上构建一体化建设的动力机制。这要求发挥政府和市场次序有别的“双强”作用。发挥政府强力推动作用的目的，是营造让市场发挥决定性作用的环境。要在竞争和协商中处理好各自的利益诉求，设计出牵引一体化的动力引擎。当前应重点从如下方面着手：发挥上海作为长三角经济龙头的辐射作用；在长三角范围内复制推广国家试点政策；打造有形“飞地经济”和无形“互联网平台”整合区域资源；鼓励企业在长三角范围内兼并收购；发挥大型企业集团的区域协调作用；逐步构建长三角区域的竞争规则。

2018 年 11 月 5 日，习近平主席在出席首届中国国际进口博览会开幕式并发表主旨演讲时指出，将支持长江三角洲（以下简称长三角）区域一体化发展并上升为国家战略，着力落实新发展理念，构建现代化经济体系，推进更高起点的深化改革和更高层次的对外开放，同“一带一路”建设、京津冀协同发展、长江经济带发展、粤港澳大湾区建

---

① 本文系国务院参事室长江经济带研究中心 2018—2019 年课题“长江经济带建设现代化经济体系研究”的阶段性成果。本文原载于《改革》2018 年第 12 期。合著者陈柳，南京大学长江产业经济研究院研究员。

设相互配合，完善中国改革开放空间布局。

区域一体化发展，是指在一个大经济区域中，各个行政边界清晰的地区之间不断克服和消除区域发展中各种阻碍资源和要素流动的制度、体制、机制、政策等人为障碍，实现市场的竞相开放和充分竞争的过程。从实践来看，我国作为发展中大国，在地区之间和地区内部存在着非一体化发展现象和倾向，且降低这种分割的程度、实现一体化发展往往不见得比国家之间的一体化来得更加容易[1]。其中的主要原因包括：一是过去把国民经济分割为各种“条条”和“块块”，在经济转型过程中，还要依靠它们发挥资源配置的功能和作用，如地方性产业政策仍然要发挥重要的资源配置作用，因此在替代性机制即市场中间组织和机制发育并发展成熟之前，各种“条条”和“块块”的行政机制就会阻碍区域统一市场的建立和发挥作用；二是受发展阶段的限制，在经济转型中，除中央政府干预经济活动外，地方政府和部门由于保留甚至发展了大量的国有企业，因而也能广泛深入地直接干预市场活动。这就必然产生行政利益边界。这是我国目前分割性市场产生、市场难以统一的重要原因，也是地方性和部门化的产业政策盛行、经济体系被“条块”分割的主因。

从 1982 年率先建立上海经济区，到 1992 年自发形成长三角 15 市协作办主任联席会议并于 1997 年升级为市长峰会，再到 2005 年建立长三角地区主要领导的定期会晤机制，长三角地区一直在现行的体制机制下不断地摸索如何协作、协调、协同发展的路径。由于现行行政管理体制使政府介入市场活动过于深入，各地都盘算着自家的“一亩三分地”，难以打破行政割据的藩篱，因而总体上区域一体化发展的效果并不显著。2018 年 4 月，习近平总书记作出重要批示，要求上海进一步发挥龙头带动作用，苏浙皖各扬所长，使长三角地区实现更高质量的一体化发展。至此，长三角区域一体化发展成为各界共识，也将成为我国探索区域一体化发展的标杆与典范。

一、长三角区域一体化发展上升为国家战略的示范价值

近年来，通过推动区域一体化发展促进整体发展水平提高，逐渐在我国经济发展政策中占据了重要地位。推进区域经济一体化发展，是习近平同志在长期的经济工作实践中坚持的重要方法，是实施区域协调发展战略的重要形式和手段，已成为习近平新时代中国特色社会主义经济思想的重要组成部分，在治国理政的理论和实践中占有极其重要的地位[2]。

党的十九大报告提出，“实施区域协调发展战略”，要求“创新引领率先实现东部地区优化发展”。支持长三角区域一体化发展并上升为国家战略，是落实和落地党的十九大报告的具体行动。长三角区域一体化发展升级为国家战略，有利于长三角区域尽快形成可复制、可推广、可辐射的经验做法，更好地发挥长三角区域在我国新一轮改革开放中的龙头带动作用，同时也有利于长三角区域参与全球竞争，加快长三角世界级城市群建设。

第一，长三角地区将成为着力落实新发展理念、推进高质量发展的标杆和典型。着力落实新发展理念、推进高质量发展，可以用树标杆和典型的办法来推进。如长三角地区作为我国经济社会最具活力、开放度最高、创新能力最强的区域之一，可以通过丰富的科教资源与基础扎实的现代产业融合，走出一条高质量发展的创新驱动路子。再如，长三角地区因走工业化推动城镇化的路子较早、发展水平较高，因而城乡发展差距在全国也是相对较小的，这逐步形成了可以在全国复制和推广的工业化、信息化、城镇化、农业现代化协调同步发展的道路。另外，还有长三角地区由于过去粗放型工业化推进时间较早，区域内资源环境生态

等问题较为突出，如何让新一轮工业化可持续发展，是推动长三角区域一体化发展必须探索的重大问题。最后，把长三角地区过去出口导向的外向型经济发展模式转化为高水平双向开放模式，在发展中提高民众分享的比例，实现共享发展，都需要有条件的发达地区率先进行探索。长三角区域一体化实践将为其他地区落实新发展理念、推进高质量发展提供鲜活的经验和启示。

第二，长三角地区将成为构建现代化经济体系的先导和主力军。建设现代化经济体系是我国未来经济建设的总目标，发达地区应该努力率先示范。在长三角高质量一体化发展的国家战略下，一是可以打造除粤港澳大湾区之外的第二个大湾区，即长三角大湾区，以此驱动长三角世界级城市群的产业升级、科技和金融创新，为我国经济社会发展提供新动能；二是通过搭建区域合作制度平台，如共建覆盖“三省一市”的G60科创走廊，规划建设创新城市圈，建设制造业世界性产业集群、战略性新兴产业协同发展示范区等；三是有利于上海发挥龙头带动作用，专注于“五个中心”的建设，主要发展现代生产性服务业，降低长三角地区经济运行的交易成本，周边地区主要从事先进制造业、高技术产业和战略性新兴产业，降低长三角地区的制造成本，从而提升现代经济体系的综合竞争力[3]。

第三，长三角地区将成为推进更高起点深化改革的先驱和标兵。更高起点深化改革要求大规模的对内开放和进一步对外开放。长期以来，我国坚持对外开放，对内开放不够。这引致了比较严重的内部发展机制僵化的问题，如政府职能转变不够、民营企业进入不足等。大规模的对内开放首先要求坚决破除行政壁垒，实现地区间竞相开放，平等无歧视地对待各类市场主体。这就要求限制地方政府直接干预市场的功能、范围、边界和程度，放手让民营企业参与市场竞争。如长三角地区可以突破以邻为壑的行政壁垒的限制，在一定条件和范围内复制推广上海自贸试验区政策、浙江金融改革政策等，以此放大改革的叠加效应。

第四，长三角地区将成为推进更高层次对外开放的示范区和标准制定者。更高层次的对外开放要求提高对外开放的质量和发展的内外联动性。长三角过去是发展外向型经济的典型区域。新一轮高水平的经济全球化，需要长三角把向东开放的空间指向转向全方位开放；把以出口商品为主转向输出资本带动商品销售为主；把吸收外资转向主要吸收先进技术和高级人才；把利用别人的市场为主转向利用自己的市场扩大内需为主；把以建设科技园区、利用优惠政策吸收外资转变为向科技人员提供先进的制度平台和硬件载体。

第五，长三角地区将成为完善我国改革开放空间布局的主动力。东部地区的领头羊是长三角。长三角城市群是我国经济参与全球竞争与合作的巨轮。长三角区域一体化将与京津冀、粤港澳大湾区形成呼应，共同成为拉动我国经济增长的新引擎。

二、长三角区域更高质量一体化发展的内在动力机制

众所周知，在转型经济中，影响区域发展的因素有两类：一类是那些自然和技术的因素，如地形地貌、交通运输、基础设施等；另一类是制度、体制、机制、政策等人为因素。在这两类因素中，前一类因素影响和决定区域一体化发展的成本和效率，只要存在空间区位和技术水平差异，就会有不同的发展成本，从而有不同的发展水平差异；后一类泛指体制机制的摩擦成本，也是我们在推进区域一体化发展中真正需要花大力气消除的因素。因为，只有制度和政策的差异，才可以系统地、大幅度地影响和扭曲要素与资源的合理配置，从而形成人为的发展差异。也就是说，区域是不是一体化发展，主要要看各个区域是不是充分开放的，是不是存在各种人为的制度和政策障碍；而自然条件和技术因素的

限制，不是区域是不是一体化发展的充分必要条件，它只影响一体化发展的效率，从而影响经济发展水平高低。当然，这两类因素之间也是相互影响的。如交通运输和基础设施的改善，是区域一体化发展的基础，有利于制度分割状态的改进和迅速推进市场一体化；制度障碍的消除和分割状态的改进，反过来又有利于推进基础设施跨区域合作，有利于技术在更大的市场范围内规模化、集约化地有效利用。

经济体制问题的核心是正确处理好政府与市场的关系。更高质量地推进长三角区域发展一体化，构建各个地区投身一体化建设的动力机制，就是要协调好政府与市场的关系，充分发挥政府和市场次序有别的“双强”作用。发挥政府强力推动作用的目的，是营造让市场发挥决定性作用的环境。要在竞争和协商中处理好各自的利益诉求，设计出牵引一体化的动力引擎。

长三角区域一体化发展上升为国家战略之后，“三省一市”的合作发展将进入崭新阶段。在早期各地在基础设施互联互通、生态保护、产业创新、市场化改革、公共服务等方面取得进展的基础上，如何向更高质量一体化发展的方向推进，使在决策层形成共识的基础上，同时在执行层面设计出各方利益共享的机制，是国家战略得以顺利实施的关键问题，因为只有参与方都能尝到一体化的甜头，才能实现真正可执行、可持续的一体化。

长三角地区过去的非一体化，无论表现为交通运输、基础设施等互联互通的不通畅，还是体制、机制原因形成的市场障碍，直接原因都在于“一亩三分地”的地方保护主义。不论是过去还是当前，地方政府出于各自短期利益的“各自为政”都是正常现象，关键是要通过制度设计形成各地竞相开放的动力机制。构建这一动力机制的障碍，可能存在于以下方面：

第一，扩散效应与“虹吸效应”。一个地区是否愿意选择一体化战略，往往会考虑本地与周边地区的“扩散效应”和“虹吸效应”哪个更大。如果周边会更多虹吸本地要素，或者本地要素更多会扩散到周边地区，就会表现为区域之间竞争大于合作。过去搞外向型经济，上海与周边江浙地区都把吸引跨国公司制造业作为重要的战略，大家都要吸引加工贸易型的外商直接投资（FDI），在这种情况下，上海通过与周边地区互联互通降低整个区域制造业交易成本的动力就减弱了。当前，上海紧抓“五个中心”核心功能，致力于打造体现国际高端水平的新功能，这种与周边错位发展的战略就为一体化提供了基础[4]。

第二，产业协调与产业同构。当今世界高新技术产业的发展，主要集中在信息产业、生物医药、装备仪器、新能源、新材料产业等方面，一个国家和地区的实体经济发展，也主要依赖于这几个产业。这不可避免地导致各地区就这些产业领域进行竞争，采取各类优惠政策支持这些产业本地化发展。地方集中资源发展少数热门产业带动区域转型升级，在某种意义上已经成为一种趋向，在此情境下，要求各地放弃以政策“洼地”进行产业竞争存在较大的难度。

第三，市场保护与本地发展。政府扶持本地企业发展的一个重要手段，就是对本地市场进入进行限制以及在政府采购方面进行倾斜，比如规定出租车市场只能使用本地生产的汽车，限制外地啤酒产品进入本地市场等，有的还以特种行业为由限制外地企业进入。利用本地市场保护扶持少数企业发展，虽然可能“搬起石头砸自己的脚”，但仍有地区信奉市场保护能够快速见效，这种短视的地方政府可能不会有动力加入统一大市场。

第四，公共产品辐射与竞争。各个区域在机场、港口、重大科技仪器和实验室等具有公共产品性质的基础设施的选址和落地方面存在竞争，地方政府在一种利益边界明晰的制度结构下的竞争，必然是寻求地方行政区域边界内的垄断利益最大化和成本最小化，表现为公共产品尽量在本地实现“外溢”，而建设成本最好是由中央政府或其他地区承担。这就导致公共产品除了盲目竞争和重复建设之外，在选址和建设方式等方面也是为了本区域的利益最大化，而不是从长三角区域一体的整体角度配置公共资源。

在构建长三角区域发展一体化的动力机制上，“强政府”和“强市场”的作用都要发挥，但位次有别。更好发挥政府作用的目的，是要营造发挥市场作用的环境，表现为以下两个方面。

一方面，在一体化的过程中只有首先发挥政府的强力推动作用，才能充分发挥市场的作用。这是因为：一是地方保护的市场壁垒只有政府才能形成，也唯有政府才能打破。也就是说，从阻碍统一市场建立的因素来看，在几乎所有影响市场运行格局和效率的因素中，不论是互联互通的有形壁垒还是体制机制壁垒，只有政府才有可能长期地、有力地、大幅度地扭曲、分割和限制市场。因此，就通过区域一体化形成统一市场、清除市场壁垒、营造公平竞争的发展环境、提高资源配置效率的目标来说，首先需要政府自身的改革，尤其是要协调和平衡好产业政策与竞争政策之间的关系。二是地方追求自身利益所进行的独立决策，难以避免社会成本的发生，因此中央政府和长三角层面上的干预是必需的。长三角区域一体化发展需要在全国统一的法律和政策体系的规范下，逐步修正和统一各地区的地方性法规和政策，废除与一体化有冲突的地方性法规和政策。现阶段，表现为要减少相互之间负外部性的干扰，协调各地既有的经济社会发展战略，从而适应区域一体化发展的需要。

另一方面，在政府建立初步竞争规则之后，应当让市场发挥更大的作用。当交通基础设施等公认的一体化领域达成共识之后，政府为推进区域一体化发展提供外在环境的任务就初步完成了。在更深层次利益调整过程中，唯有市场机制才能自动产生经济一体化发展的内生效应。当前一体化过程中发挥市场机制的作用主要体现在以下方面：一是确保微观主体在长三角区域一体化中的利益诉求。创造各类平台和氛围，让基层政府、广大企业等利益攸关方在长三角区域一体化问题上充分发声，表达各自的利益诉求，从而保证一体化的思路和方案从最初设计开始就是符合市场内在规律的，这将有利于政策的推进执行。二是以市场化的原则协调和处理一体化进程中的地方利益冲突。包括机场、港口等基础设施的地点选择和差异化定位、重大科研平台的落地方式、创新载体合作模式等深层次一体化合作中的问题，均涉及各个地区重大利益调整乃至矛盾冲突。解决这些问题依靠行政命令即使暂时能够达成平衡，也无法得到微观层面的持续执行。只有让相关主体按照市场的原则、以价格机制作为主要调节手段充分地讨价还价和动态调整，形成的方案才具有生命力[5]。三是充分发挥企业在长三角经济一体化中的作用。在各地政府对企业跨区域行为限制进一步减少的过程中，行政区划形成的天然障碍能够由企业的一体化来克服。随着体制机制改革的深化，影响区域间生产要素自由流动的障碍会被打破，企业会敏锐地捕捉到长三角区域内的商业机会，整合区域内的资源。当企业都根据长三角各地比较优势进行企业层面的资源配置时，一体化的格局就将自然形成。

三、长三角区域高质量一体化发展的推进路径

（一）发挥上海作为长三角经济龙头的辐射作用

充分发挥上海龙头带动作用，形成苏浙皖各扬所长的区域合作格局。当前，上海在长三角地区的龙头带动作用主要体现在其发达的生产性服务业和协调各地制造业发展等方面。区域内部需要制造成本和交易成本相对低的合理分布，在长三角区域内部，上海可以降低交易成本，而苏浙皖等地可以很好地控制制造成本，因而长三角地区交易成本和制造业成本综合较低的区域，可以很好地促进区域协调。世界级城市和城

市群的衡量标准应该是生产性服务业的占比。上海生产性服务业和服务业占 GDP 的比重应该分别达到50%和70%，这样才能很好地支撑区域的高质量发展。苏浙皖各扬所长的路径，就是要进一步嵌入全球价值链，增加对价值链高端、高附加值环节的控制。过去是依靠传统制造业和出口加工的方式嵌入全球化价值链，主要是被动嵌入，附加值较低。当前，苏浙皖地区需要围绕“一带一路”倡议，主动建立以我为主的全球产业分工和价值链体系。基于长三角发展的现有区域格局，如果上海不能发挥对长三角的龙头带动作用，且其他成员不能从上海的转型发展中受益，整个一体化的格局将无法较快形成。

在长三角区域更高质量一体化发展中，上海的龙头作用至少体现在以下方面：一是上海从大局出发为辐射周边创造条件。比如，周边地区都在积极协调打通断头路接受上海辐射，但不少道路对上海来说受益可能并不高，这时上海就要算好长远账、整体账。二是上海从建设全球卓越城市的目标出发，聚焦彰显功能优势，聚焦“五个中心”定位，突出服务经济，主动在产业方向上逐步退出一般性的、劳动密集型、能耗高的制造业，逐步取消吸引代工型 FDI 的优惠政策。让这些产业和 FDI 转移到长三角更具有承载能力的地区，这也有利于解决长三角内部的不平衡、不充分问题。三是上海的科技平台、金融平台、人力资源平台向长三角地区开放，为长三角地区嫁接和配置全球资源创造条件。

（二）进一步明确高质量一体化发展的主要任务和内容

长三角高质量发展需要推动重大改革举措的集成联动。区域一体化发展实质上是区域内部各地的高水平的竞相开放，一体化的核心含义是破除行政壁垒。高质量一体化发展要求转变政府职能，尤其是政府对各地商品和要素市场的封锁。

长三角一体化发展不能在抽象层面上空谈，而应先就一些关键领域（如基础设施建设、旅游产业发展合作等）进行渐进式的改革和合作，这样会快速推动区域内相关体制的整体创新。浙江和江苏的一体化是长三角一体化发展的重点，需要加快构建“一圈、两带、一廊”。“一圈”是环太湖地区，重点开展产业结构优化调整和生态环境的协同治理，解决太湖污染等的负外部性问题；“两带”一是指宁杭生态经济带，要探索生态保护和高科技园区协同发展的路径，二是运河文化经济带；“一廊”是指科技走廊，要发挥上海生产性服务业的优势，推动高水平对外开放和创新，政府可以探索设立高科技产业基金，重点投资有成长性的项目[6]。浙江和安徽的一体化重点是解决新安江生态环境问题，推动旅游资源的协同开发。江苏和安徽的一体化重点是制造业产能转移，要将江苏部分过剩产能向皖江地区转移，打造以南京为中心的都市圈和商圈，这也会影响到合肥、蚌埠和徐州等地区。

（三）在长三角范围内复制推广国家试点政策

目前国家层面已经在长三角区域试点了不少重要政策，已涵盖贸易、金融、科技创新等多个重要方面，很多非试点地区具有很强的动力学习、引进和落地这些政策，尤其是上海自贸试验区政策、苏南现代化建设示范区政策、浙江金融改革政策等。可以从长三角层面向中央争取一定的行政授权，长三角地区各地政府的决策机构可以在一定条件下、一定范围内，有秩序地复制推广国家已经在长三角试点的政策，或者由长三角决策机构统一向国家有关部门申请，在部分地区复制推广某些具有共性的试点政策，让这些重要改革试点、改革举措的成果率先在长三角区域内复制推广，以放大改革叠加效应。

（四）打造有形“飞地经济”和无形“互联网平台”整合区域资源

可以试图将过去各地行之有效的“飞地经济”的模式和经验，扩展到更广范围、更多主体，让更多地区和企业受益。随着最严格的环保政策在长三角全区域的实施，现阶段“飞地经济”不能再是产业梯度转移跟随者，而应成为产业价值链和创新链分工的试验区。

除了“飞地经济”这样的有形载体外，还要打造互联网平台载体以整合教育、医疗、产业供应链等资源，让参与者真正受益[7]。比如，进一步推进长三角高水平医院的医疗和跨省结算；长三角地区的大型科研设备，可以通过构建整体平台实现有偿共享；等等。

（五）鼓励企业在长三角范围内兼并收购

各地在集中支持战略性新兴产业发展时，不可能完全排斥产业同构和重复建设，更何况市场经济下，企业投资者是根据不完全、不可预测的信息进行决策的。只要是市场经济，就一定会有重复投资和重复布局，就会有产业结构的趋同。协调长三角各个地区形成特色化、差异化的产业定位，并不是要去协调哪个省市发展什么、不发展什么。产业重复和趋同并不可怕，可怕的是市场不存在自动结清机制，即如果不存在收购兼并、破产倒闭机制，就一定会出现严重的产能过剩和产业结构冲突。一般来说，只要在统一大市场下存在兼并收购机制，能够突破人为的市场壁垒，就能自动将产能重复和过剩限制在一定范围内，差异化的产业定位会通过区域内充分的兼并、收购、合作自动形成。

（六）发挥大型企业集团的区域协调作用

长三角拥有众多国内外著名的大型企业集团，涵盖了先进制造、互联网经济等多个领域，这些企业是全球价值链和国内价值链的“链主”。大型企业集团进行跨区域投资，按照市场化原则在长三角范围内配置资源，长三角的区域一体化分工就演变为大型企业集团内部的产业链、价值链、创新链的分工，这种企业集团内部的协调难度将大大小于政府之间的协调难度。可以设想，企业集团从产业配置上将服务环节放在上海，将制造环节放在苏浙皖，将会降低长三角商品和服务生产的交易成本和制造成本。在区域对外开放方面，长三角“三省一市”还可以协调本地企业组团到长江中上游、“一带一路”国家和地区以办开发区的形式投资建设制造基地，本地企业则在长三角的发展以总部经济为主。

（七）逐步构建长三角区域的竞争规则

长三角区域一体化的中长期目标是形成统一的市场竞争规则。长三角区域通过致力于建立以市场竞争为基础、非行政扭曲的竞争体系，推进经济从“发展竞争”逐步转向“平等竞争”，逐步限制地方政府参与市场运作的市场主体功能，使竞争政策替代产业政策并在市场经济中占据优先地位。当各个成员充分享受到一体化效益时，遵守竞争规则就会成为一种自觉动力和行为。现阶段，可以在交通、环保、公共服务等部分外部性较强的领域，从易到难逐步签订某些具体的协议，达成对各地区竞争规则的协调。在法律层面逐步构建区域竞争规则，将是长三角区域一体化为全国作出的最大示范。

（八）与长江经济带发展和“一带一路”建设有机衔接

长期以来，我国及长三角地区以向东开放为主，长三角作为对外开放的前沿地带，发展较快。当前，我国需要构建东西双向开放的新格局，尤其要突出向西开放的重要性，这就要求我国及长三角面向全球、“一带一路”沿线国家和地区建立以我为主的价值链分工体系。在这一过程中，上海等中心城市可能成为企业总部集聚地区，将传统制造加工职能向“一带一路”沿线国家和地区转移。长三角地区可以借助“一带一路”倡议，通过企业家抱团投资在沿线国家和地区设立工业园区。另外，长三角高质量一体化发展，要充分结合长江经济带发展战略，将长三角地区的企业向长江中上游地区转移，避免相关产业过度向东南亚等地区转移，实现真正的产业“溢出效应”，而不是产业退出的“外移效应”。

参考文献

[1] 刘志彪：“区域一体化发展的再思考——兼论促进长三角地区

一体化发展的政策与手段”，《南京师大学报（社会科学版）》2014 年第 6 期，第 37—46 页。

［2］洪银兴、王振、曾刚等：“长三角一体化新趋势”，《上海经济》2018 年第 3 期，第 122—148 页。

［3］刘志彪：“长三角区域合作建设国际制造中心的制度设计”，《南京大学学报（哲学·人文科学·社会科学版）》2005 年第 1 期，第 47—55 页。

［4］权衡：“长三角高质量一体化发展：发挥上海的龙头带动作用”，《上海城市管理》2018 年第 4 期，第 2—3 页。

［5］徐琴：“多中心格局下的长三角一体化发展”，《现代经济探讨》2018 年第 9 期，第 36—40 页。

［6］江南：“G60 科创走廊：长三角更高质量一体化发展重要引擎”，《江南论坛》2018 年第 6 期，第 21 页。

［7］高长春：“长三角区域创新网络协同治理思路和对策”，《科学发展》2018 年第 9 期，第 35—46 页。

长三角区域高质量一体化发展的制度基石①

在所有可能影响区域经济一体化发展的因素中，真正可能长期地、持续地扭曲其进程的主要力量，是制度方面的阻碍因素。因而，消除制度扭曲阻碍区域经济发展一体化的因素，既可以进行行政权力调整，合并行政体或让渡部分行政权力，也可以放开市场进行充分竞争，从而形成经济发展一体化的微观基础，或者在放开市场的同时规范竞争，以建设统一竞争规则来协调长三角地区经济一体化的过程。我们应该主要以国家的《竞争法》为准绳，逐步修订和废除与经济一体化发展相冲突的过时的法规和政策，统一协调和规划各地产业政策和经济发展战略，加速经济政策扩散的一体化。

区域一体化发展是党的十八大以来区域经济学高频率研讨的现实问题之一。2018 年下半年，习近平总书记宣布长三角区域一体化发展上升为国家战略，把对这个问题的讨论推向了高潮。当前学界对此研究的焦点，不是集中在要不要一体化发展、哪些内容需要协调等问题上，而是集中在对利益边界相对独立和清晰的不同行政主体之间如何能有效地

① 本文系教育部人文社科重点研究基地重大项目“长江三角洲全面建设小康社会中的协调发展研究”的阶段性成果，项目编号：16JJD790023。本文原载于《人民论坛·学术前沿》2019 年第 4 期。

实现一体化协调发展等问题上。

如所周知的是，现有行政体制机制由于介入市场活动比较深入，背后的利益机制使其具有天然的、内在的“反”区域一体化发展的特性。在体制机制转轨时期，以更务实的态度讨论区域一体化发展问题，除了必须要把注意力更多地集中在交通、通信等硬件基础设施的对接和链接方面外，也需要考虑各地区行政权力的协调问题。[1]因为，长三角各地发展客观上存在不平衡、不充分的问题，这种客观的差异决定了内在的利益并不完全一致。如果分散的行政权力没有协调发展的制度机制作支撑，那么在决定长三角一体化的公共事务上必然发生各种或明或暗的相互冲突，高质量一体化发展也就会随之落空。

正因为如此，对于区域一体化协调机制的探讨，长期贯穿于长三角一体化的推进历程中。无论是国务院2008年出台的《关于进一步推进长江三角洲地区改革开放和经济社会发展的指导意见》，还是2010年颁布的《长江三角洲地区区域规划（2011—2020）》，抑或是2016年提出的《长江三角洲城市群发展规划》，都从宏观上提出了一些比较抽象的解决问题的思路，如要求各地区努力实现差异化发展、分工合作共赢、包容性、可持续等。同时，经济理论和政策研究界也在寻求这方面的有效解决方案，提出了诸多有价值的、可以深入讨论的观点。其中比较典型的论点有：要求成立一个超越于“三省一市”政府之上的综合事务协调机构，来统一规划和运作各地在一体化中具有交集性质的事务；更多的是就某一一体化事务提出建立协调组织，如长三角旅游线路一体化、医疗结算体系一体化、G60科技走廊[2]等；更为干脆的，是提倡区域行政隶属关系的调整或行政单元的撤并，认为只有这样，才能真正实现区域高质量一体化发展。

一个主权国家内部究竟如何实现区域高质量一体化发展？中国作为转轨经济国家，缺乏这方面的经历和经验。在国际经验上，不能完全类比的例子是欧盟共同市场的形成。欧共体可供我们借鉴的是，其通过竞争政策协调推进经济一体化的经验和具体做法。不能比较的是，欧盟是国家之间的经济一体化，而长三角地区是主权国家内部各区域之间的经济一体化问题。[3]不过本文的分析将揭示，竞争政策在长三角区域高质量一体化发展中的协调作用和制度的基石功能，应该是未来长三角地区真正推动经济一体化的试金石。

区域经济发展一体化的障碍以及来源分析

现在很多讨论一体化发展的言论，往往把“一体化”等同于“一样化”或者“一起化”。在“一样化”的语境下，“一体化”往往要求各地朝某个既定的模式发展演化，发展现实与这个理想模式之间所具有的偏差，被认为是“非一体化”的表现，如长三角各地区之间发展水平和模式的差异、产业分工脱离某种理想格局布局；在“一起化”的语境下，“一体化”往往被当作某种共同的行动，行动不一致就被认为是“非一体化”的表现，如各地对财税的竞争、对某大项目的争夺等因动机、利益不同和行动不一致。

其实，“一体化”发展的真正含义，既不是要求存在一种理想分工格局和发展模式，更不是指各主体之间利益无冲突的一致性行动，而是指在一个尺度较大的区域经济范围中，各个边界清晰的行政单元之间，通过改革和开放，逐步清除各种人为地阻碍资源和要素自由流动的体制障碍[4]，通过相互合作、竞相开放和充分竞争的过程，实现区域高质量发展。在这个关于“一体化”发展的定义下，“非一样化”或者“非一起化”通常并不是“非一体化”，而恰恰可能是“一体化”的具体实现形式，是竞争无序走向市场有序的过程和必要阶段，如通过充分竞争这种表面上的“乱象”，可能会达到某种符合比较利益的产业分工格局，而不是事先计划安排好长三角地区的分工结构。

长三角地区高质量发展为什么需要通过一体化机制来协调？因为现在边界明确、范围较小、分散的行政决策单元和决策机制难以发挥范围经济和规模经济效应，如行政分割阻碍以上海为中心的“极化—扩散”功能发挥；对统一市场的分割难以使各地享受基础设施投资建设和使用上的外部性；缺乏规模性的统一市场，也会使长三角地区在新一轮全球化趋势中，可能缺乏促进国际贸易的本土效应。

长三角地区高质量发展为什么可以通过一体化机制来协调？因为一体化、分工和合作可以实现各地区的共赢共荣，如果不是这样，是你赢我输，或损失大于收益，那么这种一体化机制是无法正常运作的。但是，一体化可以实现各地区的共赢共荣，并不意味着一体化可以无摩擦成本地顺畅运行。在绝大多数情况下，尤其在转轨时期的中国大国经济中，即使大家都能够察觉到一体化的共赢关系，一体化的协调进程也不一定能顺利展开。

综合来看，自然因素、文化传统和习俗、制度因素，都可能是真正影响区域经济发展一体化的因素。其中，文化传统和习俗的长期性和稳定性，决定了区域发展一体化更容易在习俗相近、文化相同的区域间进行，如长三角地区就是地缘相近、血缘相亲、文脉相连，非常便于搭建文化交流合作、协同创新、共谋发展的新平台。自然因素，如地形地貌、气候条件、资源矿产等，虽然也会极大地影响区域一体化发展的成本，但是它们都是可以通过基础设施的投资建设来改善和利用的因素。其实，交通、通信等基础设施的链接和联通，也是一体化发展的基础内容之一。真正可能长期地、持续地扭曲一体化进程的主要力量，可以归结为制度方面的阻碍因素。

制度扭曲区域经济发展一体化的因素可以分为两类：一类是政府行政管理方面的，另一类是企业和市场运行方面的。就前一类因素来说，又有两种格局不同的政府力量：一是中央政府的地区政策所形成的地区差异，以及产业政策实施直接导致的不同市场主体之间的差异；二是地方发展政策创造出来的差异，如为了在整体投资环境欠佳的条件下吸收外来生产要素，各地区会纷纷创造局部优化的发展环境，以各种优惠政策举办各种形式的经济技术开发区。这种创造政策“洼地”的行为，其实也是对非开发区内企业的政策歧视。显然，上述现象是现实的转轨经济中政府常常使用的手段，它们的核心是区分对象、制造差别、形成政策重点，其实就是制造政策歧视，它们是时下中国市场分割或非一体化的主要力量。

企业也有可能会成为分割统一市场的力量。这主要是指企业的垄断行为。垄断行为分割市场，危害市场公平竞争秩序，既会危害创新、损害行业整体利益，也会损害消费者的利益，如针对不同市场主体的价格歧视行为，就会割裂统一市场信号并降低市场调节效率。因此，一体化发展内在地要求反垄断行为。企业形式的垄断也有两种：一种是依附行政权力的国有企业对市场所采取的行政垄断，另一种是依靠市场势力创造的市场垄断。国有企业的行政垄断主要是垄断市场进入并制定高价，这对非国有企业产生进入排斥作用，损害消费者福利，是市场非一体化典型的表现。依靠市场势力进行的市场垄断是否对一体化有实质性影响，需要区分市场势力的来源，如果企业依靠技术创新和专利产生市场垄断，那么这在一定时期内要给予保护；否则，只要是依靠市场势力产生攻击和损害竞争对手的行为，都要受到竞争法的制裁。

消除区域经济一体化发展的障碍：主要思路和办法

建设和完善长三角地区一体化高质量发展的协调机制，消除制度扭曲阻碍区域经济发展一体化的因素，主要有下面三种办法。

行政权力调整：从合并行政体到让渡部分行政权力。很多人至今都认为，为了有效地推进长三角发展一体化，中央有必要通过行政权力的调整、让渡和集中使用，实现高质量一体化发展的整体目标。这种行政权力的调整，从最激烈的合并行政体要求，到通过某些协议让渡部分行政权力，体现的都是要在既有的体制惯性中解决一体化的协调机制问题。

在合并行政体的要求方面，有过一些有重要影响的方案，如扩大上海行政版图、建设“江北上海”方案[5]等。这些方案的出发点是，由此解决上海的发展空间，同时根据历史和现实的联系，打破行政区划的束缚，使上海这个一体化的核心地区发挥更大的辐射作用。通过协议让渡部分行政权力来集中实现一体化协调的方案，是一种较为渐近的一体化方案选择，如要求上海代管某地，以及按行业建立具有一定约束力的长三角地区管理机构。后者大多数属于具有双赢性质的一体化事务，如旅游、交通、通信等行业的一体化协议。未来在高质量一体化发展的国家战略指导下，很多服务行业将产生新的一体化形式，如长三角地区上学、看病、养老等一体化。

从合并行政体到让渡部分行政权力，这些指望通过行政区划和行政权力的调整来实现一体化的办法，不能说是无效的，但是其具体效果却需要仔细认真评估，需要限定它的作用领域和作用范围。总的来看，通过政府间协议让渡部分行政权力集中使用，对于公共类服务发挥规模经济和范围经济效应，是很有必要的，绝大多数情况下也是有效的[6]。但是动辄要求通过合并行政体来建设协调机制的办法，是不可取的。

这是因为，这种看法和做法把区域非一体化的原因归结为行政区划的存在，认为“过小的”行政单元设置，直接导致了市场被割裂、产业结构趋同，以及基础设施外部性功能不能正常发挥，这种观点是有逻辑错误的。虽然以行政边界分割市场，是市场碎片化的显著特征，但这并不等于说，“行政区划设置 = 市场割裂”。这是因为，当今世界，由于管理成本和文化习俗等原因，管理国家，尤其是幅员辽阔、人口众多的大国，都必须按行政区划来进行。有行政区划，就有独立的利益边界，就有相对独立的财政体系，但财政独立和利益独立，并不意味着行政割据。其实恰恰相反，独立的利益要通过高水平的对外开放，而不是相互封锁、相互排斥就能实现利益最大化。众所周知，发达的国家也有各种行政管理体制和行政边界，但是为什么它们没有出现行政权力和行政边界严重妨碍统一市场的情况呢？由此可见，行政权力和行政边界并不是造成市场分割的充分条件，政府权力过多地、过深地插手市场经济，运用行政手段干预企业的微观营利性活动，才真正会出现市场的非一体化[7]。

因此，在转轨经济中建设区域一体化发展的协调机制，重要的问题是要在放开市场的同时，转变政府行政职能，建设法治型、服务型政府，即让其与市场利益脱钩，专司公共事务，唯此才能消除其干预市场的动机和行为，才能解决统一市场被行政权力割裂的非一体化问题，否则只能落入计划经济体制下行政关系调整的怪圈。在实践中，我们并不能因为某一地区行政割据现象严重，就撤并现行行政地区。不彻底解决造成行政权力过于深入地干预市场活动的深层次问题，那么合并行政区域只会把原本小范围的摩擦放大，使摩擦力度加倍，破坏程度更高。即使我们把整个长江以南地区都归并为一个“南方行政区”，又能怎么样？一体化问题能解决吗？肯定不能，而只是把小尺度区域的协调问题，上升为更高行政级别的协调问题。因此，如果地方政府的职能不转换，深入干预企业和市场活动的问题不解决，即使让整个国家变成一个计划经济体制下的工厂单位，也难以提高经济效率，相反还会带来新的低效率问题。据此来看，我们有些人的计划经济思维实在是太根深蒂固了，一说要搞区域一体化发展，马上想到的方案就是调整行政区划。这其实是不相信市场，过分迷信行政手段的力量罢了。[8]

放开市场，充分竞争：经济发展一体化的微观基础。充分的市场竞争是形成长三角地区经济一体化高质量发展的微观机制。如果这个机制不建立或者不完善，就不可能形成合理的产业合作和分工，也不可能形成高质量发展。

很多人通过列举长三角地区这些年来产业更加趋同、分工减弱等现象，来论证充分的市场竞争会加大这些非一体化倾向。其实，这些现象往往并不是因为市场竞争，而恰恰是地方政府干预企业经营过于深入，导致市场竞争不足所致。分散决策的投资者在依据不完全、不充分的信息进行决策时，出现产能过剩和重复建设、趋同发展格局是必然的趋势。可怕的不是重复和由此导致的产业结构趋同，而是趋同后因为地方政府干扰，不让企业选择竞争性退出，即因为地方政府狭隘的保护机制，在竞争失利中的企业缺乏收购兼并和破产倒闭机制，无法正常退出，被迫长期在行业中忍受煎熬、亏损和补贴，这才真正出现了我们所反对的非一体化发展的混乱趋势。如果市场竞争是充分的，竞争优势不足的企业、失败的企业将自动退出市场，不会以亏损的方式继续提供产出，从而出现市场的自动出清效应，供求和价格也会自动回归均衡。

国内外实践证明，放开市场，由企业主体去进行充分竞争，建立经济发展一体化的微观基础，最需要鼓励的是市场主体之间的收购兼并活动。理论和实践都证明，激励企业间的收购兼并活动，必然会把外部经济性转化为内部经济性，“搞对了的激励”将产生巨大的市场和经济的一体化效应。在目前中国的经济发展阶段，我们有如下建议。

第一，长三角地区要学习欧共体市场一体化建设的经验，认真研究、仔细设计区域内以市场为导向的联合机制，其中一个重要内容，就是如何大力鼓励跨地区的企业兼并活动。[9]跨地区的企业兼并活动，可以以微观治理结构弥补宏观政策的不足和缺陷，诸如产能严重过剩等宏观经济问题，往往只需要在兼并后的企业董事会里，主动作出一项收缩产能的战略决策就可以顺利化解。考虑到鼓励收购兼并具有内在的促进经济一体化发展的机制效应，欧共体成员国在 1957 年签订《罗马协议》以及后来的《欧共体条约》时，都没有专门对收购兼并提出具体的限制或控制的办法，而控制兼并则是美国反垄断法的核心内容之一。这是欧盟竞争法与美国反垄断法的巨大差别。为什么欧盟要容忍兼并可能带来的垄断及其非效率问题呢？其实就是想要利用它的特殊功能，解决欧洲国家规模小、市场容量窄的先天不足，是为了快速形成范围经济和规模经济，为了能够有实力与美国、日本等经济体进行有效的竞争。[10]

第二，中国是产能严重过剩的国家，长三角是产能最严重过剩的地区之一，消除产能过剩是供给侧结构性改革的首要任务之一。因此，我们目前还不能抽象地谈论要不要反兼并重组，而是要从实际出发，鼓励企业在资本市场上实现跨区域的兼并活动，以产生市场结构的自我清洁效应。长三角内部的兼并重组活动，是经济一体化发展的最有效的微观机制。过去，我们在分散主义发展的导向下，经历了许多大规模的重复投资建设活动，也留下了许多低效甚至已经僵尸化的企业。在新一轮全球市场竞争中，中国企业面临着跨国公司的强力排斥和竞争，利用自己大市场容量建设巨型跨国企业，是下一个阶段发展政策的重要取向。为此，长三角地区要以中国不断增长的、庞大的内需为基础，推进企业的兼并重组活动，以之作为发展一体化的重要工具和手段，重塑市场，利用好市场的结构效应和竞争协调效应。

第三，为消除过去大规模“铁公基”盲目重复在建的低效项目，防止出现大规模金融风险，我们应该运用过去行之有效的行政手段，坚决打破行政关系造就的地域壁垒，在此基础上，再模拟市场机制的方法，有效地整合过去各地的基础设施投资项目。解铃还需系铃人。具体来说，就是要以资产重组这个系统化的市场化工具，由政府出面牵头各地联合构建巨型控股资本集团。例如，长江流域有很多的港口码头设施，过去在“以港兴城”的口号下投入了巨额的资本，但是在各自为政的体制下，这些基础设施因缺乏一体化的规模效应，能够发挥的效能很低，造成巨额浪费或闲置。如果可以在更高政府的推动下，由更高管理水平的港口码头公司出面组建港口股份公司，则不仅可以克服这些存量基础设施的不良效应继续发酵，而且也可以推动区域内经济发展的一体化水平，提高各地区的竞争能力。[11]

第四，在新一轮经济全球化趋势和高水平开放的前提下，我们不仅要鼓励企业在长三角地区的兼并收购活动，而且要鼓励企业沿“一带一路”建设全球价值链和国内价值链，在“走出去、走进去、走上去”的过程中，让长三角地区的企业自主地联合起来，集中资源到国外建设各类经济技术开发区，联合收购国外的优质资源为我所用。在这个过程中必然会产生市场集中和产业集聚现象，形成新的适应全球化竞争的新优势。

放统结合：放开市场，同时规范竞争，以建设统一竞争规则来协调长三角区域一体化进程。从根本上解决区域经济发展一体化的协调问题，不能仅从行政体制的调整来考虑，也不能仅把市场一放了之，而是要从建立统一、协调、有序、开放市场的角度来综合考虑，这就是要以建设统一竞争规则来协调长三角区域一体化进程。

建设统一竞争规则，不能不谈竞争政策。竞争政策是为了维持和发展竞争性市场机制所必须采取的各种公共措施，包括各种规范、实现和增进竞争的制度体系和政策措施。[12]它是规范市场主体竞争行为方式的基本法律，以创造公平竞争环境为基本宗旨和取向，是规范现代市场经济运行的“宪法”或者“根本性大法”。竞争政策要为企业有活力腾出空间，为市场有效率加强监管，为调控有力度尽责到位，只有有效地发挥竞争政策的基础性作用，我们才有可能真正实现市场在资源配置中起决定性作用和更好发挥政府作用。让竞争政策协调各项经济政策及法律法规，是全球市场经济国家的通行惯例。

至于竞争政策为何能在经济一体化发展中起到有效的协调作用，其实道理也很简单：一方面，竞争政策可以避免政府对贸易投资以及要素流动的人为限制，在统一、开放、竞争、有序的制度平台下，为跨区域的生产、贸易、投资和公共设施活动创造联合的条件；另一方面，竞争政策的平等性也决定了它可以校正竞争秩序，从而有效地防止具有市场势力或行政垄断权的企业和地方政府扭曲竞争，推动市场一体化进程。如果各地区的市场主体都行使垄断行为、打击竞争对手，各地方政府都按其利益边界制定竞争规则，那么市场竞争必然会导致大量的经济歧视和进入障碍问题，根本不可能产生具有经济理性的利益边界。[13]

为此，要在国家竞争法的指导下，限制政府的行政垄断能力，限制政府权力通过国有企业行使区域市场垄断的行为，限制企业通过市场势力分割市场的行为。这就需要逐步修正和废除各地与一体化发展有冲突的地区性政策和法规，协调好各地产业政策和经济发展战略，加速经济政策扩散的一体化，复制已经成功的国家政策试点经验，如各种自贸区试点政策、科创中心建设试点政策等，以有意识地适应区域经济一体化发展的需要。

以竞争政策主导区域一体化发展的两个重点问题

以建设统一竞争规则来协调长三角区域一体化进程，需要先把过去以产业政策为中心的发展，转向以竞争政策为基础的发展，确立竞争政策在经济政策体系中的基础性地位。竞争政策之所以在经济政策体系中处于基础性地位，是因为只要竞争条件公平和公正了，对于企业而言，留下来的就是效率竞争了，只有高效率的企业才可以生存下来，因此这将使经济高速地走向创新驱动的路径。这是所有经济政策想要达到的基本目标。

我国在从计划经济向市场经济转轨的过程中，由于市场机制调节功能差，大量投资项目的运作需要由政府出面，因此产业政策在推动发展中起着举足轻重的作用，而竞争政策往往只起着微弱的、次要的作用。产业政策与其说是明确重点扶持对象倾斜发展，倒不如说是创造不公平和歧视。未列入产业政策支持的企业、地区和项目，将在竞争中处于十分不利的地位，但是随着我国进入高质量发展阶段，发展问题的主要矛盾和矛盾的主要方面，已经从追求“有无”转向追求“好坏”。优化资源配置和提高投资效率，需要减轻政府的行政干预，减少产业政策的倾斜力度，更多地发挥市场主体的自我扩展、自我收缩和自我选择功能，从而更好地满足人民对美好生活的需要。在高质量发展的背景下，产业政策转向以竞争政策为主，就成为历史发展的必然选择。

转向以竞争政策为基础的发展，需要讨论的地方很多，如政府功能和机构改革、市场机制和机构的建设、宏观调控职能形式的转变和功能发挥、竞争法如何完善等一系列问题。限于议题和篇幅，笔者挑选了以下两个与长三角一体化协调机制建立有直接关系的方面进行论述，但这并不意味着其他方面不重要。

第一，长三角各地区要尽快启动对各地过去出台的规章制度、政策文件的审查。主要问题涉及两个方面：一是要在现有司法制度架构下，加快建立和健全长三角各地区竞争政策的执法机构，或者各地把这种执法权委托让渡给某个超越本地利益的机构，明确其主要职能是开展公平竞争审查；二是长三角各地区政府和执法机构需要以国家的竞争法为依据，尽快启动对地方性法规的审查行动，开展大规模地清理和整理反一体化的规章、文件和其他政策措施，废除、修订与国家反垄断法相抵触的条款内容。[14]

这就是：（1）要把目前分散在司法系统、发改委系统、工商市场总局系统、商务部系统的反不正当竞争和反垄断职能进行必要的梳理和归类，成立综合协调机构统一行使竞争政策的执法功能；（2）要以法律形式规定，从现在起，今后地方新颁布的法规和政策措施，都必须通过反垄断部门的公平竞争审查。凡可能会导致排除、限制市场竞争效果的，都应发回重新审理。要加速废除过去那些陈旧的、以限制竞争为目的的各种内部文件，如授权某些特定企业尤其国有企业独家垄断的或明或暗的规定。为推进公平竞争，要大幅度减少地方政府产业政策的运用规模和范围，大幅度减少政府对企业的补贴基金，把保留的各种优惠政策降低在关系到国计民生的、必须紧迫地发展的极少数幼稚产业范围内。[15]

第二，以“竞争中立”原则为准绳，对不同行业、不同规模、不同所有制企业，采取一视同仁政策，创造平等竞争的市场环境。[16]各种针对民营经济的歧视现象，是市场非一体化发展的主要表现。我国过去长期对企业实施的按所有制原则进行分类管理的办法，其出发点是为了突出政策的重点，倾斜使用匮缺的资源支持国有企业。这种管理方法从一开始就是“非中性”的，就意味着严重的所有制歧视。

改革开放40年来，我国面临的发展问题，不是没有竞争，而只是缺少平等竞争，缺少最基本的公平竞争的条件。这是中国经济结构存在严重的失衡问题的主因。在党的十八届三中全会报告和十九大报告的精神指导下，未来我国的高质量发展要基于建设统一市场的要求，调整产业政策的行使方式，推进经济从“发展竞争”转向“平等竞争”，在行业进入、税收征收、财政补贴、行政监管、政府采购等方面给予不同所有制企业平等竞争的政策环境[17]。

参考文献

[1] 洪银兴、王振等："长三角一体化新趋势"，《上海经济》2018年第3期。

[2] 上海松江于2016年年初发起并率先启动1.0版G60上海松江科创走廊建设。2017年7月，松江与杭州、嘉兴签订《沪嘉杭G60科创走廊建设战略合作协议》，标志着2.0时代的正式开启。2018年，松江提出以沪苏湖合高铁建设为契机，拓展G60科创走廊从"高速公路时代的2.0版"迈向"高铁时代的3.0版"，将G60科创走廊拓至上海、嘉兴、杭州、金华、苏州、湖州、宣城、芜湖、合肥9个城市，覆盖面积约7.62万平方公里。

[3] 刘志彪："协调竞争规则：长三角地区经济一体化的重要基石"，《南京政治学院学报》，2002年第4期。有一种比较有意思的观点认为，欧盟国家经济一体化过程中货币政策虽然统一了，但是财政政策还是相互独立的。这是欧盟国家目前财政债台高筑的基本原因。与此相比较，在中国各省级政府与国家的财政关系上，各省市也有竞相举债、搞财政透支的基本动因。

[4][8][11] 刘志彪："区域一体化发展的再思考——兼论促进长三角地区一体化发展的政策与手段"，《南京师大学报》，2014年第6期。

[5] 具体是建议将邻近的江苏昆山、浙江嵊泗等市县纳入上海行政区划，实现长江三角洲龙头扩容。另外，还有中国社会科学院倪鹏飞课题组的激进方案，建议通过行政区划调整将南通划入上海。

[6] 举例来说，治理环太湖生态问题，因涉及跨省市的政府协调问题，所以就需要各地政府让渡一些相关权力，成立环太湖生态环境保

护执法机构。这些方面的例子很多。

［7］刘志彪：“长三角区域合作建设国际制造中心的制度设计”，《南京大学学报》2005 年第 1 期。

［9］刘志彪：“建立长江三角洲区域共同市场”，《社会科学报》2002 年 8 月 15 日。

［10］刘志彪：“欧共体一体化对长三角的启示”，《今日浙江》2007 年第 3 期。

［12］吴敬琏：“确立竞争政策基础性地位的关键一步”，《人民日报》2016 年 6 月 22 日。

［13］刘志彪：《现代产业经济学》（第 2 版），高等教育出版社 2009 年版，第 53—55 页。

［14］［15］杨光普、陈昌盛：“加快确立竞争政策的基础性地位”，《经济日报》2018 年 11 月 29 日。

［16］OECD，Competitive Neutrality：Maintaining a level playing field between public and private business，OECD Publishing，2012.

［17］刘志彪：“从发展竞争转向平等竞争”，《北京日报》2018 年 11 月 26 日。

长三角区域市场一体化与治理机制创新[①]

市场一体化是长三角区域高质量一体化发展的基础和关键。实施这一项国家战略规划应该首先从长三角区域市场一体化开始。区域市场一体化有助于形成一体化发展的统一大市场，依据于强大国内市场可以转换中国经济全球化的模式，也有助于进入创新发展轨道。从过去鼓励地方政府间的竞争，转向提倡地方政府间的合作治理，建设、完善和创新区域治理机制，是在现有的行政体制中推进长三角区域高质量一体化发展的最有效途径。为此需要我们把竞争政策作为推进一体化发展的“一盘棋”的手段和机制，要以竞争政策为基础协调其他经济政策，为市场一体化创造政策协同的环境。

长三角区域高质量一体化发展国家战略，聚焦的是“高质量”和“一体化”两个关键的发展问题。这个国家战略的目标是要通过转变发展方式和重塑经济地理格局，使长三角地区成为全国发展强劲活跃的增长极，成为全国高质量发展的样板区，成为率先基本实现现代化的引领区，成为区域一体化发展的示范区，成为新时代改革开放的新

① 本文系国务院参事室长江经济研究中心2018—2019年课题“长江经济带建设现代化经济体系研究”的阶段性成果。本文原载于《学术月刊》2019年第10期。

高地。[1]

对这个经过了三十多年的努力才上升为国家层面的战略规划，问题的核心早已不是“怎么看”，而在于“怎么办”和“怎么干”。也就是说，现在长三角区域一体化发展问题的焦点，主要集中在过去一直没有顺利解决的操作上的老问题：利益边界相对独立、行政权力相对完整、发展水平和结构上各有千秋的四省、直辖市之间，如何根据“高质量”和“一体化”的要求，打破一亩三分地的思维方式和地方保护主义的传统做派，通过建设有效的区域治理机制，提高区域资源配置效率和全球资源吸纳能力，实现协同、协调和协商的发展？

过去的实践经验证明，长三角区域高质量一体化发展的内涵十分丰富，其中至少包括“规划一张图、交通一张网、环保一根线、市场一体化、治理一个章、民生一卡通、居民一家亲”等若干方面的要求和内容。高质量一体化发展首先从哪里着手和率先突破？这是一个很重要的操作次序选择问题，直接决定一体化过程的成败。毫无疑问，在经济体制转轨时期，市场一体化是长三角区域高质量一体化发展的“牛鼻子”，是所有问题的基础和关键。因为只有以市场导向的发展为龙头、以市场一体化发展为基础，才有可能在这个过程中充分调动一体化的主体即企业的积极性，才可以据此界定政府与市场的边界、职能和任务，才能驱动长三角地区资源配置体制机制的根本转型，才可以在此基础上实现这个国家战略所承担的宏伟目标和艰巨使命。

有鉴于此，本文将在分析以市场一体化为核心推进长三角区域一体化发展这个重要命题的基础上，指出长三角高质量一体化发展需要建设、完善和创新与市场一体化发展相适应的区域治理机制。未来我们应

---

① 关于区域一体化明显有利于经济增长，实证研究可参见张治栋、吴迪、周姝豆：“生产要素流动、区域协调一体化与经济增长”，《工业技术经济》2018 年第 11 期。

该根据社会主义市场经济体制深化的要求，把竞争政策作为推进长三角区域市场高质量一体化发展“一盘棋”的手段和机制。最后，我们以区域股权交易市场为例，对长三角区域金融市场一体化发展问题进行案例分析，进一步指出中国在市场取向的改革进程中，必须以竞争政策为基础协调其他经济政策，为市场一体化创造政策的协同环境。

一、以市场一体化为核心推进长三角区域一体化

长三角区域一体化三十多年来的实践说明，在中央政府向地方政府放权让利、塑造出分散竞争主体的转轨经济体制中，中国经济的市场化程度虽然有了巨大的提升，地方保护主义有所缓解，省间市场一体化水平有所提高，但正如许多国内外研究者所观察到的那样，作为转轨经济体制的固有顽疾，“行政区经济”即经济运行中的市场行政分割和市场碎片化竞争的问题，在中国经济运行中并没有彻底解决，甚至在有些方面出现了新的市场分割形式。①

“行政区经济”中的碎片化竞争最有损于资源配置的经济效率，既无法通过强大市场形成对资源吸纳的能力，也无法用统一市场促进企业达到规模经济状态从而增强国际竞争力。党的十八届三中全会指出，建设统一开放、竞争有序的市场体系，是使市场在资源配置中起决定性作用的基础。党的十九大报告进一步强调要清理废除妨碍统一市场和公平竞争的各种规定和做法，指出经济体制改革必须以完善产权制度和要素市场化配置为重点，实现产权有效激励、要素自由流动、价格反应灵活、竞争公平有序、企业优胜劣汰。建设统一市场、要素市场化配置从

---

① 邓慧慧、杨露鑫：“高质量发展目标下市场分割的效率损失与优化路径”，《浙江社会科学》2019 年第 6 期；林丽花、张军涛、黎晓峰：“市场分割研究综述与展望”，《生产力研究》2018 年第 9 期。

哪里开始做起比较好？在大国经济中，当然首推区域市场一体化发展。因为，区域市场一体化发展就是消除区域分割，就是拆除要素流动的各种壁垒实施相互开放，让产品和要素可以按照市场规律去高效率地配置。这正是全国统一市场建设的核心内容和基础机制。另外，从发展阶段看，像中国这种处于发展中的大国经济，各地情况复杂，区域发展差异很大，全国统一市场建设、要素市场化配置的任务不可能一蹴而就，而必须分区域、分步骤和分阶段推进，比如，要首先从长三角这样的文化相通、地域相近、经济发达的区域做起。在推进区域市场一体化的基础上，如果再强调各个一体化经济区之间的相互开放，以此推进全国统一市场的建设，可能就是最优的改革次序选择和工作步骤。①

长三角地区作为中国经济最发达的区域，党中央决定首先把其高质量一体化发展上升为国家战略，这是中央对长三角过去三十多年来一体化发展努力和探索的充分肯定，是在中美贸易摩擦的大背景下，国家借助于区域协调机制来完善中国改革开放总布局、发掘经济发展新动能、发挥中国经济韧性的具体行动。当然，更意味着中国已经准备好了在区域市场一体化基础上，开始了建设统一、竞争、开放、有序的强大国内市场的行动。

如果说建设统一市场、要素市场化配置要从区域市场一体化开始，那么长三角区域高质量一体化发展应该首先从哪里做起呢？答案是也应该从鼓励和支持长三角区域市场一体化开始。主要理由是：

第一，长三角区域一体化发展只有以市场一体化为核心，才可以逐步把处于分割状态的“行政区经济”聚合为开放型区域经济，把区域狭小规模市场演变为区域巨大规模市场。长三角地区的加总经济规

① 刘朝明：“经济一体化进程中的区域发展与政策模型”，《数量经济技术经济研究》2002年第11期。

模虽然在全国各区域处于首位，而且由区域内人均收入水平决定的购买力也不能算小，但是就企业发挥规模经济效应所需要的现实市场规模来看，却不能算大。这是因为，长三角与全国其他地区一样，因省际行政关系的分割，该区域市场并不是统一市场，也不是一个可以被企业高质量利用的一体化的市场。不要说长三角“三省一市”间，即使在一个省的内部，也存在着大量的市场非一体化现象。例如，存在着大量的实际产出远低于设计产能的制造企业、港口码头等。如果市场是一体化的，这些产能严重过剩的企业将被并购，从而生存下来的企业达到最佳规模，实现合理的产业分工。[①] 但实际情况是各自为战，竞争性项目缺乏市场协调，省际企业收购兼并阻力重重。显然，如果打破市场分割实施区域间相互开放，放手让区域内有效率的企业收购兼并低效率的企业，让企业成为微观一体化的决策主体，就有可能真正形成一体化统一的大市场，实现以市场一体化为核心的区域一体化发展。

第二，长三角区域一体化发展只有以市场一体化为核心，才可以据此转换经济全球化的发展模式和机制。在过去以出口导向为特征的经济全球化中，长三角地区对全球市场的利用是十分积极而且充分的，但是对区域的、国内的市场利用，却是非常不够的，尤其是江浙地区的制造业，借助于全面实施外向型经济发展战略，把大量的过剩产能都销售到了海外市场。在当今逆全球化趋势下，国际市场不可能再像过去那样为长三角的经济发展提供增长动力，未来必须主要利用国内市场，因而培育和形成一个国内强大市场规模的问题显得越来越迫切和重要。只有通过区域市场一体化的手段和工具聚合起强大的区

---

① 过去的几十年中，国内产能严重过剩条件下还能生存下来那么多企业，主要是一方面我们大量利用了国外的市场进行出口导向，另一方面政府补贴也起到了相当大的作用。

域市场，以及在此基础上逐步形成国内超级市场规模，才有可能构建起类似于美国那种基于大国经济强大内需的经济全球化模式，并在超级规模的内需支撑下，通过企业间的竞争形成合理的产业分工和企业规模，才能为实现基本现代化而需要的、持续的经济增长提供动力机制。

第三，长三角区域一体化发展只有以市场一体化为核心，才可以据此虹吸全球先进的创新要素，发展中国的创新经济，实现产业链向中高端攀升，实现高质量发展。长三角过去的比较优势是物美价廉的生产要素，利用其加工制造出口长期获取低附加值收入。由于进行国际代工的产品都是由跨国公司事先已经研发和设计好的，代工厂家只需要按图纸生产制造就可以了，因此代工企业并不掌握创新的技术和诀窍。现在长三角低价要素这个优势，随着国内生产成本的提高和外国企业的进入正在逐步地衰减。新的比较优势正在崛起，它就是随着区域市场一体化进程加快而日益壮大的国内市场规模。这种强大的区域统一市场或国内强大市场，既有利于促进中国企业取得规模经济效应和国际产业竞争力，又有利于中国企业“走出去”投资办企业，还有利于中国企业利用自己的巨大需求把研发、设计等知识密集环节向国外企业发包，在这个过程中学习外国企业的知识和技术。总之，其可以有利于中国企业广泛吸收东道国的知识资本、技术资本和人力资本，形成新的全球分工或产品内分工格局，使中国企业从全球价值链低端的成员，成为全球创新链中的一个有机组成部分。

第四，长三角区域一体化发展只有以市场一体化为核心，才可以使长三角地区突破分割治理的传统模式，进入经济一体化协同治理的新阶段。生产要素市场化配置，即在更广范围内实现自由流动与组合，尤其是劳动力的自由流动与竞争性配置，是市场一体化的核心和重要内容。只有以劳动力为中心的生产要素实现了市场化配置，区域经济一体化才能真正实现，否则任何所谓的一体化都是不完整的，都没有摆脱“分割式治理”的基本特征和属性。而且，所谓的“分割治理”，其实主要就是对生产要素市场化配置进行行政限制。在此基础上所展开的区域发展竞争，也主要体现在要素流动不充分条件下的高速度、高投入、低质量的经济发展。基于市场一体化基础上的区域间协同式治理，就是要求各地以区域统一开放市场建设为目标，坚决破除本位主义的思维定式，在统一规划管理、统筹土地管理、制定促进要素自由流动的制度、创新财税分享机制、推动基础设施共建共享、统筹协调公共服务、联防共治生态环境等方面，合力探索有利于长三角区域一体化发展的治理结构和治理机制。

根据阻碍区域市场一体化的因素，推进长三角区域一体化高质量发展最重要的问题可能有如下几个方面：

第一，过去提倡和鼓励地方政府间的竞争发展，现在实施一体化国家战略要提倡和鼓励地方政府间的合作协调发展。地方政府间的竞争是中国过去经济发展的重要动力，但它却是导致市场行政分割和市场碎片化问题的关键因素。解决“行政区经济”这个问题的关键还在于：一是要改革对地方政府官员的业绩考核评价体系，把实现一体化发展而不仅仅是生产总值、财政收入等作为区域内官员的主要业绩，以此扭转其行为准则和外在压力机制。二是要限制地方政府参与市场活动、干预市场的权力边界。这个权力应该主要局限于对市场的公共利益调节，而不能成为市场营利活动的追求者。三是可以根据一些具体的一体化发展协议，通过各地政府协商方式，让渡某些公共权力给相应的长三角一体化机构，把竞争转化为合作。

第二，推进市场的一体化，要从区域内具体的项目做起，要学习欧洲人搞欧共体时的那种务实精神，避免在范围广泛的领域中进行抽象的议论，避免议而不决。欧共体当年就是从煤钢、原子能利用委员会的协调功能开始的，一直发展到成功建设欧元体系。[①] 长三角区域市场一体化需要协调的领域非常广泛，可以本着先易后难的原则，从破除政府公共项目的合作障碍开始，如消除“断头路”、区域轻轨建设、港口码头的委托管理或股权一体化等，逐步往消除户籍障碍、教育等民生一体化这些难点方面努力。等长三角区域内的民众都逐步得到了市场一体化的好处后，自然都会衷心拥护这个国家战略，这个战略推进起来力度就会更大，更容易成功。

第三，在推进区域市场一体化中，要注意发挥企业尤其是企业集团的主体作用。一是要鼓励区域内企业的收购兼并活动。微观层面的收购兼并活动，把区域间企业的市场协调方式，转化为企业内部的协调方式，会导致强烈的一体化效应，因而是长三角区域市场一体化的最有效的工具。二是要发挥大企业或企业集团在建设产业集群中的一体化作用。产业集群模糊了行政区域的界限，是市场一体化的空间载体。产业集群也可以实现按经济区域“极化—扩散”增长的现代生产力配置方式。例如，如果我们在长三角宁杭沿线建设基于生态走廊的科技创新产业集群，那么沿线一体化发展的高技术产业将会覆盖苏浙皖三省。三是要依据国内企业之间的产品内分工，构建链接各区域的一体化的价值链。如基于市场公平交易的价值链、半紧密型式的被俘获的价值链，以及紧密型式纵向一体化的企业集团等。依据这些价值链，可以把长江经济带开发战略与“一带一路”倡议结合起来，在企业抱团“走出去”的过程中，共同投资“一带一路”国家，转移中国丰富的有竞争力的产能。

二、把竞争政策作为推进长三角市场一体化的主要治理机制

推进长三角区域市场一体化，难点在于实现市场一体化的治理机制

① 梁琦：“欧盟一体化过程给我们哪些启示”，《学术研究》2009 年第 8 期。

创新和建设。在这方面的认识差异很大，有些观点甚至是完全相反的。例如，对具有独立利益边界的长三角“行政区经济”的市场一体化问题，一种较为流行的观点是，必须加强对各行政主体一体化国家战略“一盘棋”意识的教育，必须通过设置高一级的行政机构，或者通过行政机构的撤并，或者通过强化政府协调职能才能进一步推进。也有观点认为，只有通过竞争政策破除行政主体设置的各种有形和无形的行政壁垒，才能强化市场主体的活力，才能进一步完善竞争关系，才能在开放中实现竞争协调的一体化。同时，有更多的人认为，只有建设、完善和创新长三角区域治理机制，才是在现有的行政体制中实现市场高质量一体化发展的最有效途径。

这个治理机制究竟是什么？是不是就应该围绕长三角区域“一盘棋”要求，建立各种相关的行政机制去协调？中国经济从计划经济体制脱胎而来，遇到市场机制发育不良所导致的问题时，很容易重新陷入计划经济的思维方式和运作习惯。针对过去分散化治理中出现的市场混乱和无序现象，有些人不是去尽快放开市场竞争和完善市场秩序，而是归咎于转轨经济体制的缺陷，认为还是应该树立“一盘棋”的思想，把分散的事务“收回去再想办法统一管起来”。在这样一种理念下，推进市场一体化遇到了障碍和利益冲突。首先提出的主张就是合并行政区，或者要求中央在长三角“三省一市”之上成立某个级别更高的行政协调机构。其实，以行政手段解决“行政区经济”体制中遇到的行政问题，是没有出路的。如果行政手段真的如此有效，那么过去的计划经济体制何至于会“土崩瓦解”呢？如果行政合并总是有效的，那么把沪苏浙皖合并起来，恢复原华东区的建制不就完了吗，国家何必费那么大的劲去搞什么长三角一体化发展战略呢？因此，重点是要寻求与市场一体化发展相适应的区域治理机制，想重回旧体制，肯定是错误的，是没有前途的。[①]

很明显的是，市场一体化发展的最终结果之一，必定是长三角区域经济实现“一盘棋”的发展格局。但是，显然我们不应该把统一的行政机制作为长三角区域市场一体化发展的“一盘棋”手段，而应该根据社会主义市场经济体制发展的要求，把内生于发达市场经济体制的竞争政策，作为推进长三角区域市场高质量一体化发展“一盘棋”的手段和机制。[②]

第一，竞争政策是保护竞争的法治化、强制性的治理机制，它保护竞争而不保护竞争者，有利于实现由市场竞争协调的市场一体化。在统一的竞争政策协调下，所有各种针对市场主体的歧视性约束都取消了，竞争条件也公平和均等了，对各种所有制、技术水平、企业规模、各个地区的企业都是一视同仁的，这样市场留下的就是关于效率的竞争。谁效率低，谁就被无情地淘汰；谁效率高，谁就在市场上留下。这样生存下来的企业就是真正能为社会创造价值和财富的优秀企业，也就真实地展现了高质量发展的进程。

第二，竞争政策是限定政府在市场中职能的法治化、强制性的治理机制，它不仅反对行政垄断，从而有利于破除各种反市场一体化的行政力量，而且，竞争政策主张清理和废除一切妨碍统一市场和公平竞争的规定和做法，限制政府干预市场的空间和领域，从而有利于界定政府在市场中的职能和权力边界。政府干预导致市场非一体化的一个重要力量，就是政府授予市场中的企业尤其是国有企业的行政垄断权力。行政垄断排斥其他企业进入市场，强制对所服务的企业收取高额费用，指定

① 刘志彪：“长三角区域高质量一体化发展的制度基石”，《人民论坛·学术前沿》2019 年第 4 期。

② 一些研究认为，中国现在已经具备了以市场化推进区域协同发展的基础。参见洪涛、马涛：“区域间协调发展具备市场基础了吗？——基于国内市场整合视角的研究”，《南京大学学报》2017 年第 1 期。

客户购买它们的产品或服务，这一系列的垄断行为都会有损于社会福利，有损于市场效率，因而反行政垄断就是鼓励市场一体化发展。在国际市场上，中国正从过去遵守执行世界规则向参与制定和执行的地位转变，更要首先在国内实施严厉的竞争政策。[①] 如果能够真正做到，那么政府的行政权力对市场的干预空间和领域是非常有限的，而且，由于任何其他经济政策的出台，都必须以竞争政策为基础进行矫正和校对，任何违反竞争法的经济政策都会打回去重新审理和制定，因此，一切来自政府的这种超经济强制的力量，都会受到竞争法的限制。

第三，竞争政策是限制企业运用市场势力垄断市场的法治化、强制性的治理机制，它反对企业运用各种攻击性、掠夺性的手段获取垄断地位，从而有利于破除各种反市场一体化的市场势力。企业可以在市场竞争中通过创新、管理、广告、收购兼并等行为形成市场势力。市场势力体现为垄断，但是不一定具有垄断能力就要被起诉。只有在具有市场势力且运用这种势力攻击竞争对手、对竞争对手和客户造成实质性危害的企业，才会受到竞争法的指控。允许企业形成市场势力是鼓励企业进行基于效率的竞争，不允许企业运用市场势力损害竞争者，是保护市场公平竞争。竞争政策的这种协调效应，表明它是市场一体化发展的制度基石。

第四，竞争政策是鼓励企业运用收购兼并实现市场一体化的法治化、强制性的治理机制，它可以作为宏观经济一体化的微观基础手段和方法。很多通过政府强力干预的非一体化事务或者低效率现象，通过企业的市场化运作，就可以轻松实现。如严重的产能过剩问题，政府冒着刺破金融泡沫和引起经济波动的风险强力去干预，强制去产能，费力不

---

① 王晓晔、陶正华："WTO 的竞争政策及其对中国的影响——兼论制定反垄断法的意义"，《中国社会科学》2003 年第 5 期。

讨好、成本高昂暂且不论，其实际效果也是值得重新评估的。但是，如果放开和鼓励行业内的优势企业去进行收购兼并，那么不仅可以很快消除产能过剩问题，而且可以借势成长起超大规模企业，从而在竞争中塑造出中国的跨国公司。有时候，一个行业内的产能过剩问题，只需要行业内高效率企业并购后，开几个产业调整布局的董事会就可以解决。正是因为收购兼并具有实现市场一体化的巨大功能，所以我们主张，长三角区域市场一体化要大力推进兼并收购活动，国家的竞争政策也要为今后全国各地实施一体化战略留下一定的灵活操作的空间。①

在现有的行政体制中实现市场高质量一体化发展，有效的途径除了要建设、完善和创新竞争政策的治理机制外，还可以提倡和鼓励政府间的协调与合作性治理。尤其是在涉及规划、交通、环保、治理、民生等领域，不是市场机制可以通过竞争自动解决的，而是政府必须承担的天然职能，因此，必须加强政府间的合作协商治理。这对解决市场的外部性、提高市场效率尤为重要。进行这种协商和合作，有时往往需要根据“成本共担、利益共享”的原则，相互之间通过协商签订一定的协议，或者约定一定的章程，也需要把所涉及的某些政府权力，让渡给或委托给某个龙头部门去运作。操作的龙头部门必须接受参与者的集体监督。长三角区域市场一体化，要把这种让渡部分治理权作为政府协调与合作的重要方法。

三、长三角区域股权交易市场一体化发展：案例分析②

长三角区域市场一体化发展的主要障碍，除了与长三角行政分割的

---

① 刘志彪：“论中国统一市场建设的重点和突破口——兼析‘场外交易’市场竞争环境均等化问题”，《江苏行政学院学报》2015 年第 4 期。

② 本案例分析依据的调研活动，得到了上海股权托管交易中心张云峰总经理和韩梅梅女士的大力帮助，为笔者提供了十分有用的情况和资料信息，特此感谢。

体制有关外，还与国家主管部门的行政管理格局和机制有关。这是过去对“行政区经济”研究所忽视的重要问题。过去一般认为，破除“行政区经济”的难点，就在于权力分散的地方政府干预市场活动。现在看来，破除“行政区经济”也需要有中央政府及其主管部门的作为。现阶段对长三角区域股权交易市场的跨区域经营的政策限制，就是一个关于在国家主管部门的行政管理格局下，中国“行政区经济”形成的很有趣的故事。从这个案例中，我们可以看到长三角金融市场一体化发展的主要问题的症结所在，也可以深刻理解为什么要以竞争政策为基础协调其他经济政策制定的必要性。

目前，不单是长三角区域，全国各省市股权交易市场的跨区域经营都是受到严格限制的，每个省市都有一个股权交易市场，都只能接受本地企业来市场挂牌交易，不能接受外地企业来本地交易市场挂牌。这对地方市场尤其是经营水平高的地区的业务拓展和服务功能发挥造成了巨大障碍。阻碍这个市场一体化的因素，不是地方政府，也不是金融企业，而是金融主管部门限制金融企业跨地区经营的政策。做出这种严格限制的最初目的，是防止区域股权市场野蛮生长、缺乏有效监管可能由此带来的金融风险和发生投资者群体性事件。《关于规范发展区域性股权市场的通知》（国办发〔2017〕11 号）和《区域性股权市场监督管理试行办法》（证监会令第 132 号）这两个文件，把限制区域性股权市场跨区域经营明确写入其中，主要是为了解决因对异地挂牌企业的“监管责任主体不明”而导致的“非法发行股票和非法集资问题”。

我们的一线调研发现，这些规定不仅没能强化来自资本市场的监管能力，反而滋生了监管缺位问题。如果以区域市场一体化发展的思路，允许符合条件的股权交易市场开展跨区域经营，如，允许上海股权交易市场与江浙皖股权交易所在长三角区域率先实施一体化挂牌交易，这将除了有利于缓解中小微企业的融资难、融资贵难题，还有利于在区域金融市场一体化中，可以通过促进资本市场化配置，来协调地区间发展差距和发展的不均衡问题。

调研发现，目前主管部门用上述文件限制股权交易市场跨区域经营，这种非一体化的管理思路，并不能真正能解决相关的金融风险问题：

第一，非法集资案件不降反升。根据最高人民检察院公开的数据，2016—2018 年，全国检察机关办理非法吸收公众存款罪、集资诈骗罪的案件数量呈逐年上升态势，其中 2018 年，起诉涉嫌非法吸收公众存款犯罪案件被告 15 302 人，起诉涉嫌集资诈骗犯罪案件被告 1 962 人。客观数据表明，此项限制跨区域经营的政策，并未扭转此类案件的上升态势，非法集资犯罪行为的发生，与企业选择在何地挂牌，两者之间并没有直接的相关关系。

第二，投资者群体性事件未能有效预防。2017 年粤股交“侨兴债事件”导致约上万投资人陷入兑付危机，2018 年 P2P 集中爆雷，大量投资人维权。由于目前制度规定区域性股权市场对投资者是不设行政区划限制的，是面向全国开放的，因此无论市场是否跨区域经营，都必须同样面对跨区域的投资者，面对他们的权益受损的风险，以及面对投资者群体性风险的挑战。由此担心地方市场跨区域展业后，一定会出现投资者群体性事件是缺乏根据的。

第三，混淆了“市场监管”和“行政监管”概念。这容易滋生监管缺位，出现市场管不到、行政不作为的真空地带。将区域性股权市场服务的企业限于所在地省级行政区划内，是将市场监管与行政监管概念以及权力边界混为一谈。其实，“市场监管”的内容主要指挂牌企业信息披露和投资者的交易行为，监管针对的是包括挂牌企业在内的市场主体，与挂牌企业注册地和企业运营管理无关。对于属地行政区划外的挂牌或上市企业，区域股权交易市场仍然能够在信息披露等方面很好地发挥监管效力，保护投资者利益。而对治安、工商、纳税等“行政监管”，中国实行的是属地化管理，司法裁决等遵循双方的约定。“市场监管”和“行政监管”两者监管的内容和角度不同，中国沪深交易所及“新三板”从未强调“市场覆盖范围应与监管覆盖范围相匹配”，并不表示交易所可以发挥地方政府行政监管作用，也不表示地方政府因为企业挂牌或上市后就发挥不了监管作用。

限制股权交易市场跨区域经营，这种反一体化的政策措施引发的问题主要体现在：

第一，使一些区域性股权市场生存困难，一些经营较好的市场作用发挥不佳，造成浪费资源。限制跨区域和开展异地企业清理后，根据行业统计数据，2018 年，全国区域股权市场整体净利润降幅 28.49%，超过 1/3 的区域性股权市场亏损，多数市场依靠政府行政力量支撑经营。其中的缘由，一方面，大多数区域性股权市场经营管理水平不高，尚未建立可持续的盈利模式；另一方面，部分过去以发行私募债，尤其是地方政府债收取佣金来维持生存的区域股权市场，在证监会令第 132 号出台，要求只能发行和转让公司股票、发行公司可转债后，陷入严重困境。

第二，不通过统一市场的竞争，就无法优化行业结构，促进股权交易市场发展。限制股权交易市场跨区域经营，通过行政权力来限定企业只能选择本地区域股权市场，不仅忽视了企业的自身意愿，影响了公司自主做出经营决策的合法权益，有失公平原则，而且限制了市场间的良性竞争，无法改善服务，促进整个行业的持续健康发展。实践证明，只有经过统一市场的充分竞争，才可以促进改善交易市场的服务，实现市场的优胜劣汰和社会资源的合理配置。

第三，无法通过发展直接融资来支持实体经济发展和新动能形成。区域股权市场每省一家，但每个省的金融环境差异很大，特别是经济相对落后地区，在专业化人才、运营经验和手段、市场公信力、地缘优势、投资者数量等方面资源不足，也就造成了其融资功能发挥不佳。在本地市场融资难，去外地市场又不允许的境况下，对实体经济发展、新动能形成难以带来增量和促进作用，反而产生阻滞和减量效应。另外，限制资源禀赋良好的市场的服务范围，就无法实现资本的跨区域自由流动，也无法促进区域协调发展。

其实，建设一体化发展的区域股权交易市场，其发展效应将是十分显著的，可以极大地促进中小企业快速成长，同时促进挂牌企业所在地的经济发展。目前长三角地区的股权交易市场完全有能力开展跨区域经营，尤其上海股权交易所在专业化人才、运营经验和手段、市场公信力、地缘优势、投资者数量等方面均具备优势。2017 年有关区域化限制政策发布之时，全国约有 1 500 家跨区域挂牌企业，主要分布于上海、天津、重庆等股权交易市场，这些企业的挂牌得到当地政府的同意和大力支持，且融到了企业急需的发展资金。许多中小科技企业在获得了挂牌后的直接融资资金支持后，企业的经营业绩迅速增长，对当地就业、财税、技术创新等方面做出了突出贡献，成为当地的名牌企业。因此，根据长三角区域高质量一体化发展的国家战略要求，我们提出解决当前股权交易市场非一体化问题的对策和建议。

1. 取消按行政区域的经营限制，在区域一体化发展中提高资源配置效率。应清理和废除妨碍统一市场和公平竞争的各种规定和做法，优化配置和节约资源，鼓励良性竞争，打破行政性垄断，让市场检验股权市场的价值，决定市场的取舍。经过竞争筛选出来的市场，规范程度更高，将更便利监管。更为重要的是，通过资源的配置，能够让企业获得来自金融要素丰富市场的资金支持，实现引入外来资金促进当地经济发展的目的。建议这个措施可以首先从长三角一体化发展国家战略中开始试行，以积累经验进行示范。试行这个措施必须以竞争政策为基础协调其他经济政策，国家部门出台的所有经济政策都要经过竞争政策的校验和矫正，才能为市场一体化创造政策协同的优良环境。

2. 施行“三统一”。为了推动各地区域性股权交易市场进入规范发展轨道，在现行证监会“统一监管”的基础上，重新建设统一的后台系统，包括证券托管登记、交易撮合、代理买卖系统、证券资金结算等；“统一基础制度”，制定统一的市场自律监管规则，重点是设定统一的投资者利益保护标准，设定统一的挂牌企业审核原则和信息披露规则等，保证市场的公平、公正、公开。实现“三统一”有利于创造公平竞争环境，也将有利于实现企业多地挂牌，满足企业的多样化融资需要，也为各层级资本市场间的互联互通奠定基础。

3. 鼓励大胆探索和制度创新。党的十九大报告提出，要推动金融创新增强服务实体经济能力。在股权交易市场实施先行先试、开展探索，将有利于提升区域一体化的市场功能，助力更多科技创新企业成长壮大，为上海证券交易所的科创板孵化更多的科技企业储备资源。为此建议在监管统一的基础上，允许具备条件的长三角区域股权市场大胆创新，如在长三角区域打破行政区域经营限制、试行长三角区域股交所联合挂牌制度等。

统一市场建设：长三角一体化的使命、任务与措施①

以市场一体化为核心推进长三角区域一体化高质量发展，有助于形成区域统一市场，并在此基础上通过区域间相互开放形成全国统一市场；有助于形成超大规模市场优势和转换经济全球化模式，构筑基于内需的新的经济全球化模式，进而推动中国经济转型并进入高质量发展轨道。长三角区域一体化发展不仅是一个区域性的经济发展问题，而且是事关中国经济全局的战略抉择。其中的关键，是要将竞争政策作为推进长三角市场一体化发展的制度基石。

当前，长三角区域一体化发展国家战略正在中央的指导和协调下，在“三省一市”政府的紧密配合下如火如荼地向前推进。虽然这个中国最发达区域的一体化发展取得了一些令国内外瞩目的重要进展，如在交通运输体系的建设上、区域规划的协调上、生态环境保护的协作上等都取得一些突破性成就，但是阻碍一体化发展的体制机制的深层次问题并没有真正解决。如在这次抗击新冠肺炎疫情的阻击战中，长三角各地区各自为政、封路设卡的种种做法，以及复工复产复销中不能以产业链

① 本文原载于《现代经济探讨》2020 年第 7 期。合著者徐宁，南京大学长江产业经济研究院助理研究员、博士。

为中心进行区域协同的现实，也让我们更进一步深刻地认识到了中国区域经济的严重分割现状、影响及危害，更进一步理解了全力推进长三角区域一体化发展国家战略的必要性和迫切性。

在推进长三角区域一体化发展国家战略的过程中，我们深深感到目前我们对这个国家战略的理解还是比较浅显的，层次也不够高，因而在实际推进该战略的过程中，也存在一定的盲目性和随机性。其中一些迫切需要厘清的基本和基础性问题是：国家推进长三角区域一体化发展的根本目的究竟是什么？什么样的状态才真正是长三角区域一体化发展？推进长三角区域一体化发展的主体是谁？显然，这些问题如果不先在认识上彻底弄清楚，就很容易在实践中产生盲目性并无所作为。

一、统一市场体系建设：经济全球化战略转型的基础

长三角区域一体化发展上升到国家战略，是以习近平同志为核心的党中央在世界经济格局重塑背景下作出的重大战略抉择。对这一战略抉择理解的深刻程度，直接关系到我们自觉推进一体化工作的主动性和积极性。过去，人们一般都是从形成经济增长极、形成改革开放的样板区、率先建设现代化示范区等方面去理解这个国家战略的必要性和重要性。而很少从我国经济全球化战略转型、培育和利用国内强大市场以及实现高质量发展的角度，去看长三角一体化发展对全国统一市场的形成以及建设高水平开放经济的战略意义。后一角度容易为人们所忽视，但其在当今全球化逆转的背景下却显得更加重要也更加迫切。

2008 年世界金融危机之后，我国以要素资源为比较优势切入全球价值链的经济全球化战略，其内外部条件发生了根本性变化：第一，当今世界逆全球化趋势喧嚣尘上，中美关系由战略伙伴关系演化为战略竞争关系。新冠肺炎疫情全球蔓延之后，遏制中国发展成为其正在实施的

战略选择。第二，随着我国发展水平的提升和人民生活福利的提高，国内生产要素成本不断上升，过去的那种优质低廉的比较优势日益削弱。同时，国际市场出现了大量的低成本竞争者（如东南亚、中南美等国家）。这时如果国内经济发展不能内生出创新驱动、提高生产率的发展趋向，那么高昂的要素成本就不可能被生产率上升趋势所消化和吸收，中国的产业竞争优势就会消失。中国企业处于前面是掌握先进技术的发达国家企业、后面是具有成本优势的发展中国家企业追赶的态势，被竞争者“夹在中间”，处于一种比较尴尬的境地。第三，中国过去的经济增长在国内市场狭小的背景下，主要依赖西方国家的市场。现在，西方国家不能再容忍继续为中国的增长提供市场，它们设置了各种市场进入壁垒和出口限制，甚至对我国大打贸易战。与此同时，我国随着人均收入的提升，自身也逐步具备了成为超大规模市场国家的条件。

为应对战略机遇期内涵变化所带来的各种挑战，我们需要提出新的经济全球化思路，并建立新战略资源观：我国的比较优势已经从过去的低价优质生产要素，转变为可以利用的日益强大的国内市场，要更多地利用国内强大市场优势，尽快把出口导向为主的 1.0 版经济全球化战略，升级为 2.0 版的基于内需的经济全球化战略。[①]

实施基于内需的 2.0 版经济全球化战略的意义在于：其一，从利用别人市场的经济全球化，转变为利用自己市场的全球化，根本上转变了我国经济全球化的发展模式和机制，在发挥比较优势的同时实现产业发展的自主可控要求；其二，从过去输出廉价生产商品，转变为利用内需市场虹吸全球先进创新要素。如果我们可以据此塑造一些吸收全球先进生产要素的平台，如以建设全球性宜居城市来广泛吸收全球先进的高技

---

① 刘志彪：“基于内需的经济全球化：中国分享第二波全球化红利的战略选择”，《南京大学学报（哲学·人文科学·社会科学）》2012 年第 2 期。

术人才，那将极大地推动我国创新经济格局形成，从而有利于实现产业链向中高端攀升和经济高质量发展。

可见，实施2.0版经济全球化战略和创新驱动战略的基本前提是假设国内形成了强大的内需或超级市场规模优势，且这个市场可以给全球的资源和要素提供更多的发展机会。这样一来，如何形成国内强大市场便成为转换经济全球化战略和建设创新驱动国家的关键。也就是说，如何将我国目前处于分割状态的“行政区经济”聚合为开放型区域经济，把区域分散狭窄的市场聚变为国内统一强大市场，是战略转型的关键要素。这次长三角地区在抗击新冠肺炎疫情中，出现了种种产业链阻塞、断裂、不能协同复工复产等严重情况，再一次说明了整合“行政区经济”、推进一体化发展的重要性。未来，由于国内强大市场甚至可能成为我国参与全球竞争的绝对优势，是未来国家产业安全的保障和国际竞争力的主要来源，因此必须在“十四五”规划中给予充分的重视并加以利用。

从党的十八大、十八届三中全会到十九大报告，都提出要建设统一开放、竞争有序的市场体系，让内需规模名列世界前茅的要求。经过30多年的市场取向改革，虽然我国地区间的行政壁垒有所打破，但是总体上市场格局还处于条块分割状态，区域一体化发展机制并没有真正形成。之所以形成这种局面，一方面可能是在改革思路方面存在不明确之处，比如人们长期直观地认为，形成国内强大市场，就是依赖于提高国民收入水平和进行收入分配制度改革。其实，推动政府职能改革、破除行政壁垒、建设统一市场，才是形成国内强大市场真正有效的举措，光靠提升收入水平是远远不够的。另外，找不到解决“行政区经济”的突破口，也是统一市场建设成效不大的一个重要原因。

联系本文第二部分，我们将可以清晰地看到，长三角一体化高质量发展国家战略的根本使命和主要任务，是为了在区域分割体制中推进市场融合，为建设区域统一市场然后是全国统一市场探路，为形成和建设国内强大市场服务，为转换经济发展模式和发展机制奠定市场基础。

二、更高质量一体化：破除“行政区经济”与先易后难建设统一市场

中国现在的市场容量看起来很大，实际上可规模化利用的空间并不大。现在的国内市场并不是统一市场，而是碎片化的市场，是被行政权力分割的块状市场，是由“行政区经济”格局形成的市场。“行政区经济”一方面形成了政府驱动型的巨大增长动力；另一方面这种碎片化竞争有损于资源配置的经济效率，如与软预算约束有关的投资冲动、决策随意、地方政府债务高筑等。全国统一市场无法形成，也就无法通过国内强大市场形成对全球资源吸纳的能力，无法用统一市场促进企业达到规模经济状态从而增强国际竞争力。因此，“行政区经济”格局是导致我国潜在的超大规模市场优势无法发挥作用的主要因素。

当前影响地区间各主体实现一体化高质量发展的主要障碍，在于地方政府的超经济强制力量。目前的经济体系中，很难有一种内生的力量可以去主动打破它们。出于维护行政边界内利益的考虑，地方政府经常动用行政力量对市场进行一定的分割，如运用某些地方条例性法规或专门制定某些政策，对生产要素流动进行限制。这些阻碍资源和要素流动的地方政府障碍，绝大多数都是在经济转轨时期参与市场竞争的过程中慢慢形成的，有的还固化为地方性的或明或暗的利益规则。所以解铃还须系铃人，需要在中央政府的统一协调下，各地方政府运用竞争政策对照自己过去颁布的各种地方法规、条例、政策和措施，主动拆除与统一市场不吻合的制度障碍，在任何新的经济政策出台前，都要经过竞争政策审查。

像中国这样地广人多且各区域情况复杂不一的大国，破除“行政区经济”，建设全国统一市场的任务不可能一蹴而就，必须分区域、分步骤、分阶段推进。其中，应当从具体区域的市场一体化开始，以消除区域分割、拆除要素资源流动的壁垒为目标，清理废除妨碍统一市场和公平竞争的各种规定和做法，并以完善产权制度和要素市场化配置为重点，实施相互开放和市场配置，为全国统一市场建设的实现机制探路。①

现在有一种很流行的观点认为，推进长三角区域一体化发展，要先从要素市场化改革做起。其实这种看法理论上是成立的，但是却不符合寻找突破口进行先易后难改革推进的基本原则，因而容易遭到反对和抵制。如户籍制度改革捆绑的是区域间的福利差异，像教育、就业、医疗等种种福利在城市间的差异，是不可能不根据发展水平来盲目打破的。按照先易后难的原则推进长三角区域一体化发展，必须进行分类有序推进和重点突破，具体来说就是：

第一，对竞争性产业部门，推进区域一体化发展的重点，是要减少政府管制，实现开放的充分竞争，以竞争实现市场协同目标。即使各地的企业在投资领域有重复也不必担心，市场其实不怕竞争也不怕项目的重复投资，怕的是没有竞争的垄断，怕的是缺乏收购兼并机制，怕的是无法正常退出。

第二，对公共品生产领域来说，推进一体化发展的重点工作，主要在基础设施超前规划、建设的统一指挥和连接点的互通、管理协调一致性等方面。因基础设施建设的统一性、不可分割性特征，各地政府必须主动让渡有关规划、建设和管理的权力，根据一体化协议交给某个机构统一行使，只有这样才能有效地协调公共利益。

① 刘志彪：“长三角区域市场一体化与治理机制创新”，《学术月刊》2019 年第 10 期。

第三，对民生性消费领域来说，因它涉及最广泛的既得利益群体，也是最难以突破的领域，因此一体化战略不能脱离现实发展阶段制约，不能从均贫富的理念和要求出发陷入盲动，不可能在发展差距很大的地区间搞民生的“一样化”，更不可以是“一起化”。

第四，对投资活动领域来说，各地以政府为主的增量资本，或政府投资引导民间投资的活动，可以在企业层面实现地区间就某一项事业的实质性联合，为实现区域一体化发展奠定现实的微观基础；而对存量资本，则可以鼓励企业在长三角区域内的收购兼并，消除区域内长期存在的严重产能过剩问题，实现产业发展和市场运作的实质性一体化。

第五，就科技创新领域来说，如果能够在长三角一体化中充分利用苏浙皖的科教资源、人力资本和产业基础，实现这一目标的时间进程将会被大大压缩。但是我们应该看到，科技创新合作是外部性最大的方面，制度设计稍有疏忽，就很容易出现“搭便车”的情况，从而使合作进程受阻。这提示我们，对长三角科技创新一体化的问题，要有严密的机制设计，对政府出面干预研发合作的实际效果，也要有清醒的预判。

相对于国内其他区域来说，长三角地区自古以来就是地域联通、文化相通、习性相同，具有经济发展水平高、人民生活水平高、对外开放程度高、深化改革意识强等基础和优势，长三角地区完全有条件和能力完成以国家战略推动区域统一市场建设的使命与任务。如果在中国各个区域统一市场建设和一体化发展的基础上，再通过鼓励各区域市场的竞相开放，那就完全有可能形成全国统一市场体系。因此，长三角地区应当责无旁贷地承接这个重要使命与任务，率先探索全国统一市场的形成机制，并成为促进形成国内强大市场的重要推动力量。

三、推进长三角市场一体化建设的几点建议

推进长三角市场一体化，难点和根本在于治理机制。是不是应该围绕长三角区域“一盘棋”的要求，建立和完善各种行政协调机制？其实不然，以行政手段解决“行政区经济”体制中的行政问题，是没有出路、没有前途的。其中的原因很简单，行政手段解决了小区域内的小问题，却会在更大的范围内造成了更大的冲突和矛盾。我们应该根据社会主义市场经济建设的要求，把内生于发达市场的竞争政策作为推进长三角区域市场一体化高质量发展的手段和机制。因此根本性办法还是要逐步培育市场机制，限制行政权力干预市场的范围和力度。为此我们提出如下几点具体的建议：

第一，充分发挥政府统筹协调作用。在推进长三角区域一体化发展过程中，“强政府”和“强市场”的作用都要发挥，但位次有别。“强政府”主要应该体现在两个方面：一是以贯彻落实竞争法为核心，以此营造充分发挥市场竞争作用的良好环境，如抑制垄断鼓励竞争，规范市场主体行为等。二是以社会公共目标为导向进行区域联合、联手去做一些市场失灵的事情，如区域内基础设施建设和软环境优化等。从根本上说，上述第一方面最重要的是，四省、直辖市地方政府要在现有司法制度架构下，加快建立和健全长三角各地区竞争政策的执法机构，或者各地把这种执法权委托让渡给某个超越本地利益的机构，明确其主要职能是开展公平竞争审查，以竞争法为依据，尽快启动对地方性法规的审查行动，开展大规模地清理和整理反一体化的规章、文件和其他政策措施，废除、修订与《中华人民共和国反垄断法》相抵触的条款内容。[①]

---

① 刘志彪：“长三角区域高质量一体化发展的制度基石”，《人民论坛·学术前沿》2019 年第 4 期。

这个机构从精兵简政的角度看，可以由现在各地的法院合作形成具体的执行机构。组建包括上级行政人员、地方政府、专家学者和利益相关体在内的区域性协调机构。发挥上述第二方面的作用则需要政府间的紧密合作。过去提倡和鼓励地方政府间的竞争发展，如今实施一体化战略应提倡和鼓励地方政府间的合作协调。解决“行政区经济”问题的关键还在于：一是要改革对地方政府官员的业绩考核评价体系，把实现一体化发展而不仅仅是生产总值、财政收入等目标作为地方政府官员的主要业绩，以此扭转其行为准则和压力机制。二是要限制地方政府参与市场、干预市场的权力边界。这个权力应该主要限定在对市场公共利益的调节，而不能成为市场营利活动的追求者。三是可以签订一些具体的一体化发展协议，依照“成本共担、利益共享”原则，以政府间协商的方式让渡某些公共权力给相应的长三角一体化机构，把竞争转化为合作。①

第二，全力释放上海对内开放的龙头作用。过去上海在长三角一体化发展中的龙头作用，主要体现在发展外向型经济方面而在对内开放的引领作用发挥得不够。在更高质量推进长三角区域一体化发展的当下，上海与长三角其他省市之间的关系不再是简单的中心与外围的等级关系，也不是单纯的接轨和融入上海或者上海辐射周边的关系，更不是先进地区帮助落后地区的关系，而是优势互补、达成合作的平行关系。一方面，上海应不断强化服务、管理、集散、创新等城市职能，加快构建以服务业为主的现代产业体系。上海应主动逐步退出一般性、劳动密集型、能耗高的制造业，重点突破证券保险、国际运输、信息服务、研发与技术服务、国际商务、文化和会展旅游等服务业领域，并借助上海总

---

① 刘志彪、孔令池：“长三角区域一体化发展特征、问题及基本策略”，《安徽大学学报》2019 年第 3 期。

部经济发达的优势，将人才、技术、资金、信息等要素投入的重心转移至设计、研发、网络、品牌、营销等环节，鼓励企业将生产环节转移到长三角其他省市，形成合理的空间布局和产业链配套，从而将长三角地区打造成为综合交易成本和制造成本较低、具有全球竞争力的世界级城市群。[①] 另一方面，推动上海的一些重要改革试点、改革举措的成果率先在长三角复制推广，放大改革叠加效应。可以申请中央授权长三角决策机构在一定条件下、一定范围内复制推广国家已经在上海试点的政策，或者由长三角决策机构统一向国家有关部门申请在部分地区复制推广试点政策。总的目的，是要推动要素跨省域流动，解决要素尤其是金融市场分割的问题，使要素根据利益最大化原则进行区位选择和优化配置，以提升要素市场的一体化水平。[②]

第三，推进市场的一体化，要从区域内具体的项目做起，要学习欧洲人搞欧共体时的务实精神，避免泛泛而谈的抽象议论，议而不决。欧共体当年是从煤钢、原子能利用委员会的协调功能开始，一直发展到欧元体系建成，一步一个脚印，极其务实。长三角市场一体化需要协调的领域非常广泛，可以本着先易后难的原则，从破除政府公共项目的合作障碍开始，如消除断头路、区域轻轨建设、港口码头的委托管理或股权一体化等，逐步消除户籍、医疗、教育等民生领域的障碍和难点。当长三角区域民众逐步享受到市场一体化的利益之后，自然都会衷心拥护，推进起来力度就会更大，更容易成功。

第四，在推进区域市场一体化过程中，要注意发挥企业尤其是企业集团的主体作用。一是要鼓励区域内企业的收购兼并活动。微观层面的收购兼并活动可以将区域间企业的市场协调行为内化，会导致强烈的一

---

① 陈建军："长江三角洲地区的产业同构及产业定位"，《中国工业经济》2004 年第 2 期。
② 赵晓雷："长三角一体化发展示范区制度创新研究"，《科学发展》2020 年第 3 期。

体化效应，因而是长三角区域市场一体化的最有效工具。二是要发挥大企业或企业集团在建设产业集群中的一体化作用。产业集群模糊了行政区域的界限，是市场一体化的空间载体，可以实现经济区域“极化—扩散”增长的现代生产力配置方式。例如，如果在长三角宁杭沿线建设基于生态走廊的科技创新产业集群，那沿线一体化发展的高技术产业将会覆盖苏浙皖三省。三是要依据国内企业之间的市场分工，构建链接各区域的一体化价值链。价值链的类型包括基于公平交易的市场型价值链、被俘获合作模式的半紧密型价值链，以及纵向一体化的企业集团等。依托这些价值链，可以把长江经济带开发战略与“一带一路”倡议结合起来，在企业抱团“走出去”的过程中共同投资“一带一路”沿线国家，转移我国有竞争力的丰富产能。